KB196010

위기와
기회의
사이클

위기와 기회의 사이클

초판 1쇄 발행 2025년 1월 27일

지은이 강병욱

펴낸이 조기흠
총괄 이수동 / **책임편집** 박의성 / **기획편집** 최진, 유지윤, 이지은
마케팅 박태규, 임은희, 김예인, 김선영 / **제작** 박성우, 김정우
디자인 문성미

펴낸곳 한빛비즈(주) / **주소** 서울시 서대문구 연희로2길 62 4층
전화 02-325-5506 / **팩스** 02-326-1566
등록 2008년 1월 14일 제 25100-2017-000062호

ISBN 979-11-5784-787-7 13320

이 책에 대한 의견이나 오탈자 및 잘못된 내용은 출판사 홈페이지나 아래 이메일로 알려주십시오.
파본은 구매처에서 교환하실 수 있습니다. 책값은 뒤표지에 표시되어 있습니다.

hanbitbiz.com hanbitbiz@hanbit.co.kr facebook.com/hanbitbiz
post.naver.com/hanbit_biz youtube.com/한빛비즈 instagram.com/hanbitbiz

Published by Hanbit Biz, Inc. Printed in Korea
Copyright © 2025 강병욱 & Hanbit Biz, Inc.
이 책의 저작권과 출판권은 강병욱과 한빛비즈(주)에 있습니다.
저작권법에 의해 보호를 받는 저작물이므로 무단 복제 및 무단 전재를 금합니다.

지금 하지 않으면 할 수 없는 일이 있습니다.
책으로 펴내고 싶은 아이디어나 원고를 메일(hanbitbiz@hanbit.co.kr)로 보내주세요.
한빛비즈는 여러분의 소중한 경험과 지식을 기다리고 있습니다.

위기와 기회의 사이클

반복되는 경제의 역사를
관통하는
절대불변의 수익 원칙

강병욱 지음

CYCLES OF CRISIS
AND OPPORTUNITY

한빛비즈
Hanbit Biz, Inc.

주식시장은
모든 것을 알고 있다

주식시장은 정치, 사회, 경제의 거울이다. 그래서 사람들은 어떤 사건이 발생하면 주식시장을 들여다본다. 과연 이 사건이 주목할만한(주가를 올리는 사건인지 그렇지 않으면 주가를 떨어뜨리는) 사건인지를 주식시장을 보면서 파악하는 것. 예를 들어, 이스라엘과 중동 국가들 사이에서 전쟁이 발발하면 그 뉴스가 나온 당시 주가 움직임을 통해 사태의 심각성을 판단한다. 또 경제위기가 발생하면 주식시장에서 주가 동향을 읽고 위기의 시간이 단기간에 끝날 것인지 그렇지 않으면 장기적으로 영향을 줄 것인지 판단한다.

그런데 주식시장은 어떤 현상의 경중을 가늠하는 지표로만 사용되지는 않는다. 주가는 경기에 선행한다는 말이 있다. 즉, 경기가 회

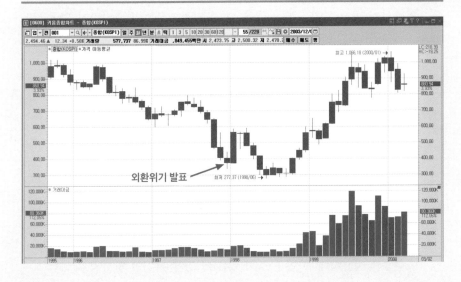

복되기 전에 주가는 미리 오르고 있고, 경기가 정점에 이르기 전에 이미 주식시장은 하락세를 보인다. (많은 연구를 통해 주가가 대체로 6개월 정도 경기를 앞서는 것으로 나타났다.) 비단 경기 상황뿐만 아니다. 어떤 사건이 발생하기 전에 주식시장은 먼저 고개를 숙이기도 하고 고개를 들기도 한다.

1997년 12월 IMF 외환위기를 맞이하면서 국가부도 사태가 발생했다. 당시 주식시장 동향을 살펴보면 외환위기가 본격화되기 전에 이미 주가가 하락하기 시작했다는 것을 알 수 있다.

주가는 상징적으로 나타나는 '현상'이다. 따라서 주가를 움직이는 '본질'을 파악하는 것이 더 중요하다. 사건이 발생할 당시에는 알지 못했지만, 시간이 지나고 보면 그 일이 발생한 원인을 알게 된다. 외환위기 당시 주가가 하락했을 때, 표면적으로는 금융기관이 외국에서 단기로 돈을 빌려 국내에서는 장기로 자금을 운용하면서 만기 불일치로 인해 위기가 발생한 것으로 알려졌다. 하지만 보다 본질적으로 주가를 결정하는 기업의 실적 상황들을 살펴보면 외환위기 이전에 주가가 떨어진 이유를 더 잘 알 수 있게 된다.

기업 분석 지표 중 기업이 얼마나 돈을 잘 버는지 알아보는, 즉 기업이 장사의 원리를 제대로 지키고 있는지를 알아보는 지표로 EVAEconomic Value Added(경제적 부가가치)를 사용한다. 이 지표는 기업이 벌어들인 수입으로 자본 비용을 차감하고도 수익이 발생하는지 알아보는 지표인데, 만약 EVA가 양(+)의 값을 가지면 장사를 제대로 한(수익을 낸) 기업이 되고, EVA가 음(-)의 값을 가지면 제대로 장사를 하지 못한(수익을 내지 못한) 것을 의미한다. 한국거래소가 1995년 이후 집계한 EVA 상황을 보면 우리 기업들이 IMF 외환위기 이전에 얼마나 엉망으로 기업을 이끌어왔는지를 알 수 있다.

기업들이 제대로 부가가치를 발생시키기지 못하는 상황, 즉 부실 기업들이 널려 있는 상황에서 주가가 상승하는 것은 이상한 일이다. 이런 부실들이 쌓이고 쌓이면서 외환위기가 발생했다고 보는 것이 더 정확한 판단이다.

그 위기가 현실화되면 주가는 더 이상 떨어지지 않고 상승 준비를 한다는 것도 주식시장이 얼마나 현명한지를 보여주는 것이라 볼 수 있다. 외환위기가 발생하자 부실했던 기업들이 일시에 무너지는

	1995년	1996년	1997년	1998년	1999년
분석 기업 수	560	561	518	490	466
EVA(+) 기업 수	163	163	104	164	184
EVA(-) 기업 수	397	398	414	326	282
(+) 비중(%)	29.1	29.1	20.1	33.5	39.5
(-) 비중(%)	70.9	70.9	79.9	66.5	60.5

출처 : 한국거래소

사태가 발생했다. 당시 30대 대기업 중 17개 기업이 파산했고, 서울에서만 1,226개 기업이 부도 처리되면서 대량의 실업자가 발생했다. 그러나 일단 경제를 살리고자 하는 조치들이 취해지면서 주가는 외환위기가 발생한지 1년도 되지 않아 재차 상승하는 모습을 보였다.

위기의 기시감

주식시장이 먼저 어떤 사건에 대한 사인을 보내는 것은 비단 IMF 외환위기 때뿐만 아니다. 사회·경제 내에서 발생하는 일들이 주가에 충분히 반영되는 일은 흔하다. 그래서 제대로 된 정보를 통해 주식시장을 면밀히 살펴보면 내가 위험에 처하는 일은 피할 수 있을 것이다.

최근 우리 경제에 큰 충격을 주었던 2024년 12월 3일의 비상계엄을 전후로 주가는 이미 하락하는 모습을 보였다. 물론 주식시장이 비상계엄 선포를 알았다는 것은 아니다. 정부를 운영하는 사람들

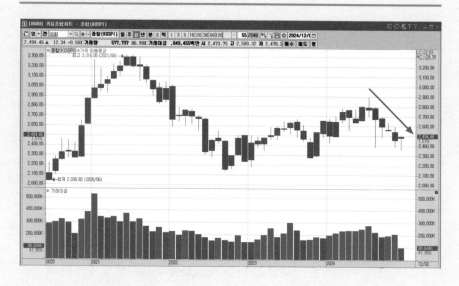

이 더 이상 경기 침체를 막을 수 없고 정권 재창출의 가능성이 낮아지면서 일을 벌일 생각을 하지 않았을까 하는 의구심을 가질 수 있는데, 그 전후 상황을 주식시장이 보여준다고 볼 수 있다.

이번 사태는 우리 국가의 신인도와 경제에 큰 충격을 주었다. 그러나 문제를 해결하는 방안들이 마련되면 주식시장이 먼저 반등함으로써 사태 해결에 대한 희망을 주리라 생각한다.

경제라는 역사

주식시장을 경제의 거울이라고 말했는데, 그렇다면 경제는 무엇일까? GDP 성장률, 인플레이션, 실업률 등등 지표로 나타나는 것들을 경제라고 한다면 너무 근시안적인 생각이다. 경제는 정치, 사회, 문화 등 세상 모든 사건이 집약적으로 나타나는 현상이고, 그 현상을 하나의 지표로 보여주는 것이 바로 주식시장이다. 그런 점에서 주식시장을 이해하기 위해서는 지금 우리가 어디에 서 있는지 알아야 하고 또 세상을 움직이는 큰 힘이 무엇인지 알아야 한다. 역사적으로 보면 위기와 기회는 다른 얼굴로 등장하지만 본질은 반복되고 있다. 그래서 변화의 패턴을 아는 것이 중요하다.

지금 우리는 어디에 서 있는가? 세계화의 중단과 경제 블록화, 자국우선주의와 무역 장벽, 넘치는 유동성, 만성적인 인플레이션, 넘쳐나는 정보와 그 속에 자라나는 가짜뉴스, 기술 도약, 미래 경쟁력의 핵심이 된 신재생 에너지…. 지금 우리의 모습은 우리가 과거부터 쌓아온 원인들의 결과물이다. 그리고 그 모든 것이 지금 우리가 살고 있는 경제 환경과 그 환경을 바탕으로 형성되는 주식시장에 오롯이 투영되어 있다.

이런 현상들로 인해 자유무역이 사라지고 독과점 기업들이 나타났다. 정상이윤 이상의 초과이윤을 거두는 독과점 기업만이 살아남고, 그렇지 못한 기업은 도태되고 있다. 주식시장을 살펴보자. 시가총액이 큰 대형주는 주가가 상승하지만 중소형주의 움직임은 부진하고, 산업 전체로 수요가 확장되지 못하는 수요 부진 현상이 만연하다. 이 와중에 수요가 살아나는 산업은 발전하지만, 수요가 부진한 기업은 시장에서 퇴출되는 상황이 반복적으로 나타난다.

우리 경제는 '개방형 경제Open Economy'다. 이 말은 그만큼 수출 환

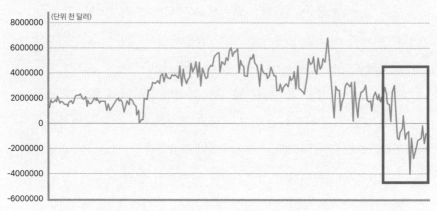

(단위 천 달러)

출처: 한국은행

경이 경제에 미치는 영향이 크다는 것이다. 수출이 호조를 보일 때와 수출이 부진함을 보였을 때 우리 경제는 전혀 다른 모습을 보이고 주가 또한 이에 연동될 수밖에 없다. 2020년대 들어 미중 무역 갈등이 최고조로 올라왔다. 그리고 미국은 가치외교를 들고 나와 동맹국들에게 중국에 대한 경제 압박에 동참할 것을 요구해왔고, 우리는 미국의 요구대로 탈중국 정책을 펴왔다. 이런 현상이 우리에게 어떤 결과를 가져왔는지 살펴보자.

먼저 최근 중국으로부터 거둔 무역수지 동향을 살펴보면 탈중국 선언 이후 중국으로부터 역대 최초로 무역수지 적자를 기록하고 있다. 우리나라 수출 대상국 중 가장 큰 비율을 차지하는 중국으로부터 무역수지 적자가 발생한다는 것은 경제성장률과 기업 이익

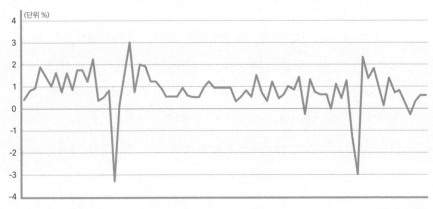

(단위 %)

출처: 한국은행

에 큰 악영향을 미치게 되는 요인이고, 이것이 바로 주가 부진의 결정적 요인이 된다. 2009년 이후의 상황을 보면 글로벌 금융위기 직후 경제적 위기가 있었음에도 우리 경제가 무너지지 않고 순조로운 성장을 유지할 수 있었던 것은 바로 중국으로부터의 무역 흑자 덕이었다는 점을 기억해야 한다.

정치와 경제는 분리할 수 없다. 정치가 곧 경제고, 경제력이 곧 국제정치의 위상을 결정하게 된다는 점을 실감하게 되는 부분이다. 참고로 우리나라 분기별 GDP 성장률을 보면 최근 성장률이 급격히 약해지는 모습을 확인할 수 있다.

지금 증시를 만든 3가지 흐름

원인 없는 결과는 없다. 과거에 어떤 일들이 진행되어왔는지 이해한다면 현재를 더 잘 이해하게 되고, 또 현재를 바탕으로 앞으로 10년을 전망할 수 있게 된다. 현재 우리가 마주한 위기들의 원인을 크게 세 가지로 정리해서 살펴보면, 첫째는 '시장경제' 그 자체다. 두 번째는 '신자유주의', 마지막으로 금융권을 규율하는 'BIS 자기자본 비율 규제'로 압축할 수 있다.

① 단점만 부각되는 시장경제의 뒷모습

시장경제는 시장 내에서 나타나는 수요와 공급의 상호작용에 기반해 자원의 효율적인 분배를 추구하는 경제 시스템을 말한다. 시장경제는 분명 효율적이고 탄력적인 경제 시스템이다. 하지만 시간이 지날수록 장점보다는 단점이 더욱 부각되고 있다. 대표적인 단점으로 '승자 독식'을 꼽을 수 있다. 경쟁은 필연적으로 승자 독식으로 귀결되는데, 이로 인해 산업 내에서 1등 기업들을 중심으로 일상적인 독과점이 발생하게 된다.

실제로 거의 대부분의 업종에서 독점 기업만이 초과이윤을 거두고 있다. 정상 범위를 벗어난 초과이윤은 소비를 위축시켜 소비 부족 현상을 일상화한다. 그리고 소비 부족 현상이 극단으로 치닫게 되면 기업은 살아남는 기업과 그렇지 못한 기업으로 양분된다.

이러한 결과는 주식시장에서 어떻게 나타날까? 마찬가지로 살아

위기와 기회의 사이클

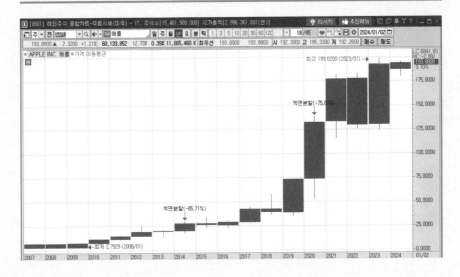

남는 기업의 주가는 하늘 높이 치솟고 그렇지 못한 대부분의 기업
은 연쇄적으로 도산에 직면한다. 최근 15년간 가장 수요가 강력했던
산업은 스마트폰을 비롯한 IT 산업이고, 가장 대표적인 회사는 역시
아이폰의 애플이다. 아이폰의 주가 동향을 보면 얼마나 강한 스마트
폰 수요가 있었는지를 알 수 있다.

우리나라의 경우 수출이 경제에 미치는 영향이 지대한데, 수출
부진은 곧바로 수요 부진으로 이어질 수밖에 없다. 최근 미국과 중
국 간의 무역 갈등과 우리나라의 수출 정책에 의해 2022년 이후
2년간 우리나라에서 수출이 급감한 산업 중 하나는 섬유의복업이
다. 특히 중국과의 무역 갈등은 중국향 수출에 큰 영향을 받게 되는

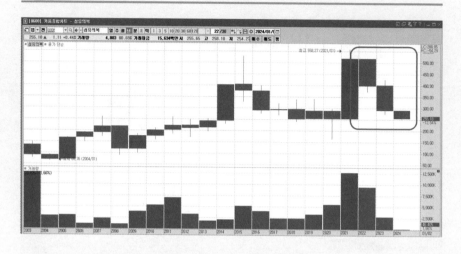

데, 섬유의복업종의 주가 움직임이 부진한 것을 확인할 수 있다.

② 신자유주의가 가져온 부채의 늪

신자유주의는 국가의 적극적 개입을 강조한 케인즈주의에 대한 반동으로 나타난 경제사상으로, 국가권력의 시장 개입은 경제의 효율성과 형평성을 악화시킨다고 주장한다. 신자유주의자들은 자유무역과 국제적 분업이라는 말로 시장 개방을 주장하는데, 이른바 '세계화'나 '자유화'라는 용어도 신자유주의의 산물이다. 신자유주의의 특징을 살펴보는 것은 지금의 기업 상황을 알아보는 데 꼭 필요하다.

학자들마다 신자유주의에 대한 정의가 조금씩 다르지만, 신자유주의의 대표적인 특징은 다음과 같이 정의해볼 수 있다. 첫째, 민영화. 원래 공기업은 공공의 이익을 위해 국가 차원에서 관리하는 사업을 맡는 기업이다. 따라서 많은 경우 독점적인 사업을 하는 대신 이윤 추구를 목적으로 하지 않고 공공의 이익을 최우선으로 한다. 이런 공기업을 민영화한다는 것은 기업들에게 독점적인 이익을 나눠주기 위한 목적인 경우가 많다. 예를 들어, 1962년에 세워진 대한석유공사는 1980년 민영화(유공)되었다. (유공은 SK이노베이션이 되어 SK그룹의 핵심 계열사 역할을 하고 있다.) 아이러니한 점은, 비효율성을 이유로 민영화를 시켜놓고 이후 다시 한국석유공사를 설립해 운영하고 있다는 것.

둘째, 규제 완화. 여기서 말하는 규제 완화는 기업 활동을 위축시키는 모든 규제를 완화해준다는 것이다. 하지만 기업 활동 과정에 환경 문제를 일으키거나 공정거래를 저해하는 행위들이 나타날 수 있다.

셋째, 예산 축소. 국가 예산을 축소함으로써 국가는 최소한의 국정 운영을 하며, 나머지 빈 곳은 기업들의 활동으로 채우려 한다. 기업 활동이 활발해지는 것은 환영할 일이지만, 기업들이 할 수 없거나 기업에게 맡겨놓으면 국민 생활에 큰 부담을 줄 수 있는 국가의 책무까지도 민간에 넘겨주는 일이 생길 수 있다.

넷째, 노동 소득 압박. 기업이 부담하는 비용 중 가장 큰 비중을 차지하는 항목이 인건비다. 인건비는 직접적인 인건비도 있지만 복리후생을 위해 지급되는 부분도 무시할 수 없다. 신자유주의 경제의 특징은 노동 소득을 압박하는 것인데, 기본적으로 정년까지 일자리를 보장하는 것을 없애고 직원들의 신분도 정규직에서 계약직으로, 계약직에서 파견직으로 변경함으로써 비용을 줄여나가고 있다. 이런 일은 비단 우리나라에서만 일어나는 것이 아니다. 한때 G2 국가였던 일본의 경제를 이끌었던 경영 이념 중 하나가 정년까지 직원들의 고용을 보장한 것이다. 하지만 이제는 정년은커녕 일자리 얻기도 힘든 상황에 놓이게 되었다. 노동 소득 압박을 위해 노동자들의 지위를 떨어뜨리는 것은 전 세계적으로 나타나는 현상이다. 문제는 노동 소득이 줄어들면 노동자들의 삶이 질이 떨어지고 이는 소비 감소를 가져올 수 있다는 것이다.

다섯째, 부채를 통한 성장. 노동 소득을 압박해 노동자들의 삶의 질이 떨어지게 되면 정치인들은 유권자들의 지지를 잃게 된다. 이를 해결하기 위해 정치인들은 가장 건전한 소득인 노동 소득 대신 자산 소득을 얻을 수 있도록 금리를 낮추는 정책을 펼친다. 돈을 빌려 집과 주식을 사게 하고, 그 결과로 집값과 주가가 오르는 '부의 효과 Wealth Effect'를 통해 노동 소득을 보충하도록 하는 것이다. 이것이 만연하면 경제 내에서 개인은 물론이고 기업, 더 나아가 정부도 부채를 성장의 동력으로 삼게 된다. 그러나 부채를 통해 쌓은 번영은 '모래 위에 쌓은 성'과 같이 한 순간에 무너질 수 있음을 알아야 한다.

신자유주의는 여전히 진화 중인, 살아 있는 경제 이념이다. 우리를 더 힘들게 하는 것은 경제 번영의 한 축이었던 세계화가 무색해지는 '이념으로 뭉친' 블록화가 진행되면서 공급망 교란이 극심해지

위기와 기회의 사이클

고 있다는 것. 이는 생활 비용을 증대시켜 경제 활력을 떨어뜨리는 상황을 전개시키고 있다. 신자유주의가 발생시킨 문제들이 해결되지 않는 상황이 긴 시간 이어지게 된다면, 우리 경제와 주식시장도 크게 영향을 받을 수밖에 없다는 점을 알아야 한다.

③ 금융빅뱅과 금융기관의 대형화

기업의 생사를 좌우하는 것은 결국 돈의 흐름이다. 돈이 어디로 흐르게 할 것인가를 결정하는 요인은 수없이 많지만, 정책적인 측면에서 보면 은행의 대출 정책을 결정하는 최고의사결정기관의 정책이 가장 중요하다. 그 가운데 BIS 자기자본비율 규제가 있다

금융빅뱅은 1987년 10월 27일 영국 증권거래소가 실시한 일련의 증권 관련 제도의 개혁 조치 이후 영국을 비롯한 전 세계 금융기관의 재편 과정을 말한다. 영국의 금융빅뱅을 이해하기 위해서는 몇 가지 기초적인 사실을 알아둘 필요가 있는데, 먼저 미국의 월스트리트에 주도권을 넘겨주기 전까지 런던이 세계 금융을 주도했다는 것이다. 어느 나라든지 돈이 필요하면 런던에서 자금을 조달했고, 주식 거래도 영국의 증권가에서 주도적으로 이루어졌다.

그런데 어쩌다 그 영광스러운 자리를 월스트리트에 넘겨주고 말았을까? 가장 큰 이유는 바로 높은 수수료율 때문이다. 0.1%, 아니 0.01%라도 싸게 돈을 빌리고 또 0.01%라도 비싸게 돈을 빌려주고 싶어 하는 것이 금융의 속성이다. 그런데 영국은 보수적인 태도를 버리지 못하고 높은 수수료를 받은 반면 미국은 신흥강자답게 싸고

친절한 서비스로 세계 금융인들을 자신들에게 오도록 만들었다.

또한 미국의 금융기관은 은행업과 증권업의 겸업이 가능해 소위 원스톱 서비스를 제공할 수 있었지만 영국의 금융기관은 엄격한 겸업 제한으로 수요자가 원하는 서비스를 제대로 해주지 못하는 상황이었다. 그 결과 1980년대 중반 런던거래소의 거래 규모가 뉴욕의 단 6% 정도에 그칠 정도였다. 당시 영국의 총리였던 마가렛 대처는 이 상황을 타개하기 위해 금융 규제를 완화하는 조치를 취했다. 여러 조치 사항이 있었는데, 그 핵심은 시장을 개방하고 수수료를 대폭 낮춰서 미국과 경쟁을 해보겠다는 의도였다. 그러자 수익성이 떨어진 금융기관들이 서로 뭉치고 또 합쳐지는 일들이 벌어졌다. 빅뱅 조치 이전 29개 증권사 가운데 21개 증권사가 은행과 합병하면서 거대 금융그룹으로 다시 태어났다. 금융기관의 대형화가 나타나기 시작한 것이다.

금융기관의 대형화는 효율성을 높일 수도 있지만 위기에 빠질 경우 반대로 걷잡을 수 없는 혼란에 빠지게 된다. 이 문제를 해결하기 위해 팔을 걷고 나선 곳이 바로 "중앙은행의 중앙은행" 국제결제은행BIS: Bank of International Settlement이다. BIS는 원래 제1차 세계대전 이후 독일의 전쟁배상금 문제를 처리하기 위해 1930년 미국, 유럽 국가 등이 공동출자해 설립되었는데, 지금은 그 역할이 점점 커져서 각국 중앙은행들 사이의 조정을 맡는 국제협력기관 역할을 해서 "중앙은행의 중앙은행"이라고 부른다. 이 말은 BIS의 말을 듣지 않으면 은행으로서의 구실을 못 하게 된다는 뜻도 된다. 이런 BIS가 전 세계적

위기와 기회의 사이클

으로 진행돼온 금융 혁신 및 경쟁 심화로 은행들이 부도가 나는 상황을 막기 위해 1988년 7월 바젤위원회 결의를 통해 은행의 자기자본비율 규제에 대한 국제적인 통일 기준을 설정하기 시작했다.

지금까지 바젤위원회에서는 3회에 걸쳐 자기자본의 건전성을 권고했는데, 요즘 금융 시장을 이해하기 위해서는 조금 어렵더라도 이 내용을 잘 숙지하고 있어야 한다. 먼저 바젤Ⅰ은 가장 초보적인 단계로, 부실채권을 관리하기 위해 위험을 반영한 자산 총액 대비 8%의 자기자본을 유지하라는 내용이었다. 그런데 1980년대 말 국제사회에서는 이 바젤위원회의 결의 내용을 제대로 이행하지 못했고, 제일 먼저 크게 사고를 친 곳이 바로 일본의 금융기관들이었다. 일본 은행들은 1980년대 후반 부동산 버블이 극에 달했을 때 엄청난 대출을 기업과 가계에 해줬는데, 그 결과 대출 자산 대비 자기자본비율이 8%에 훨씬 못 미쳤다. 그래서 부랴부랴 대출을 회수하는 한편 다른 한쪽에서는 증자를 통해 자본을 확충하고자 했다. 그 결과가 바로 우리가 잘 알고 있는 '잃어버린 30년'이다. 일본의 거대한 실패 덕분에 지금 전 세계 은행들은 바젤위원회의 결정 사항을 고분고분 잘 받아들이고 있다.

2004년 시행된 바젤Ⅱ는 바젤Ⅰ보다 더 강력한 자본 건정성을 강조한다. 바젤Ⅱ는 무리한 파생상품 투자로 베어링은행이 파산한 사례를 막기 위해 대출 자산뿐만 아니라 증권 가격이 크게 오르거나 떨어졌을 때의 위험도 자기자본관리에 반영해야 한다는 내용을 담고 있다.

전 세계 금융 산업을 벼랑 끝으로 몰아세운 2008년 글로벌 금융위기는 마침내 바젤Ⅲ의 시대를 열었다. 글로벌 금융위기는 절대 망할 수 없을 것 같던 베어스턴스와 리먼브라더스를 한순간에 날려 버렸고, BIS는 바젤Ⅲ를 통해 더 강력한 자본 건전성을 위한 조치를 시행했다. 핵심은 대출받는 대상의 리스크를 관리하라는 것.

"맑은 날에 우산을 빌려주고, 비 오는 날에는 우산을 빼앗아간다." 혹자는 은행에 대해 이렇게 말한다. 사람들이 돈이 필요하지 않을 때는 세일을 하면서까지 대출을 받으라고 하면서 실제로 대출이 필요한 시점이 오면 가차 없이 대출을 회수하는 금융 자본을 비난하기 위해 나온 말이다. 과거 금융은 공장을 기반으로 하는 산업 자본이 일을 잘할 수 있도록 도움을 주는 역할을 했다. 그런데 시간이 지나면서 기업들이 금융에 의존하는 정도가 높아졌고, 이제는 은행이 기업의 목숨 줄을 잡고 있는 상황이다. 그래서 은행들이 어떤 정책을 펴느냐가 경제에 큰 영향을 미친다.

위기와 기회의 사이클

주식시장에서 위기와 기회가 반복되는 근본적인 이유는 돈에 대한 인간의 욕심이 변하지 않기 때문이다. 그러나 반복되는 위기와 기회는 매번 같은 얼굴로 다가오지 않는다. 그래서 본질을 볼 수 있는 지혜가 필요하다.

과거와 단절된 미래는 존재할 수 없다. 타임슬립하듯 급격한 변화가 시장에 나타나지는 않을 것이다. 하지만 우리가 생각하는 것보다 조금 빠른 속도로 시장이 변화해갈 것은 분명하다. 주식시장이 앞으로 10년간 어떻게 변화할지 예측하기 위해서는 앞서 살펴본 세 가지 이슈에 주목해야 한다. 여기에 새로운 무역 장벽으로 작용할 신재생 에너지, 미국과 중국의 갈등으로 대표되는 세계화의 종말이 미칠 영향 등을 면밀히 살핀다면 종목에 대한 기준도 마련할 수 있을 것이다.

2부 변화하는 주식시장

3부 2025-2035 투자 원칙

1부

✳

반복되는
위기와 기회의
패턴

2007년 금융위기 이후 우리나라 주식시장에는 많은 일들이 있었다. 기술적인 사건, 제도적인 사건, 시장 수급상의 사건이 겹치면서 시장은 상승과 하락을 반복했다. 그중 주목해야 하는 사건을 통해 시장이 어떤 반응을 보였는지를 살펴보고 앞으로도 반복될 시장의 원리를 알아보자.

1장

금융위기와
폭발하는 유동성

인간의 욕망으로 쌓은 모래 위의 성

가장 건전한 소득은 노동 소득이다. 힘들여 일한 뒤 받는 월급은 귀하고도 소중하다. 그래서 노동 소득은 함부로 낭비하지 않는다. 그런데 신자유주의가 번져나가면서 노동자의 지위가 정규직에서 계약직으로 탈락하고 정년 보장도 되지 않는 상황이 되었고. 자연히 사람들의 눈길은 자산 소득으로 향했다. 자산 소득은 쉽게 말하면 주식이나 부동산 등 자산에 투자해서 얻게 되는 수익이다.

신자유주의 경제에서 정책 입안자들은 금리는 낮추고 대출을 쉽게 일으킬 수 있는 상황을 만들어 그 돈으로 주식을 사고 부동산을 사서 낮아진 노동 소득 대신 자산 소득을 얻는 방향으로 정책을 이끌어갔다. 노동 소득에 비해 자산 소득은 쉽게 소비할 가능성이 크다. 월급으로 받은 500만 원은 쓰기 아깝지만, 주식투자로 번 500만 원은 외식도 하고 쇼핑도 하는 것에 거리낌이 없다.

미국발 금융위기의 출발점은 바로 부동산과 관련되어 있다. 미국의 주택담보대출인 모기지Mortgage 제도는 원래 주택 정책의 원활화를 위해 고안된 제도다. 미국 사람들은 집을 살 때 대체로 모기지를 이용한다. 미국의 경우 51개 주 중 재정이 풍부해서 주택 정책을 원활히 펼 수 있는 곳이 있는 반면 재정이 부족한 곳은 주택 정책을 원활히 펴지 못하는 곳도 있다. 재정이 부족한 곳 또는 경제 상황이 좋지 않은 주에서 제공된 모기지를 증권화해서 그 증권을 경제 상황이 좋은 주에 매각하면 대출이 즉시 회수되는 효과를 얻을 수 있는데, 이런 작업을 반복해 미국 전역에 주택 사업이 활성화되었다. 이것이 모기지를 기초로 한 자산담보부증권MBS : Mortgage Backed Security 이다.

원래 모기지 자체는 큰 문제를 일으키지 않는 제도였다. 하지만 금융 빅뱅 이후 금융 회사의 인센티브 제도와 부동산 가격 상승에 편승해 자산 소득을 올리려는 사람들의 욕망이 얽히면서 글로벌 금융위기의 단초가 되어버렸다. 그 구조는 다음과 같다. 은행에서 대출을 담당하는 여신 담당자들은 얼마나 많은 대출을 했느냐에 따라 인센티브 수준이 달라진다. 당연히 처음에는 신용도가 좋은 사람들을 중심으로 대출을 했다. 이렇게 신용도가 좋은 사람들을 "프라임Prime"이라 부른다. 모든 프라임들에게 대출을 하고 나면 그다음 대출 대상은 신용도가 중간쯤 가는 사람들이다. 이런 사람들을 "얼트AAlt-A: Alternative A"라 부른다. 당연이 이들은 프라임에 비해 신용도가 떨어지므로 대출 금리도 높고, 신용에 대한 조사도 철저하게 진행되어야 하는 것은 물론이다. 그런데 얼트A까지도 대출을 다 해주고 나면 여신 담당자들이 인센티브를 얻을 방법이 없어진다. 이때 눈길을 돌린 곳이 바로 서브프라임Sub-prime들이다.

서브프라임은 쉽게 말하면 신용불량 수준의 사람들이다. 이들에게 대출을 주기 위해서는 이들의 소득 수준과 재산 수준 등을 면밀히 조사해야 하는데, 여신 담당자들은 인센티브를 받을 욕심에 돈을 빌리려는 차주의 신용 상태에 대해 적극적으로 조사를 하지 않았다. 조사를 꼼꼼히 하면 대출이 불가하기 때문이다. (영화 〈빅쇼트 Big-Short〉를 보면 집에서 기르는 강아지 이름으로 대출을 받은 경우도 있다!)

집값이 올라가는 상황에서는 이런 문제들이 불거지지 않는다. 상승한 집값이 담보 역할을 충분히 하기 때문이다. 문제는 집값이 떨어질 때다. 집값이 떨어지면 각종 문제가 불거진다. 집값이 올라갈 때는 서브프라임들이 가격이 오른 집을 팔고 또 다른 집을 사면서 얻은 차액으로 생활을 할 수 있었다. 그러나 집값이 떨어지면 대출 원리금을 갚지 못하는 상황이 발생하고, 곧장 상환불능 상태에 처하게 된다. 더 큰 문제는 이런 부실한 주택담보채권을 바탕으로 만든 모기지 증권이다. 모기지 증권은 차입자가 매월 갚은 원리금을 기초로 해서 증권 투자자에게 이자를 지급하는 구조인데, 차입자가 원리

표1. 모기지 증권 중 서브프라임 비중

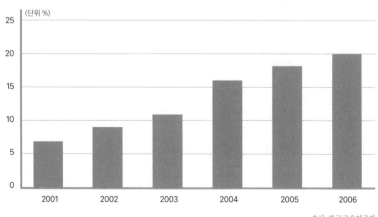

(단위 %)

출처: 한국금융연구원

금을 갚지 못하면 증권으로부터 부도가 발생하게 된다. 최악은 이런 모기지 증권을 기초로 해서 만들어놓은 파생상품이다. 파생상품은 증권에 비해 훨씬 레버리지가 높은 상품으로, 조금만 가격이 하락해도 손실이 커지는 상황이 발생하게 된다. 즉, 주택 가격 하락이 모기지 차입자의 원리금 상환불능 사태로 이어지고, 이는 곧 모기지 증권의 부도 그리고 이를 기초로 한 파생상품의 가격 급락으로 이어졌고, 여기에 투자했던 많은 금융기관의 대규모 인출 사태가 발생하면서 이전에는 생각도 못 했던 투자은행들의 파산이 줄을 이었다. 모기지 증권 중 서브프라임이 차지하는 비중이 20%까지 올라가는 모습을 보였으니 폭탄을 안고 가는 상황이었다. 그중 가장 큰 충격을 준 것이 바로 베어스턴스와 리먼브라더스의 파산이었다.

베어스턴스와 리먼브라더스의 파산에는 신용평가기관들의 헛발질도 한몫을 했다. S&P, 무디스 등 세계적인 신용평가기관들의 경우 서브프라임이 포함된 대출을 묶어서 만든 모기지 증권에 최우수 등급의 신용도인 AAA 등급을 부여하는 일을 서슴지 않았다. 그들은 "최고 등급을 주지 않으면 경쟁 회사가 최고 등급을 주면서 신용평가료를 받아갈 테니 고객을 뺏기지 않기 위해 어쩔 수 없이 신용등급을 올려줄 수밖에 없었다"고 항변했다. 돈을 벌려는 인간 욕망의 민낯이 드러난 것이다.

미국의 금융위기는 인센티브를 받으려는 은행의 여신 담당자들과 집값이 오르면 그 차액으로 생활하기 위해 신용불량자임에도 대출을 받으려는 서브프라임들의 도덕적 해이, 모기지를 이용해 만들어진 모래성 같던 파생금융 상품, 그리고 부실한 증권에 높은 신용 등급을 준 세계적인 신용평가기관의 헛발질 등 돈을 향한 인간의 욕망이 만들어낸 거대한 버블의 붕괴로 볼 수 있다. 이 위기는 2007년에 시작되어 2009년까지 이어졌고, 이를 수습하기 위해 10년 정도의 유동성 확대 시기를 거쳐야 했다.

공포를 매수하라

욕망은 영원하지 않다. 욕망은 임계점에 도달하면 반드시 폭발해 거품처럼 사라진다는 것이 역사적으로 증명되었다. 1600년대 네

표2. 미국 정책 금리의 변화

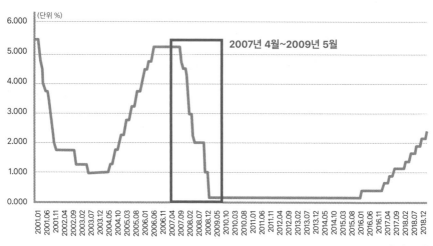

2007년 4월~2009년 5월

출처 : 한국은행

덜란드에서 나타났던 튤립 투기, 1840년대의 철도 버블, 1980년대 말 일본 버블 붕괴, 1990년대 말과 2000년대 초에 나타났던 IT 버블 붕괴, 그리고 비트코인으로 대표되는 암호화폐 버블 붕괴 등 사례는 수없이 많다. 이런 사례들을 바탕으로 위기 발생 시 그 위기를 수습하는 방법들이 고안되었다.

　금융위기 발생 이후 미국 연준에서 취한 정책은 제로 금리 정책과 양적완화 정책이었다. 서브프라임 사태가 발생하자 금융 시스템 붕괴를 막기 위해 가장 먼저 취한 정책은 적극적인 금리 인하였다. 사실 사태 발생 이전 연준은 발 빠르게 금리를 올려왔었기 때문에 이를 되돌리는 과정이었다. 연준은 2008년 말 5.25%에 있던 정책

위기와 기회의 사이클

금리를 0%, 즉 제로 금리까지 끌어내리는 정책을 단행했다.

그러나 금리 인하만으로는 문제가 해결되는 것은 아니었다. 베어스턴스와 리먼브라더스의 파산은 금융 시스템 내에 '상대방위험 Counterpart Risk'을 불러왔다. 즉, 도산할 가능성이 없었던 금융기관의 파산은 거래상대방을 믿지 못하게 만들었으니 금융기관들마저도 상대방에게 대출하는 것을 꺼리는 현상이 벌어진 것이다. 그 결과 금리가 낮아졌어도 금융 거래가 원활치 못해 시스템 붕괴 위험이 사라지지 않았다.

이 문제를 해결하기 위해 연준에서는 무제한 발권, 즉 통화량을 무제한 공급하겠다는 목표를 세워놓고 양적완화QE: Quantity Easing를 시도했다. 미국 연준은 금융위기 이전 약 1조 달러 정도의 본원통화를 유지하고 있었다. 그러나 금융위기가 발생하고 지속적으로 돈을 푼 결과 2018년에는 4조 5,000억 달러 수준까지 본원통화를 늘렸으니, 실로 어마어마한 규모의 돈을 시중에 풀면서 금융 시스템 위기를 넘겨나갔다.

금융 시스템 붕괴를 막겠다는 연준의 의지가 확인되면서 금융 위기 이후 급락했던 미국의 주가는 급격히 반등했고 풀어놓은 돈에 힘입어 금융 시장에서는 기업의 실적에 초점을 맞춘 펀더멘탈과는 다소 괴리된 상태에서 주가가 올라가는 모습을 보였다. 사람들 마음속에는 아직 위기의 그림자가 걷히지 않았고 여전히 기업들의 도산 위험이 있었지만 오히려 주가는 지속적인 상승을 보였던 것이다. 다만 이 당시 우리나라 주가는 크게 상승하지 못했다. 미국의 다우지

차트1. 미국 다우지수 동향

차트2. 코스피지수 동향

위기와 기회의 사이클

수 동향과 우리나라 코스피지수가 다른 움직임을 보이는 것을 차트 1과 2를 통해 확인할 수 있다.

"공포를 매수하라"는 말은 위기가 발생해서 주가가 급락하게 되면 주식을 사라는 말과 같다. 1929년 발생했던 미국 대공황 이후 주식시장은 장기적으로 부진한 모습을 보였다. 그러나 1980년대 이후에는 주가가 급락 후 곧바로 상승하는 모습을 반복하고 있다. 실제로 1987년 10월 블랙먼데이, 2001년 9월 9.11테러, 2007년 미국발 금융위기, 2020년 코로나19 팬데믹 이후 급락했던 주가는 곧바로 회복하는 모습을 보였다. 앞으로도 미국발 금융위기와 같은 위기가 발생해도 금리 인하와 양적완화 등의 정책이 반복되는 한 주가는 반등할 가능성이 크다. 그렇다면 공포가 주가를 급락시킬 때 공포를 매수하듯 주식시장에 적극적으로 참여해도 무방하다는 결론에 도달할 수 있다.

유동성이 늘어나면 성장주에 투자하라

금융위기를 지나면서 유동성이 폭증할 때 주식시장에서는 기술주들이 주가 상승을 이끌었다. 최근에는 FAANG(페이스북, 애플, 아마존, 넷플릭스, 구글), MAGA(마이크로소프트, 아마존, 구글, 애플) 등이 주식시장을 이끌어 나갔다. 그 이유는 자금이 부족할 때는 모험적인 사업을 하는 것이 어렵지만 유동성이 풀려서 자금이 넉넉해지면 그

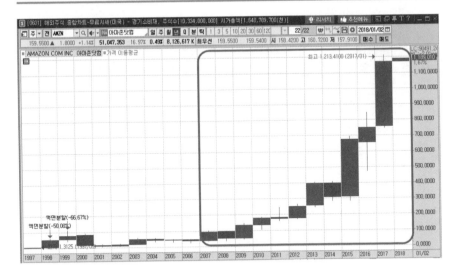

돈으로 모험적인 사업, 즉 벤처 비즈니스에 적극적으로 투자할 여력
이 생기기 때문이다.

　여기서 한 가지 주목해야 하는 것은 성장 산업일지라도 결국 현
금흐름을 창출할 수 있는 기업을 찾아야 한다는 것이다. 꿈만으로는
성공할 수 없다. 꿈이 현실화되어 수익을 낼 수 있는 기업만이 주가
를 비롯해 장기적으로 탄탄한 성장을 할 수 있다. FAANG, MAGA
종목들의 경우 대체로 비슷한 주가 상승을 보였는데, 다양한 분야
로 사업 영역을 확대해왔던 아마존의 주가 동향이 이를 증명한다

신자유주의 경제가 자리 잡은 이후 위기는 반복적으로 발생하고 있다. 1980년대 미국의 저축대부조합 파산, 1998년 LTCM 파산, 2007년 서브프라임 사태, 2023년 실리콘밸리은행 사태 등 위기는 반복적으로 발생하고, 그때마다 단기적으로 주가는 급락한다. 이때 투자자들이 다음과 같이 투자해야 한다.

① 어떤 위기에도 국가가 망하는 일은 벌어지지 않는다. 따라서 위기로 인해 주가가 급락하면 공포를 매수할 준비를 해야 한다.
② 미국 연준을 비롯한 중앙은행들이 금리 인하, 양적완화 등 금융완화 정책을 발표하고 실시하면 주식을 매수해야 한다.
③ 금융완화로 인해 주가가 상승할 경우 가치주보다는 성장주에 투자하는 것이 수익률이 더 높다. 성장주의 사례로 현재는 IT 관련주와 바이오 관련주를 들 수 있다.

2장

열풍의 순풍과 역풍1.
펀드

물 들어올 때 노를 저어라

IMF 외환위기가 할퀴고 간 뒤 부자가 되라는 어느 여배우의 CF 광고를 보면서 사람들 머릿속에 부자가 되어야겠다는 열망이 자리 잡았다. 외환위기를 지나면서 그동안 정년까지는 문제없으리라 생각 했던 직장은 구조조정이란 이름 아래 조기퇴직이 일상화되었고, 노후 자금으로 생각했던 퇴직금은 누진제 폐지에 더해 퇴직금 중간정산 등으로 노후 생활의 안전판이 없어졌다. 그런 상황에서 대부분의 사람들은 필사적으로 부자가 되어야겠다는 생각에 주식시장으로 돌진했다. 그 돈들은 미래에셋증권이 주도하는 펀드 시장에 불을 붙

위기와 기회의 사이클

였다.

투자자들이 펀드 시장으로 몰린 것은 적립식 펀드 열풍 당시가 처음은 아니었다. 사람들의 행동 양식은 과거의 경험에서 그 단서를 찾아볼 수 있는데, 멀지 않은 과거에도 펀드 열풍이 있었다. IMF 외환위기 당시 '바이코리아Buy Korea' 펀드 열풍이 그것이다.

1999년 3월 2일 현대증권과 현대투신운용은 바이코리아 펀드를 선보인다. 개인은 대부분 직접 주식을 사서 투자하고 간접투자 상품인 펀드는 생소하던 시절. 현대증권은 '우리 기업의 주식을 사자'는 캐치프레이즈를 내걸고 바이코리아 펀드 판매를 시작한다. IMF 외환위기를 딛고 경제가 살아나기 시작한 때였다. 이 펀드는 예금 금리에 만족하지 못한 개인 투자자의 시선을 사로잡았다. 외환위기를 극복하려면 한국 국민이 나서 주식을 사모아야 한다는 '애국 마케팅'도 통했다. 외환위기 극복이라는 애국심과 구조조정의 충격을 벗어나려는 사람들의 갈망이 상승 작용을 가져왔다. 그 결과 출시 4개월 만에 판매액 10조 원을 돌파한다. IT 주가 상승과 맞물려 바이코리아 펀드는 빠르게 성장한다. 현대증권은 '바이코리아' 이름을 단 IT 펀드, 하이일드 펀드, 코스닥 펀드 등을 연이어 선보였다. 하지만 열기는 오래가지 못했다. 2000년 초 미국을 시작으로 IT 거품이 붕괴하기 시작했기 때문이다.

관련 주가지수도 빠르게 하강했다. 현대증권과 현대투신운용의 비리도 드러났다. 바이코리아 펀드로 모은 자금으로 고객 몰래 불량 주식을 사들였다가 손실을 키웠고, 현대전자(현 SK하이닉스) 주가 조

작 의혹도 제기됐다. 이에 대한 금융 당국의 조사, 검찰 고발이 이어 졌다. 주가 하락으로 펀드 원금이 '반토막' 나는 사태까지 덮쳤다. 국 내 펀드는 태동하자마자 침체기로 접어들었다.

이랬던 펀드 시장에 다시 불길이 타오르기 시작했다. 적립식 투 자에 대한 교육이 먹혀들었기 때문이다.

적립식 투자는 은행에 적금을 넣듯이 매월 같은 금액으로 같은 주식이나 펀드를 매입하는 행위를 말한다. 적립식 펀드가 따로 있는 것이 아니라, 해당 주식이나 펀드를 통해서 적립식 투자를 하는 것 이다. 이런 투자 방식은 '평균가격투자Cost average investment' 방식을 따 르는데, 주가가 올라도 또 주가가 내려도 같은 금액을 투자하면 결 국 매입 가격이 평균화되는 것을 말한다. 여기서 투자자들이 간과하 는 포인트는 적립식 투자는 주가가 떨어질 때 더 큰 효과를 가져온 다는 것이다. 대부분의 투자자들은 주가가 떨어지면 적립식 투자를 멈추는 습성을 가지고 있어 투자에 실패하는 경우가 많다.

투자자들의 또 다른 습성 중 하나는 '군집행동'을 한다는 것이다. 즉, 누군가 돈을 번다는 소문이 나면 모두가 따라 간다. 당시 얼마나 많은 돈이 펀드 시장으로 몰렸는지 다음 그래프를 통해 확인해보 자. 2005년 1월 27조 원 규모였던 주식형 펀드 잔고는 미국의 금융 위기 발발 직전인 2007년 7월 130조 원까지 증가했다. 단순 계산만 으로도 100조 원 이상의 돈이 펀드 시장으로 몰린 것이다. 이 정도 의 자금 규모면 거의 모든 가정이 예금과 적금을 모두 해약해서 펀 드 시장으로 들어왔다고 보면 된다.

표3. 주식형 펀드 월간 잔고

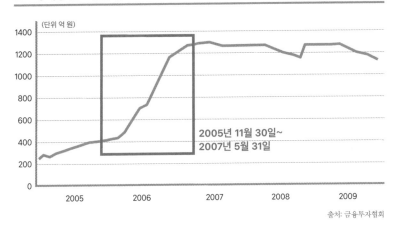

(단위 억 원)

2005년 11월 30일~
2007년 5월 31일

출처: 금융투자협회

펀드 열풍이 불러온 주가 상승

이런 상황에서 주식시장은 어떻게 움직였을까? 당시 주식시장은 절묘하게도 중국경제의 혜택을 받았다. 중국경제가 본격적으로 도약하기 시작한 것이다. 경제 발전의 첫 단계는 바로 국토 인프라의 건설인데, 운송업종 중 해운과 조선업종이 큰 수혜를 받게 된다.

먼저 펀드 시장의 열기로 오른 주가이므로 주식시장 동향부터 살펴보자. 부자 되기 열풍이 불기 시작한 2003년부터 주식시장은 반등을 시작한다. 그리고 2007년 11월까지 꾸준히 주가가 오르는 것을 확인할 수 있다. 주가 상승과 펀드로의 자금 유입으로 인해 모두가 조만간 부자가 될 수 있다는 꿈과 희망, 행복감에 도취했던 시기다.

　　사람들을 더욱 놀라게 한 것은 개별 종목의 폭등이었다. 당시 주식시장을 주도했던 종목 중 하나는 바로 조선주다. 2004년부터 시작된 조선업종의 슈퍼사이클은 통상적인 상선 발주에 더해 중국경제의 성장으로 원자재 수요가 급증하면서 이를 운송하기 위한 선박 건조가 급격히 늘어났기 때문이다. 당시 주식시장에서 손에 꼽혔던 종목 중 단연 1위는 당시 현대중공업(현재 한국조선해양)이었다. 현대중공업은 2004년부터 금융위기가 발발한 2007년까지 무려 1,485%의 상승률을 보였다.

　　당시 전문가들 사이에서는 간접투자 상품을 통한 적립식 투자와 주식 직접투자 중 어느 것이 더 수익률이 좋은지 논쟁이 벌어지기도 했다. 그러나 그런 논쟁은 의미가 없다. 투자의 성패는 '누가' 얼마

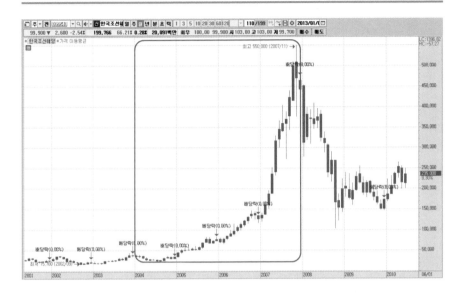

나 '합리적으로' 투자했는지에 달려 있기 때문이다. 개인적으로는 인간이 고안한 투자 방법 중 최고의 투자법은 적립식 투자라고 생각한다. 적립식으로 꾸준히 투자하면 어지간해서는 투자에 실패하지 않는다는 연구 결과들이 부지기수다.

돈이 주식시장으로 몰리는 데는 계기가 있고, 그 계기는 학습 효과에 기반을 두는 경우가 많다. 과거의 경험을 바탕으로 사람들은 행동한다. 바이코리아 열풍, 적립식 펀드 열풍, 그리고 그 경험이 코로나19 당시 '동학개미운동'으로까지 이어졌다. 주가도 가격이므로 수요가 폭증하면 주가도 폭등하게 된다. 그 기회를 놓치지 않는 것이 중요하다.

유동성이 주식시장으로 몰리는 현상이 나타나면 투자자들은 어떻게 투자해
야 해야 하는지 알아보자.

① 주식시장으로 돈이 몰리면 제일 먼저 관심을 가져야 하는 것은 시가총액
이 큰 종목이다. 종목 선정에 어려움이 있는 사람이라면 삼성전자, SK하
이닉스, LG에너지솔루션 등 시가총액 상위 종목에 투자하라. 평균 이상
은 한다.

② 펀드에 투자하는 사람들이라면 평소에 적립식 투자를 하는 것을 권한다.
꼭 주가가 오르지 않는 시기더라도 꾸준히 적립식 투자를 하고 있으면
유동성이 폭발할 때 큰 수익을 얻을 수 있다.

③ 개별 종목 투자에 자신 있는 사람이라면 주가가 움직일 당시 제일 먼저
상승하는 주도주에 투자하라. 주도주는 수익률이 높은 특징도 있지만 떨
어질 때 쉽게 떨어지지 않아 주식 매수 타이밍을 놓친 경우라도 어렵지
않게 빠져나올 수 있기 때문이다.

3장

기술 전쟁의
생존자들

아이폰의 등장과 LG전자의 추락

"강한 놈이 살아남는 것이 아니라, 살아남은 놈이 강한 것이다."

이 말만큼 주식시장의 생리를 잘 설명하는 말은 없어 보인다.

영원한 1등이 없고, 또 시대를 역행하는 사람은 승자가 되지 못
한다는 말을 가장 잘 보여주는 사례가 있다. 바로 2G폰 시대의 최강
자였던 LG전자의 헛발질이다. 우리는 이 사례를 통해 1등이라도 어
느 한순간에 도태된다는 교훈을 살펴볼 수 있다.

21세기는 기술 발전이라는 말로는 부족하고, 기술 도약의 시대라
고 해야 한다. 기술의 발전은 점진적으로 이루어지는 것처럼 보이지

만, 어느 지점에서는 발전을 넘어 도약을 하는 경우가 많기 때문이다. 특히 정보통신 기술과 관련해 1980년대와 90년대에 걸쳐 일상화된 인터넷이 우리 삶을 크게 바꿨다면 2010년대의 모바일 기술은 우리 삶을 근본적으로 바꾼 기술 도약이라고 봐도 무방하다. 손안의 컴퓨터인 스마트폰은 침대에 누워서도 일처리가 가능한 세상을 만들었다. 이러한 기술 도약의 시대에 한 번이라도 잘못된 의사결정을 하게 되면 회사의 운명이 달라지는 일을 겪게 된다.

스마트폰의 유행을 이끌었던 애플 아이폰은 2007년에 등장했다. 우리나라에서는 2009년에서야 비로소 아이폰이 판매되기 시작했는데, 아이폰의 등장과 함께 소비자들이 피처폰으로 불리던 2G폰에서 스마트폰으로 발길을 일시에 옮기며 휴대폰 시장이 급격하게 재편되었다.

당시 우리나라에서는 삼성전자와 LG전자 쌍두마차가 휴대폰 시장을 석권하고 있었다. 그중 LG전자는 초콜릿폰과 프라다폰을 필두로 피처폰 최강자 자리를 점유하고 있었다. 2005년에 출시된 초콜릿폰의 경우 출시 5개월 만에 국내 판매량 50만 대를 달성하며 신기록을 세웠고, 해외 시장에서의 반응도 폭발적이었다. 초콜릿폰은 2006년 6월 해외 출시 이후 6개월 만인 2006년 11월 700만대, 2007년 12월에는 1,500만 대 판매에 성공했는데, 삼성 갤럭시 모델별 글로벌 판매량이 1,000만 대 수준임을 감안하면, 이 정도 판매량은 기적에 가까운 성과였다. 이후 2008년 프라다와 손잡고 출시한 프라다폰도 대박 행진을 이어갔고 주가도 승승장구 상승세

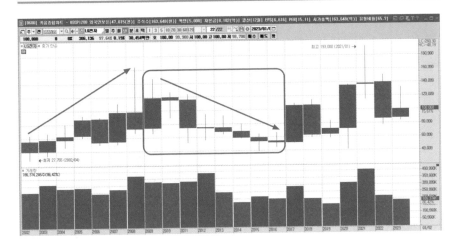

를 기록했다. 그러나 아이폰이 우리나라에 들어온 이후 LG전자의 주가는 나락으로 떨어지기 시작했다. 그 과정은 위 차트를 통해 확인할 수 있다.

초콜릿폰과 프라다폰의 성공을 바탕으로 2만 7,000원대에 있던 주가를 16만 원대로 끌어올렸던 LG전자는 이후 하락세를 이어가다 2016년 4만 4,000원대에 이르는 수모를 당하게 되었다. 도대체 LG전자에는 무슨 일이 있었던 걸까? 스마트폰이 시장에 본격적으로 나오자 삼성전자는 윈도우 운영체제를 탑재한 옴니아폰을 만들어 빠르게 시장에 대응했고, 이후 구글 안드로이드 운영체제를 사용하는 갤럭시 시리즈를 론칭하면서 애플과 더불어 스마트폰 시장 양대 축으로 성장했다. 그러나 LG전자는 다소 의외의 행보를 보였다. 피

표4. 글로벌 스마트폰 출하량

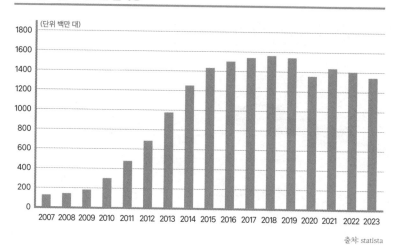

출처: statista

처폰의 성공에 취해 있던 LG전자는 2009년 외모는 스마트폰처럼 보이지만 기능은 일반 피처폰인 아레나폰을 출시했고, 이 선택은 결국 회사의 미래를 뒤흔든 애물단지가 됐다.

아이폰 출시 이후 글로벌 스마트폰 시장은 그야말로 폭발적인 성장을 보였다. 2007년 1억 2,000만 대 수준이던 글로벌 판매량이 2011년 4억 7,000만 대, 2016년에는 14억 9,000만 대, 2023년에는 조금 줄어서 13억 4,000만 대 수준까지 늘어났으니 2007년 이후 전 세계적으로 제대로 팔린 물건은 스마트폰밖에 없다고 해도 과언이 아니었지만, 그 혜택을 LG전자는 전혀 누리지 못했다.

사실 LG전자가 스마트폰 시장 진입 시기를 놓친 것은 컨설팅업체인 맥킨지의 스마트폰에 대한 오판 때문이기도 하다. 당시 LG전자는 1,000억 원을 들여 맥킨지앤드컴퍼니에 컨설팅을 의뢰했었다. 그런데 당시 맥킨지는 보고서에서 스마트폰을 "'찻잔 속 태풍'에 지나지 않는 아이템"으로 폄하하면서 "기술보다 마케팅에 투자하라"고 조언한 것으로 알려졌다. LG전자는 그 조언을 받아들였고, 스마트폰으로 전환해야 한다는 내부의 주장은 묵살했다.

이후 뒤늦게 스마트폰 옵티머스를 선보이고 G 시리즈를 통해 시장을 따라잡으려고 했지만 결국 적자가 누적되는 실적 부진을 이겨내지 못하고 2021년 7월 스마트폰 시장에서 완전히 철수하는 결정을 내리면서 애증의 휴대폰 사업이 마무리되었다.

챗GPT의 등장에 숨겨진 위기

스마트폰은 통신 시장에서 모바일 산업이 두각을 나타낸 기술 도약의 한 사례에 불과하다. 지금은 당시보다 더 급격한 기술 도약이 나타나고 있다. 이러한 기술 도약의 시대에 나타나는 한 가지 현상은 기술 발전 속도만큼 빠르게 제품의 라이프사이클이 짧아진다는 것이다. 일례로, 2010년 이후 15년간 삼성이 출시한 갤럭시 시리즈의 모델 개수만 50개가량이다. 이렇게 모델 수가 많다는 것은 제품의 수명이 그다지 길지 않다는 점을 말해준다. 즉, 하나의 모델이 실패하게 되면 다음 모델이 성공하기까지 라이프사이클의 단절이 생겨 실적이 급락하게 되고, 그에 따라 주가의 변동도 커진다는 것이다.

　빠르게 도약하는 기술을 제대로 따라잡지 못하는 경우 이보다 더 큰 문제가 발생할 수 있다. 최근 기술 도약의 중심에는 인공지능이 자리 잡고 있다. 구글 딥마인드가 개발한 인공지능 바둑 프로그램인 알파고는 2016년 이세돌과 대국을 치르면서 유명해졌는데, 이 인공지능은 이세돌과 대국을 했다고 해서 알파고 리AlphaGo Lee로 불린다. 이후 2017년 선보인 알파고 제로AlphaGo Zero는 스스로 강화학습을 하는 인공지능으로, 알파고 리와 대국에서 100전 100승을 할 정도로 급격하게 발전했다. 지금은 인공지능과 로봇이 결합되어 로봇이 인간의 일을 대체하고 있다.

　우리나라에서도 네이버가 하이퍼클로바X를 선보였고, 카카오의 경우 오픈AI의 챗GPT와 같은 대형 언어 모델에 대한 대응보다는 한국어 특화 언어 모델인 KoGPT를 선보이는 등 다양한 시도를 하고 있다. 하지만 글로벌 기업들처럼 인공지능에 사활을 건 정도는 아닌 것처럼 보인다. 이는 시장의 기대와 분명 다른 방향이다. 지금은 구글 등의 빅테크와 기술적인 격차가 분명하고, 기술의 상용화가 이루어진다 해도 수익성을 확신할 수 없는 상황이라는 점에서 다소간의 어려움이 있겠지만, 결국 기술을 선도하고 또한 선두 기업을 추종할 수 있는지, 그리고 이를 통해 얼마나 수익을 창출할 수 있는지가 기술 전쟁에서 살아남을 수 있는지를 결정하는 요인이 될 것이다.

기술 전쟁의 특징은 지적재산권의 선점과 이를 통한 승자독식에 있다. 즉, 기술 전쟁의 시대에는 작은 차이가 엄청나게 큰 결과를 불러올 수 있다는 것이다. 선도할 수 없다면 생존 전략을 짜야 하는데, 우리 기업들 중 글로벌 선도 기업이나 그렇지 않으면 도태당하지 않고 생존할 수 있는 기업이 어디인지 찾아보는 것이 중요하다.

여기서 주목할 것은, 아무리 좋은 기술이라도 현금을 창출하지 못하는 기업은 곤란하다는 점이다. 비록 하이테크High-tech 기업이 아닌 미드테크Mid-tech 기업이라도 현금을 창출할 수 있는 기업이 더 중요하다.

4장

자본시장법의 두 얼굴

법 없이도 사는 사람들의 미래는?

"법 없이도 살 사람"이란 말을 자주 듣게 된다. 이 말의 진의가 무엇일지 유추해보면, 법으로 규제하지 않아도 착하게 사는 사람인 경우가 대부분일 것이다. 다만, 이 말을 하는 사람들의 속마음은, 상대를 바보 멍청이로 보는 경우가 많다.

법이란 사람들이 살아가는 데 있어 지켜야 할 최소한의 규율이다. 사람들은 살아가면서 모든 부분에서 법의 규제를 받게 된다. 길을 걸을 때 차도로 걸어서는 안 되고, 신호등이 빨간불일 때는 횡단보도를 건너서는 안 되고, 다른 사람의 재물을 훔쳐서는 안 되고, 다른 사람들에게 사기적인 행위를 해서도 안 된다. 법을 어겼을 경우 그에 합당한 처벌을 받게 된다.

그런데 법의 또 다른 기능은 나를 보호하는 것이다. 예로부터 법을 잘 아는 사람들은 법을 잘 모르는 사람들에게 교묘한 방법으로 사기적인 행위를 하면서 재산을 빼앗거나 신체상의 구속을 하는 등 나쁜 일을 가해왔다. 그래서 지배자들은 많은 사람들이 법을 잘 아는 것을 좋아하지 않았다. 법은 다른 사람들이 나에게 신체나 재산상의 위해를 가하려고 할 때 나를 방어할 수 있는 좋은 수단이 된다. 그래서 법을 잘 알아야 한다.

주식투자는 자본 시장에서 이루어진다. 그래서 자본 시장을 규율하는 법을 숙지할 필요가 있다. 소위 "자본시장법"이라고 부르는 법의 진짜 이름은 '자본 시장과 금융투자업에 관한 법률'이다. 이 법은 주식투자, 채권투자, 펀드투자와 투자자문, 투자일임 등 주식시장에서 이루어지는 모든 것을 규정하고 있다. 이 법은 2009년 6월에 시행되었는데, 증권거래법, 선물거래법, 간접투자자산운용업법, 신탁업법, 종합 금융 회사에 관한 법률, 한국증권선물거래소법 등 자본 시장과 관련된 6개 법률을 하나로 묶어서 제정했기 때문에 처음 시행할 때는 "자본시장통합법"이라고 부르기도 했었다.

주식투자를 잘하기 위해서는 자본시장법을 어느 정도 알아야 한다. 이 법을 제대로 이해하지 못하는 경우 자칫하면 불공정 매매로 인해 처벌받을 수 있는 것은 물론, 금융 회사의 잘못으로 본인이 구제받을 수 있는 부분이 있어도 본인이 모든 책임을 지게 되는 경우도 생기게 된다. 자본 시장에서 발생하는 책임이란 대부분 금전적인 손해로 이어지게 되므로 결국 돈을 잃게 되는 결과를 가져온다. 법을 제대로 이해하지 못했다는 이유로 손해를 본다면 너무나도 어처구니없는 일이 아니겠는가.

자본시장법에서 주목할 2가지 포인트

사실 일반 투자자들이 이 법의 모든 것을 다 알 필요는 없다. 하지만 중요한 몇 가지는 숙지하는 것이 좋다. 자본시장법 시행과 관련해서 주목해야 할 포인트는 두 가지다. 첫 번째는 소위 증권이라 부르는 금융투자 '상품'을 포괄적으로 정의한 것이다. 21세기는 금융 상품 혁명의 시대다. 그렇기 때문에 증권을 세부적으로 규정해놓으면 상품 개발에 걸림돌이 된다. 자본시장법 이전 우리나라 법체계에서는 증권을 증권거래법, 선물거래법, 간접투자자산운용업법 등에서 하나하나 규정해놓았다. 즉, 그 법에 적시되어 있는 것만 증권으로 보게 되어 있어 새로운 증권 상품이 개발되면 일일이 법을 개정해야 하는 문제가 있었다. 그러나 자본시장법에서 증권을 포괄적으로 정의하면서 자유롭게 상품을 개발할 수 있게 된 것이다.

자본시장법에서 증권은 다음과 같이 규정되어 있다. 먼저 증권은 "원금 손실 가능성이 있는 것"으로 정의했다. 은행의 예금과 적금은 원금이 보장되므로 증권이 되지 않는다. 그리고 보험 상품도 그

성격이 보장에 있으므로 증권이 되지 못한다. 즉, 금융업 중 은행업, 증권업, 보험업 중 증권업에 대한 법이란 것을 알 수 있다. 증권에 대해서는 예시를 보여주고 있는데, 채무증권(채권), 지분증권(주식 등), 수익증권(펀드), 투자계약증권, 파생결합증권(ELS/ELF/ELD), 그리고 증권예탁증권(DR) 등이 그것이다. 증권의 특징은 손해 볼 수 있는 최대 범위가 원금을 모두 까먹는 수준까지라는 것이다.

파생상품은 "원금을 초과해서 손실을 볼 수 있는 것"으로 규정하고 있다. 선물, 옵션, 선도계약과 이자율스왑 등을 포함하는데, 파생상품에 투자하는 경우 원금 이외에도 추가적으로 손해를 볼 수 있어 매우 위험한 상품으로 규정하고 있다.

증권을 포괄적으로 정의했다는 것은 앞으로 헤아릴 수 없을 만큼 다양한 상품이 쏟아져나온다는 것이다. 따라서 금융투자 상품에 투자할 때 상품에 대해서 면밀히 수익 구조를 따져봐야 한다. 최근 주가연계증권ELS 사고 소식이 가끔 들려온다. ELS는 증권사에서 상품을 만들지만 판매는 은행에서 이뤄지는 경우가 많다. 은행에서 판매하므로 은행 예금이라고 생각해서 원금 보장은 물론이고 이자까지 붙어 나온다고 착각하는 사람들이 많은데, 실제로는 큰 손실을 보게 되는 경우도 많다.

투자를 할 때 투자 결과는 무조건 투자자가 져야 한다. 즉, 이익을 봐도 투자자 몫이고 손실을 봐도 투자자 몫이다. 앞으로 투자자는 보다 똑똑해지지 않으면 의도치 않게 손해를 볼 수 있다. 이 말은 바꿔 말하면 상품의 구조를 잘 이해하고 있으면 큰 수익을 얻을 수 있는 기회도 동시에 존재한다는 말이 된다.

　자본시장법에서 주목할 두 번째 포인트는 투자자 보호와 관련된 내용이다. 투자자 보호는 투자자들이 수용할 수 있는 범위 내에서 금융 상품에 투자하게 하는 것이 주요 골자다. 그렇게 하기 위해 적합성의 원칙과 적정성의 원칙을 규정하고 있다. 이 원칙들을 적용하기 위해서는 투자자들이 어느 정도의 위험을 수용할 수 있는지를 파악해야 한다. 투자자들이 잘 기억하지 못하겠지만 정기적으로 투자정보확인서를 등록하고 갱신하도록 되어 있다. 투자정보확인서의 내용은 그림1과 같다.

　투자정보확인서를 통해 각 투자자들의 투자 성향이 등록된다. 투자 성향은 안정형, 안정추구형, 위험중립형, 적극투자형, 공격투자형 등이 있는데, 안정형의 경우 위험을 거의 부담하면 안 되는 투자자이고 공격투자형은 위험을 많이 부담할 수 있으면서 그만큼 투자 지식도 있는 사람들이 해당된다고 보면 된다. 그리고 가끔 일반 투자자인지 전문 투자자인지를 확인하는 메시지를 보내는 경우가 있는데 일반 투자자의 경우는 보호를 받지만 전문 투자자의 경우에는 투자자 보호를 받지 못한다는 것도 아울러 알아두어야 한다. 이렇게 투자 성향이 정해지면 그에 맞게 투자를 할 수 있는데, 그 원칙이 바로 적합성의 원칙과 적정성의 원칙인 것이다.

　먼저 적합성의 원칙이란 금융투자업자, 즉 금융 상품을 취급하는 기관에서 고객의 투자 성향을 벗어나는 금융 상품을 투자 권유하지 않을 의무를 말한다. 만약 이 원칙을 지키지 않으면 고객 보호

그림1. 투자정보확인서

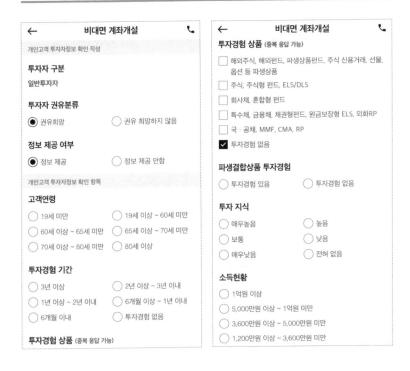

의무를 위반한 위법행위로 간주한다. 즉, 파생상품에 투자해서는 안되는 사람인데 파생상품이 포함된 ELS에 투자하게 한다든지 하는 경우 적합성의 원칙에 위배될 가능성이 크다는 말이다. 투자자 스스로가 자신이 투자 가능한 범위를 벗어난 상품에 투자하고자 한다면 투자를 권유하되 위험에 대해 설명할 의무도 있다. 문제는 투자자 스스로가 투자 위험에 대한 설명을 받아도 그 내용을 제대로 숙지할 능력이 없는 경우다. 투자 손실을 고스란히 떠안게 된다는 것도 당연한 수순이다.

적정성의 원칙은 금융 회사가 투자 권유를 하지 않았지만 투자자 스스로가 파생상품 등 고위험 상품에 투자하려고 한다면 금융 회사는 위험에 대한 고지를 해야 한다는 것이다.

법의 취지는 투자자가 스스로 결정한 투자 성향에 맞게 투자하도록 한다는 것인데, 문제는 투자자가 자신의 위험 수용 범위를 넘어선 상품에 투자하고자 할 때는 그걸 막기보다는 위험에 대한 내용을 설명하는 설명 의무 정도가 금융 회사에 있다는 것이다. 개인적으로는 이 부분에 대해 보다 적극적으로 고객을 보호할 방안을 마련하는 것이 좋다고 생각한다. 하지만 금융 기관은 여러 경로를 통해 입법 관련 로비가 가능하지만, 개인 투자자들은 조직적인 로비가 제대로 되지 않으므로 고객 보호에 대한 규정이 강화되지 못하는 것이 아쉬운 부분이다.

표5. 투자 성향별 투자 권유 가능 상품

구분	초고위험 상품	고위험 상품	중립형 상품	저위험 상품	초저위험 상품
안정형	불가	불가	불가	불가	
안정추구형	불가	불가	불가		
위험중립형	불가	불가			
적극투자형	불가				
공격투자형					

표6. 투자 위험도별 금융 상품 분류

구분		초고위험 상품	고위험 상품	중립형 상품	저위험 상품	초저위험 상품
채권		투기 등급 포함(BB 이하)		회사채 (BBB+~BBB-)	금융채, 회사채 (A- 이상)	국고채, 통안채, 지방채, 보증채, 특수채
파생 결합 증권	ELS, DLS	원금 비보장형		원금 부분보장형	원금 보장형	
	ELW	ELW				
주식		신용 거래, 투자 경고 종목, 투자 위험 종목, 관리 종목	주식			
선물옵션		선물옵션				

자본시장법의 두 가지 주목해야 할 포인트를 통해 투자자들이 숙지해야 하
는 것은 다음과 같다.

① 지금보다 더 다양하고 복잡한 금융투자 상품이 출시될 가능성이 크다.
따라서 상품의 수익 구조를 제대로 파악하는 것이 중요하다. 그러나 복
잡한 수익 구조를 파악하기 힘들다면 '단순한 것이 아름답다'는 격언을
되새기면서 가급적 수익 구조가 단순한 곳에 투자하는 것이 좋다.

② 투자자 보호와 관련해서 주식, 채권 등 표준적인 상품을 제외한 내용이
복잡한 상품에 투자하는 경우 위험 고지가 제대로 이루어지는지를 확인
하는 것이 필요하다. 만약 위험에 대해 제대로 설명하지 않은 경우 '불완
전판매' 가능성이 있으니 이때는 금융감독원 등에 민원 접수를 통해 손
실을 보전받을 수 있는 길이 있다는 것도 알아두면 좋다.

5장

급등하는 유가

유가를 움직이는 힘

현대 산업을 지탱하는 가장 중요한 자원은 원유다. 주변을 살펴보면 원유를 재료로 추출하지 않은 품목이 거의 없을 정도로 광범위하게 일상생활에 사용되기 때문에 원유 가격의 움직임은 경제에 많은 영향을 미친다.

미국발 금융위기 이후 급등한 국제 유가는 달러 약세에 영향을 받았다. 미국 연준의 제로 금리와 양적완화 정책이 무제한 달러 발행으로 이어지면서 달러 패권 붕괴에 대한 우려로 달러가치가 하락하면서 나타난 현상이었다. 즉, 국제 유가는 달러가치에 결정적인 영

향을 받는다. 양적완화 정책이 시작된 이후 국제 유가는 WTI(서부텍사스산중질유) 기준 60달러대에서 146달러까지 급등하는 모습을 보였다. 이 정도의 상승이면 비산유국의 경우 경제 운용에 큰 부담이 되지 않을 수 없는 수준이다. 참고로 같은 기간 원-달러 환율 동향을 살펴보면 달러당 1,300원대에서 900원대로 하락하는 모습을 보였다.

유가가 달러가치에 영향을 받는 이유는 원유결제통화가 달러화 중심이기 때문이다. 달러가치가 떨어지면 상대적으로 유가가 높아지고, 반대로 달러가치가 올라가면 상대적으로 유가는 떨어지게 된다.

차트8. 원-달러 환율 동향

유가를 움직이는 두 번째 요인은 글로벌 경기 동향이다. 경제가 좋아지면 경제주체들의 활동이 활발해지므로 원유의 소비가 늘어나 유가가 오르고, 반대로 경기가 나빠지면 경제 활동이 위축되어 수요가 감소하므로 유가는 떨어지게 되는 것이다.

국제 유가를 결정하는 '정치적' 요인도 있다. 바로 주요 산유국들의 '재정균형유가' 수준이다. 산유국들은 원유 판매로 수입을 올리고 이를 재원으로 국가재정을 충당한다. 국제 유가 수준에 따라 재정 흑자도 되고 적자도 되는데 재정균형유가 수준에 맞춰 산유국들의 감산과 증산이 반복되므로 이 수준을 알고 있는 것도 필요하다.

표7. 재정균형유가

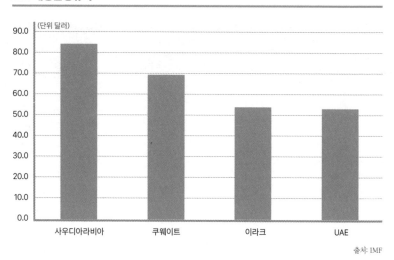

출처: IMF

2024년 IMF에서 전망한 주요국의 재정균형유가 수준은 표7과 같다. 이 중 OPEC(석유수출국기구) 최대 산유국인 사우디아라비아의 입김이 가장 크다는 점에서 이곳의 재정균형유가를 살펴볼 필요가 있다. 현재 상황에서 미국의 달러화는 틈만 나면 약세를 보이려 하고 있고 산유국들의 재정균형유가 수준은 점점 올라가는 추세에 있어 고유가에 대비할 필요가 있다. 그런 점에서 신재생 에너지에 대한 관심이 높아지고 있다.

고유가의 대안, 신재생 에너지 관련주

인간은 힘든 일이 생기면 항상 대안을 찾아왔다. 노동력으로 해결되지 않으면 동력을 이용한 기계 문명을 만들었고, 계산량이 많아져 계산기로는 계산이 어려워지자 컴퓨터를 발전시켰다. 심지어 책상에 앉아 컴퓨터 부팅을 하는 수고로움을 덜기 위해 손안의 컴퓨터인 스마트폰을 고안해 사용하고 있다. 유가의 고공행진은 또 다른 에너지원으로 눈길을 돌리게 했다. 그 대안으로 떠오른 것이 바로 태양광발전, 풍력발전, 조력발전 등이다.

신재생 에너지 개발에 집중하기 위해서는 중요한 조건이 해결되어야 한다. 바로 발전단가다. 석유를 이용한 발전단가에 비해 신재생 에너지를 이용한 발전단가가 더 낮아야 수익이 나기 때문에 이들 발전단가의 역전이 나타나야 하는데, 유가가 올라 배럴당 140달러 수준까지 치솟으면 신재생 에너지의 발전단가가 상대적으로 낮아져 신재생 에너지에 대한 관심이 커질 수밖에 없다. 그중 가장 빨리 발전단가가 내려간 것은 태양광과 풍력이었다. 특히 태양광 패널의 주재료인 '폴리실리콘'을 만드는 업체인 OCI홀딩스(구 동양제철화학)의 경우 2007년부터 2011년 사이에 주가가 10배나 상승하는 기염을 토했다.

이 시기는 우리 시장에서 석탄이나 석유를 이용한 발전 이외의 에너지에 대한 관심이 처음으로 높아졌던 시기였다. 그러나 OCI홀딩스의 주가 동향에서도 볼 수 있듯이 급등했던 주가는 다시 급락

세를 보였다. 이와 같은 현상은 해상풍력 관련주들도 마찬가지였다. 대왕고래 관련주로 주목받고 있는 태웅의 경우에도 급등세 직후 폭락하며 주가가 원위치되는 모습을 보였다. 그 이유는 바로 관심 산업이 가지고 있는 단점인 "과연 그 사업으로 큰돈을 벌 수 있는가?"라는 물음에 제대로 답을 하지 못했기 때문이다. 유가가 다시 하락하고 또 세계의 공장 역할을 했던 중국에서 보다 값싼 제품들이 시장에 나오면서 투자자들의 희망은 물거품이 되었다.

위기와 기회의 사이클

우물 안 개구리로는 성공할 수 없다

'가황' 조용필은 국제무대에서는 무명에 가깝다. 그러나 '강남 스타일'의 싸이, BTS는 국제무대를 주름잡고 있다. 마찬가지로 글로벌화된 시대에 우리나라에서 잘나간다고 해서 세계적인 기업들과 견줄 수 있는 것은 아니다. 과거 글로벌 컨설팅업체인 맥킨지는 우리나라를 '넛크래커Nut-cracker', 즉 호두까개에 비유했다. 그 속뜻은 기술력에서는 선진국에 비해 부족하고 가격경쟁력에서는 개발도상국에 상대가 되지 않으니 이리저리 치이는 신세를 말한 것이다.

2008년 이후 우리 시장에 불어온 신재생 에너지 열풍은 글로벌 경쟁력을 갖추지 못한, 지나가는 바람과 같은 것이었다. 그러나 이후 우리 기업들 중에서도 글로벌 경쟁력을 갖춘 기업들이 나타나기 시작했다. 그중 하나가 해상풍력업체인 '씨에스윈드'다. 풍력타워 분야에서는 세계 1위의 기술력을 발휘하는 기업인 동사의 주가 동향을 살펴보면 차트10과 같다.

신재생 에너지 산업은 앞으로 지속적으로 관심을 받는 산업이 될 것이다. 그런 점에서 글로벌 경쟁력을 갖춘 기업을 발굴하고 이 기업이 본업으로부터 얼마나 수익을 낼 수 있는지를 확인해야 한다.

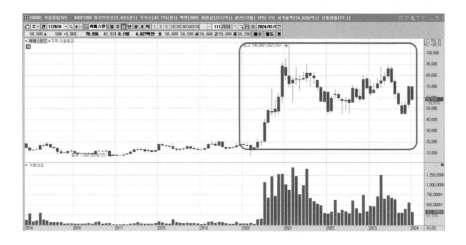

위기와 기회의 사이클

주요 산유국들의 재정균형유가 수준을 감안하면 고유가 상황이 이어질 가능성이 크다. 따라서 비용 측면에서 더 저렴한 에너지원에 대한 관심은 지속적으로 증가할 것으로 보인다.

① 신재생 에너지 산업 분야에 있다고 해서 모두 좋은 기업은 아니다. 꼭 필요한 것은 그 사업으로부터 지속 가능한 수익이 발생하는지 확인하는 것이다.

② 지속 가능한 수익 발생을 위해서는 글로벌 경쟁력을 가져야 한다. 가격 측면에서는 중국 기업들을 넘어서야 하고, 기술력에서는 미국과 유럽의 주요 기업들을 넘어서야 한다.

③ 기술 수준이 높은 하이테크 분야라야 수익이 발생하는 것은 아니다. 미드테크로 틈새시장에서 높은 수익을 올리는 기업들도 많다는 점을 반드시 기억해야 한다.

결국 어느 시장에서건 수익을 내는 기업을 골라내야 한다.

6장

환율의 위협

환헤지의 필요성이 커지다

헤지Hedge란 위험을 회피하는 수단을 말한다. 금융 시장에서 위험은 가격의 변동성을 의미하는데, 어떤 가격이든 크게 오르거나 떨어지면 위험한 것으로 판단한다. 가격 변동성이 커질 때 경제에 전방위적으로 영향을 미치는 것은 환율이다. 특히 환율은 무역을 하는 기업들에게 크게 영향을 미치는데, 수출업체의 경우 환율이 상승하면 상대적으로 수출단가가 싸게 보여 수출이 잘되고, 반대로 환율이 하락하면 상대적으로 수출단가가 비싸게 보여 수출이 잘되지 않는 것으로 알려져 있다.

'양날의 검'이란 말이 있다. 이 말은 좋은 것이 있으면 나쁜 면도 있다는 의미로 사용되는데, 환율의 움직임이 그렇다. 무역업계 전체를 보면 환율의 움직임이 양날의 검인 것을 알 수 있다. 예를 들어, 수출업체의 경우 환율이 상승하면 수출 증가로 수혜를 보지만, 반대로 수입업체에게는 수입단가 상승으로 피해를 보게 된다. 환율이 하락하면 수출업체는 수출단가의 상대적 상승으로 어려움을 겪지만, 수입업체에게는 수입 가격 하락으로 수입이 늘어나게 된다.

문제는 수출만 하든지 수입만 하든지 하는 경우는 없다는 것이다. 예를 들어, 중간재를 수입해서 완성품을 수출하는 구조라면 수입과 수출이 조화를 이뤄야 하는 것이다.

환율은 오를 수도 있고 또 내릴 수도 있다. 그러나 그 가격 변동폭이 커지는 것은 모두에게 위험을 증가시키는 일이 된다. 따라서 환율을 일정한 범위 안에서 관리할 수 있는 방안을 찾으려고 무역업계에서는 다양한 방법을 모색하고 있다.

정권별 환율 정책을 주목하자

환율은 시장의 수요와 공급에 의해 결정되는 것처럼 보이지만, 실제로는 정부의 정책 효과가 적극적으로 반영된다. 경제를 바라보는 시각에 따라 정권별로 환율 정책이 달라진다. 편의상 정부의 성격을 보수정부와 진보정부로 구분하면 보수정부는 대기업 중심의 수출 증대를 경제 성장의 기본으로 생각해서 상대적으로 고환율 정책을 펴는 경우가 많다. 반대로 진보정부는 수출도 중요하지만, 물가를 안정시키기 위해 환율을 낮춰 수입물가를 내려야 한다는 판단에서 저환율 정책을 펴는 경우가 많은 것도 사실이다. 정책적 의도가 없었다고 하더라도 결과적으로 환율은 보수정부에서는 오르는 경향이 있고, 진보정부에서는 내리는 경향이 있다. 다음 그래프(표8)가 그 현상을 설명해준다.

그래프에서 굵은 선으로 표시된 선이 보수정부의 집권 기간 동안의 환율 동향이다. 그래프에서 확인할 수 있듯이 보수정부 집권 초기에 환율이 상승하는 모습을 보인다. 환율이 완만하게 상승하거나 하락하면 이를 관리할 여유가 생긴다. 문제는 환율이 급격하게 움직이면 어떤 전문가도 이를 제대로 관리할 방법을 찾을 수 없다는 것이다.

환율이 가장 극적으로 움직인 사례는 노무현 정부에서 이명박 정부로 권력이 이동하는 시기에 나타났다. 차트11에서 당시 환율 움직임을 확인해보자. 노무현 정부 시기 환율 움직임은 완만하게 하향 조정되어 달러당 930원 근처까지 내려온 상태였다. 원화강세(달러약세)로 환율이 내려오다 보니 수출 기업 입장에서는 수출대금을 받아서 환전하면 환차손이 발생해 환율 관리에 비상이 걸리게 된 것이다. 이때 환헤지 상품이라고 판매가 된 것이 바로 키코KIKO다.

표8. 역대 정부별 환율 동향

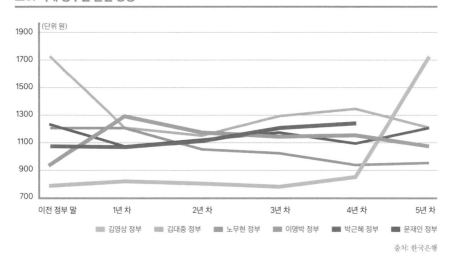

(단위 원)

이전 정부 말 / 1년 차 / 2년 차 / 3년 차 / 4년 차 / 5년 차

■ 김영삼 정부　■ 김대중 정부　■ 노무현 정부　■ 이명박 정부　■ 박근혜 정부　■ 문재인 정부

출처: 한국은행

차트11. 정권 교체기 환율 동향

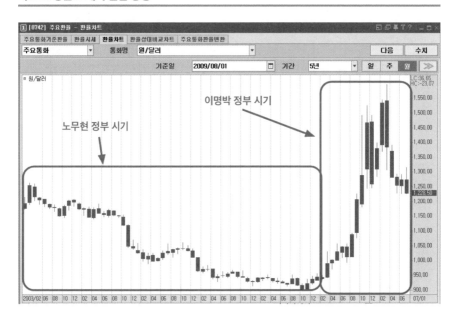

악마의 속삭임

키코는 환헤지 상품으로 알려져 있지만, 사실과 다르다. 키코는 장외파생상품 중 장애물 옵션Barrier option의 한 형태다. 키코는 '녹인 Knock In', '녹아웃Knock Out' 옵션을 합성한 것인데, 녹인 옵션은 정해진 가격 수준에 도달하면 옵션의 성격이 생기는 것이고, 녹아웃 옵션은 정해진 가격 수준에 도달하면 옵션의 성격이 사라지는 상품이다. 전문가들도 이해하기 어려운 복잡한 상품인데, 이 상품을 일반 기업에게 판매한 것이 문제였다.

앞서 환율 동향에서도 살펴봤듯이 2007년 이전에 원-달러 환율은 완만하게 하락하는 모습을 보였다. 즉, 원화강세/달러약세 현상이 이어졌던 것이다. 그런 점에서 수출업체들은 환율이 계속해서 내려가는 경우 수출도 안 되는데 수출대금으로 받는 달러마저 헐값에 환전해야 하니 비상이 걸렸던 것이 사실이다. 또 키코는 JP모건이 상품을 개발하고 우리 시중은행이 판매를 하는 구조였는데, 수출업체들의 돈줄을 쥐고 있는 은행이 울며 겨자 먹기 식으로 상품을 강매했다는 것이 재판 과정에서 밝혀지기도 했다.

우선 키코 상품의 구조를 살펴보자. 키코의 상품 구조를 간단히 살펴보면 환율이 930원에서 950원 사이에 있으면 약간의 수익을 얻을 수 있고, 930원 밑으로 떨어지거나 950원에서 970원 사이에 있으면 손실과 이익이 없다. 문제는 환율이 970원 이상으로 상승하는 경우 상품을 보유한 회사의 손실이 급격하게 늘어나는 구조라는

표9. 키코 상품 구조

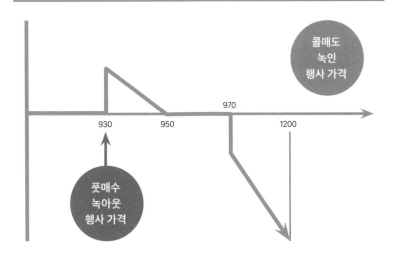

것이다. 즉, 환율이 어떻게 움직이느냐에 따라 죽느냐 사느냐가 결정되는 상황이었다.

불행하게도 미국발 금융위기의 해결 과정과 때맞춰 마주한 보수정권으로의 정권 교체기가 맞물리면서 환율이 급등했다. 앞서 환율 동향에 확인할 수 있듯이 930원대에 있던 환율이 2009년 3월 1,600원까지 상승하면서 키코에 가입한 중소수출업체들이 도산하는 일이 발생했다. 당시 키코공동대책위원회의 발표에 따르면 키코 상품에 가입한 723개 중소수출업체가 3조 3,000억 원의 환차손을 입었다고 한다.

이 사태는 5년간의 법적 다툼 끝에 2013년 키코가 환헤지 목적의 정상 상품이므로 은행이 상품에 대해 충분히 설명한 경우 피해 책임은 원칙적으로 가입자가 져야 하고, 불공정거래행위가 아니다고 대법원 확정 판결을 받음으로써 마무리되었다. 그러나 금융감독원이 키코 사태 발생 11년 만인 2019년 12월 12일 키코 판매 은행들의 불완전 판매를 인정하고 손해액의 15~41%를 배상토록 권고했다. 금감원은 "판매 은행들이 과도한 규모의 환헤지를 권유하고 향후 예상되는 위험성에 대해 명확하게 설명하지 않았다"며 "불완전 판매에 따른 손해배상 책임이 인정된다"고 권고 이유를 밝혔다. 금융감독원의 권고는 은행들이 이행해야 하는 법적 책임이 없어 실제로 배상되었는지는 알 수 없다.

위기와 기회의 사이클

환율 움직임은 주가를 예측하는 것보다 더 복잡하고 어렵다. 그러나 환율 동향과 관련해서 다음의 내용들을 숙지해야 한다.

① 정권이 경제 운용에 어떤 철학을 가지고 있느냐에 따라 환율 정책이 달라진다. 즉, 보수정권에서는 상대적으로 수출 중심의 정책을 펴기 위해 고환율을 선호하는 반면 진보정부에서는 물가 안정 등 서민경제를 위해 저환율을 선호한다.

② 환율이 상승하면 수출 비중이 높은 기업에 유리하고, 환율이 하락하면 수입 비중이 높은 기업에 유리하다.

③ 파생금융상품은 수익 구조를 정확하게 파악하지 못하면 투자하지 말라. 만약 판매자의 불완전 판매가 확인되는 경우 손실을 구제받을 방법이 생기지만 매우 긴 시간이 필요하다는 것이 문제다.

7장

승자의 저주

이익 없는 승리, 상처뿐인 영광

기원전 3세기 그리스 북서부 에페이로스의 왕이자 뛰어난 장군이었던 피로스1세는 로마를 침공해서 승리를 거두었지만 5년 동안의 전쟁에서 70%의 병사를 잃었다. 그는 승리를 축하하는 자리에서 "한 번만 더 전쟁한다면 나라가 끝장날 것이다"라고 말했다고 한다.

승자의 저주는 치열한 전쟁에서 승리했지만 아무것도 얻지 못했을 뿐 아니라 오히려 자신이 입은 상처 때문에 본인이 위험에 처하게 되는 것을 말한다. 실제로 1950년대 미국 텍사스주의 해양석유 채굴권 경매에서 과열된 경매 분위기로 인해 낙찰가가 실제 가치보다 과도하게 높게 결정된 사례를 두고 나왔던 말이고, 1992년 미국 시카고대학의 리처드 탈러 교수에 의해 널리 알려지게 되었다.

　승자의 저주는 M&A 시장에서 자주 거론된다. M&A에는 두 가지 형태가 있다. 하나는 적대적 M&A로, 상대 기업을 강제로 인수하는 것인데 주식시장에서 지분을 경쟁적으로 사게 되므로 인수비용이 높아지는 문제점을 가지고 있다. 다른 하나는 우호적 M&A로, 양자 간 합의에 의해 인수합병이 이루어지므로 상대적으로 승자의 저주에 빠질 가능성이 적은 방법이다. 적대적 M&A를 치르는 과정에서 상대 기업을 인수하기 위해 과도하게 많은 비용을 지출함으로써 M&A에 성공한 뒤 인수에 성공한 기업마저 부실해지는 경우에도 "승자의 저주"라고 말한다. 전형적인 적대적 M&A 형태는 아니지만 기업을 인수하기 위한 입찰 과정에서 입찰금액을 경쟁적으로 높이는 경우에도 비용이 커지는 적대적 M&A의 형태를 보인다고 할 수 있다. 우리 시장에서는 금호아시아나그룹이 입찰을 통해 대우건설을 인수했다가 다시 토해내는 과정에서 금호산업은 물론 금호그룹 전체가 위험에 빠지면서 이 용어가 주목을 끌기도 했다.

금호아시아나그룹의 대우건설 인수 작전 실패

　재벌그룹들이 기업인수를 통해서 몸집을 불리려는 이유는 무엇일까? 대부분 인수합병을 추진하는 쪽에서는 경영합리화 내지는 사업 영역 확대 등 장밋빛 계획을 내세우는 것이 대부분이다. 그러나 우리나라의 경우 IMF 외환위기를 지나면서 재벌그룹들에게 확인한 것은 '대마불사大馬不死' 영어로는 'Too big to fail'에 대한 환상 때문이다. 몸집이 커지면 큰 덩치가 망할 경우 경제에 큰 부담을 줄 수 있기 때문에 좀처럼 구조조정을 하지 못할 것이란 생각이 이면에 있다. 즉, 덩치를 볼모로 자신은 영원히 존재하리라 착각하는 것이다. 그러나 경제 원칙은 희소한 자원을 가장 수익성이 높은 쪽으로 배분하는 것으로, 부실해진 기업이 살아남을 가능성이 없다는 것을 보여준다.

대우건설의 부실로 인한 인수합병은 대우그룹이 해체됨에 따라 기나긴 여정이 시작되었다. 금호아시아나그룹은 대우건설을 인수하고 곧이어 대한통운을 인수하는 등 기업의 외형적 확장을 꿈꾸었고, 건설을 그룹의 주력 업종으로 키우려는 목적을 가지고 있었다. 2006년 11월 15일, 금호그룹은 대우건설 채권단과의 SPA계약(주식매매계약)을 통해 인수계약을 체결했다. 인수 금액은 약 6조 4,255억 원에 달했으며, 인수 적정가가 3조 원 정도로 예측되었던 것을 감안할 때 아주 높은 금액이라고 볼 수 있다. 당시 두산그룹(6조 4,000억 원), 프라임그룹(6조 1,000억 원), 유진그룹(6조 원) 등 대우건설 인수를 향한 열기가 과열되어 이처럼 높은 금액이 형성되었다. 그해 12월 15일, 금호그룹은 대우건설의 지분 72.11%를 인수했는데, 금호그룹이 32.54%를, 나머지 39.6%는 재무적 투자자FI: Financial Investor 들이 부담했다. 대신 2009년 말에 주당 3만 2,500원에 금호가 다시

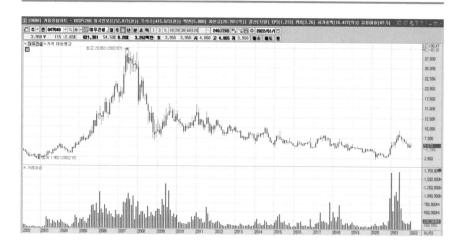

매입하는 계약을 넣었다. 이런 계약을 풋백Put back 옵션이라 한다. 이에 따른 주식매도선택권을 지불하려면 금호그룹은 약 4조 원에 달하는 자금을 마련해야 하는 위험이 있었다.

　인수 당시 금호그룹은 대우건설의 미래를 굉장히 긍정적으로 바라보았다. 주당 인수 금액인 2만 6,262원은 당시 주가인 1만 5,000원 선보다 70% 이상 프리미엄이 붙은 금액이었다. 경영권 프리미엄을 가졌다고 하더라도 다소 높은 금액으로 보인다. 여기에 재무적 투자자들에게는 3만 2,500원의 풋옵션까지 추가되었다. 이는 당시 주가의 2배를 훌쩍 넘는 금액이다.

　금호그룹은 재무적 투자자들이 부담하는 3조 5,000억 원을 제외하고도 자기 지분으로 2조 9,000억 원을 조달했는데, 이마저도 대부분 금융사를 통해 차입한 금액이었다. 이처럼 대우건설 차입 조달금은 온통 빚이었다. 이는 대우건설의 주가가 3만 2,500원을 넘어 상승할 때는 레버리지를 통해 순식간에 기업을 부풀릴 수 있는 방법이었지만, 만약 주가가 기대치에 미치지 못한다면 재무적 투자자들에게 지불해야 하는 금액만큼 금호그룹이 손실을 떠안고, 2조 9,000억 원에 대해서도 계속해서 빚을 갚아야 하는 리스크가 큰 인수 방식이었다.

2009년, 3만 2,500원이라는 재무적 투자자 대상의 풋백 옵션은 금호그룹을 향한 칼날이 되어 돌아왔다. 금호그룹은 대우건설의 주가를 낙관적(4만 원 이상)으로 전망했으나, 2008년 글로벌 금융위기의 여파로 주식시장은 침체되었고, 대우건설의 주가는 1만 원 선에 머물렀다. 또한 조달한 자금에 대해서 이미 수백억 원의 이자를 갚고 있던 차였다. 이에 재무적 투자자 대상의 풋백 옵션을 갚고 이자 비용을 조달하기 위해 금호건설과 금호타이어는 구조조정을 실시했다. 2007년에는 모건스탠리에 대우빌딩을 매각했다. 대우건설 직후 인수된 대한통운의 경우에는 우수한 실적을 가지고 있었지만 대우건설로 진 빚을 갚기 위해 역시 매각할 수밖에 없었다. 이외에도 금호렌터카, 한국복합물류 등의 회사들도 팔게 된다. 2019년에는 박삼구 회장이 사퇴하고 경영권을 포기했으며, 아시아나항공마저 매각하기로 결정한다. 2020년 말에는 전략경영실을 해체하며 실질적으로 금호그룹을 해체하게 되었다.

금호아시아나가 승자의 저주에 빠진 이유

금호아시아나그룹이 승자의 저주에 빠진 것은 내부적 요인과 외부적 요인이 결합되어 나타난 결과다. 그런데 그 요인들이 너무나도 전형적인 것이었다.

① **너무 높은 인수비용**: 당시 두산그룹, 유진그룹 등 다른 기업들이 양호한 실적을 보이던 대우건설 인수에 참여하며 과열되는 양상을 보였고, 이는 당시 3조 원가량으로 평가받던 대우건설을 6조 4,000억 원이라는 2배를 훌쩍 넘는 금액으로 인수하게 되는 계기가 되었다.

② **과도한 지분 인수 비율**: 사실 기업의 경영권을 가져올 때 40~50% 정도만 인수해도 충분하다. 너무 많은 지분을 무리하게 인수한 것 역시 금호그룹의 재무 부담을 가중시키는 원인이 되었다.

③ **재무적 투자자에 대한 과도한 풋백 옵션**: 인수 당시 주가(1만 5,000원 선)의 2배를 뛰어넘는 풋백 옵션(3만 2,500원)을 설정했다. 이는 앞의 두 이유로 파생되는 것이라 볼 수 있다. 조달비용이 너무 컸기에 금호 입장에서 상당히 불리한 조항을 추가할 수밖에 없었을 것이다.

④ **글로벌 금융위기**: 내부적인 문제가 있어도 외부환경이 좋은 경우 손실을 줄일 수 있지만 외부 변수마저도 불리하게 돌아갔다. 금호아시아나의 낙관적 전망과는 다르게 2008년 글로벌 경

제 침체 이후 2009년 풋백 옵션 조항에 대응하기에는 시간이 너무 짧았다.

두산의 밥캣 인수

또 다른 승자의 저주 사례는 두산그룹의 굴착기제조업체인 두산 인프라코어의 밥캣 인수다. 2007년 11월 9일 두산인프라코어가 밥캣 등 잉거솔랜드 3개 사업부문에 대한 인수 관련 금융 조달 작업을 마무리했다. 4개월 전인 7월 30일에 49억 달러(약 5조 원) 규모의 사업 인수합병을 성사시킨 뒤의 일이다. 당시 기준으로 한국 기업의 해외 M&A 사상 최대 금액이었다.

두산인프라코어의 밥캣 인수합병 협조융자 대주단에는 주간사인 한국산업은행을 비롯해 수출입은행, 우리은행, 신한은행, 기업은행 등 총 12개 금융기관이 참여했다. 이들 금융 회사는 신디케이티드론 방식으로 39억 달러 지원을 결정했다. 그러나 이때 인수한 밥캣은 두산그룹을 유동성 위기에 몰아넣는 결정적 계기가 됐다. 박용만 당시 부회장이 타격이 없을 거라 자신했던 서브프라임 사태는 2008년 금융위기라는 이름의 세계 규모의 경제위기로 번졌다. 인수 직후 발생한 글로벌 금융위기 사태는 지분법 손실만 1조 3,000억 원 이상이라는 결과로 돌아왔다. 인수 시 자금 조달 대부분을 차입에 의존한 점도 문제였다.

밥캣을 인수한 이후 꼬리가 머리를 흔드는 현상Wag the Dog이 나타났다. 자회사 두산밥캣이 두산인프라코어를 흔들기 시작한 것이다. 2008년 두산인프라코어의 총차입금은 6조 982억 원으로, 밥캣 인수 전(1조 2,864억 원)보다 5배 가까이 증가했다. 부채 비율도 급격하게 높아지면서 2010년 526.5%로 최고치를 경신했다. 이후 밥캣 인수가 불러일으킨 유동성 위기는 그룹 구조조정의 결정적 계기가 됐다. 인수 뒤 두산밥캣은 알짜회사가 됐으나 두산인프라코어는 유동성 위기에 시달렸다.

실제 두산인프라코어의 순차입 규모는 지난 2016년 1조 3,458억 원을 갚으면서 3조 원대를 기록하기 전까지 5조 원 안팎이었다. 2018년 2조 9,989억 원으로 2조 원대 턱걸이에 성공했지만, 여전히 부채 부담이 크다. 결국 두산인프라코어는 2020년 현대중공업에 피인수되어 현재는 HD현대인프라코어가 되었다. 이 기업의 주가 동향은 다음(차트12)과 같다.

두산그룹의 주요 계열사들이 부실화되었지만 다행히 두산밥캣은 캐시카우로 살아났다. 두산밥캣은 2016년 11월 8일 한국거래소에 상장되었다. 2022년 이후로 두산그룹이 부활했다는 기사가 쏟아지고 있는데, 두산그룹 부활의 실체는 밥캣의 부활이다. 두산밥캣의 수익 대부분은 북미에 집중되어 있고 동시에 유럽 시장, 중동에서도 상당히 점유율을 확보했다. 특히 매출 95% 이상이 수출일 정도로 대표적인 수출형 기업으로 성장했다.

차트13. 두산인프라코어(현 HD현대인프라코어) 주가 동향

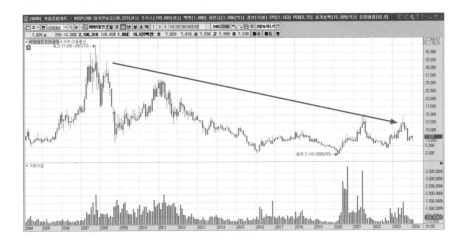

차트14. 두산밥캣 주가 동향(월봉)

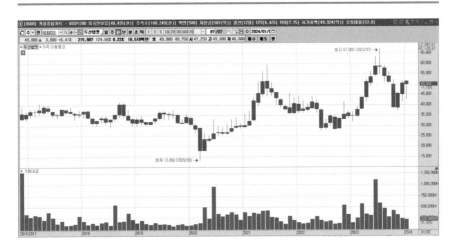

위기와 기회의 사이클

M&A는 기업들이 미래 먹거리를 확보하기 위한 중요한 수단이다. 필요한 사업 영역이 있는데 직접 회사를 만들어 사업을 키우기까지 많은 시간이 걸릴 경우 조건에 맞는 기업을 인수하면 된다. 이때 확인해야 하는 포인트는 다음과 같다.

① M&A의 성공 여부를 알아보는 첫 번째 포인트는 바로 시너지 효과를 확인하는 것이다. 시너지는 제일 먼저 비용 절감 효과에서 나타난다. 합병으로 인해 비용 효율이 생기는지가 중요하다.

② 조직의 화학적 결합이 가능한지를 확인해야 한다. 서로 이질적인 조직이 하나로 묶이는데 갈등이 없을 수 없다. 단순히 물리적 결합이 아니라 완전한 결합이 되는지 확인하는 것이 핵심이다.

③ 인수합병 과정에서 부채 증가 부분을 반드시 확인해야 한다. 지나치게 과도한 부채 또는 우발부채가 발생하는 것은 승자의 저주에 빠지는 지름길이다.

④ 주식투자를 하는 입장에서 보면 M&A를 시도하는 인수 회사보다는 대상이 되는 피인수 회사 주식을 하는 것이 주가 수익률 면에서 유리하다.

8장

재벌 승계의
사회적 비용

재벌 3세 승계를 위한 작업

재벌들은 상속세를 어떻게 하면 적게 낼 것인지 고민한다. 그런
데 여기서 주목해야 하는 것은 절세와 탈세는 다르다는 것이다. 절
세는 세법이 정하는 범위 안에서 세금을 줄이는 노력을 하는 것이
고 탈세는 법을 어겨가면서 세금을 내지 않으려고 하는 것이다. 그런
데 재벌들이 고용한 엄청난 수의 변호사들이 절세와 탈세의 경계를
모호하게 만들고 있다.

조세정의는 노동 소득에 대해서는 낮은 세율을 적용하고 자산
소득에 대해서는 높은 세율을 적용하는 것이 원칙이다. 그래야 사람

들이 일할 맛 나는 세상이 되어 사회적 생산성이 높아진다. 상속세는 자산 소득의 일종이다. 그래서 각 나라마다 무거운 세율을 부과하는데, 그것을 피하기 위한 치열한 작전이 펼쳐지고 있다. (그 분야에서 단연 앞서 있는 기업이 삼성그룹이라는 것이 세간의 평가다.)

대부분의 재벌기업들의 고민은 2세 또는 3세들에게 회사를 무사히 상속하는 것이다. 자녀들이 많지 않으면 얼마나 상속세를 적게 낼 것인지가 이슈가 되고, 자녀들이 많은 경우 계열사들을 어떻게 배분하고 더불어 그 과정에서 상속세를 얼마나 적게 낼지 등이 이슈가 된다.

재벌 오너들이 자녀들에게 회사를 물려주겠다는 것은 납득할 수 있다. 비상장기업인 경우 2세 또는 3세에게 물려주는 것은 집안일이기 때문에 세금만 제대로 낸다면 남들이 왈가왈부할 일은 아니다. 그러나 상장기업의 경우는 다르다. 상장기업은 일반 주주들이 존재하기 때문에 공공재의 성격을 갖는다. 그래서 주주들의 이익을 지켜가면서 작업이 이루어져야 한다. 자칫 상속하는 과정에서 기업가치가 훼손되는 경우 기존 주주들에게 큰 손해를 끼칠 가능성을 배제할 수 없기 때문이다.

우리 재벌들은 최근 창업주들과 2세들이 줄줄이 타개하면서 3세 경영으로 넘어가고 있다. 삼성그룹 이재용 회장, 현대차그룹 정의선 회장, LG그룹 구광모 회장 등이 경영일선에서 그룹을 이끌어가고 있다. 이들 중 승계 작업에서 가장 큰 관심을 끌었던 사람은 삼성그룹의 이재용 회장이다. 삼성은 우리나라 최대 기업이고 승계 작업이 제대로 진행되지 못한 상태에서 이건희 회장이 2014년 급성심근경색으로 입원해 오랜 시간 사경을 헤맨 것으로 알려졌기 때문이다.

삼성그룹의 3세 승계 핵심은 국내 시가총액 1위 기업이자 메모리반도체 세계 1위 기업인 삼성전자를 무사히 넘겨받는 데 있었다. 그러나 이재용 회장이 보유한 삼성전자의 지분만으로는 불가능했고, 막대한 자금을 들여 삼성전자 주식을 인수해야 했기 때문에 이를 해결할 방안을 찾아야 했다. 그리고 마침내 지상 최대의 작전과 같은 승계 작업이 진행되었다.

삼성그룹에서 제일 먼저 벌어진 일은 기업을 승계받기 위한 종잣돈을 만드는 것이었다. 이건희 회장은 1995년 자녀들에게 약 60억 원을 증여했다. 그 아들인 이재용 부회장 등은 증여세 16억 원을 낸 뒤 비상장 계열사인 삼성에스원과 삼성엔지니어링 주식을 헐값에 사들였다. 이들은 두 회사가 상장되자 주식을 비싼 값에 되팔았고, 600억 원의 자금을 확보했다. 편법으로 자금을 마련한 이재용 부회장 등은 1996년 에버랜드 전환사채, 1997년 삼성SDS 신주인수권부사채를 헐값에 사들였고, 두 회사가 2014년 상장되면서 보유 지분을 수조 원으로 늘렸다. 이 돈이 삼성그룹을 물려받는 종잣돈 역할을 하게 된다.

삼성물산과 제일모직 합병을 위한 사전작업

삼성물산과 제일모직의 합병이 필요했던 이유가 있다. 바로 삼성전자에 대한 지배권 때문이다. 당시 이재용 부회장의 삼성전자 지분율은 1%가 되지 않는 0.57%였다. 그래서 계열사를 통한 지배가 불가피했었다. 삼성그룹 계열사 중 삼성전자 주식을 많이 보유한 회사는 삼성생명(7.21%)과 삼성물산(4.06%)이었다. 삼성생명과 삼성물산이 보유한 삼성전자 주식을 가지면 삼성전자를 지배할 수 있게 된다.

먼저 지분율이 제일 많은 삼성생명을 지배하기 위해서는 최대주주인 이건희 회장(20.76%) 삼성에버랜드(19.34%), 이재용 부회장(0.06%)을 동원하면 되는데, 에버랜드의 최대주주가 바로 이 부회장이었다. 그래서 에버랜드가 제일모직의 패션 부분을 양수받고 사명을 제일모직으로 바꾸면서 우회상장을 하게 된다.

남은 것은 삼성물산을 지배하는 것인데, 문제는 이 부회장에게 삼성물산 지분이 거의 없었다는 것이다. 그 대신 제일모직 지분율은 상당했으니, 제일모직이 삼성물산을 흡수합병해서 삼성물산이 보유한 삼성전자 주식을 제일모직으로 행사하는 그림을 그렸다. 바로 삼성물산과 제일모직의 합병 작전이었다.

기업들이 합병할 때 중요한 것은 합병 비율이다. 적정한 합병 비율이 되지 않으면 이 부회장의 제일모직에 대한 지배권도 장담할 수 없기 때문에 제일모직에 절대적으로 유리한 합병 비율을 만들어야

표10. 합병 기간 중 삼성물산과 제일모직의 주가 추이

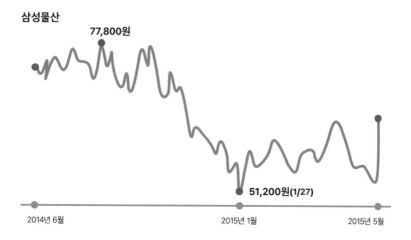

삼성물산

77,800원

51,200원(1/27)

2014년 6월   2015년 1월   2015년 5월

했다. 그렇게 하기 위해서는 제일모직의 기업가치는 올리고 삼성물산의 기업가치는 떨어뜨려야 했다. 특히 상장기업의 경우 주식시장에서 형성된 주가를 기초로 합병 비율을 상정하게 되므로 삼성물산의 주가는 하락시키고 제일모직의 주가는 상승시키는 작업을 하면 되는 것이다.

먼저 삼성물산의 주가를 하락시키는 것은 어려운 일이 아니다. 회사의 이익이 줄어들면 주가는 자연히 내려가게 된다. 예를 들어, 삼성물산 건설사업부에서 아파트 브랜드인 래미안을 수주하지 않는 것만으로 삼성물산의 주가는 하락하게 된다. 합병 작업을 하는 동안 삼성물산의 주가 동향은 위와 같다.

제일모직의 주가를 올리는 것은 그렇게 간단치 않았다. 그래서 이

제일모직

188,000원(최고)(5/26)

99,200원(최저)(12/18)

2014년 12월   2015년 5월

때 동원된 것이 바로 제일모직의 바이오 계열사 몸집 불리기였다. 바로 삼성바이오로직의 분식회계를 이용한 것이다. 매년 1,000~2,000억 원대의 적자를 면치 못했던 동사가 합병 비율을 산정할 당시인 2015년에는 1조 9,000억 원의 순이익을 기록했는데, 삼성바이오로 직이 이렇게 순이익을 낼 수 있었던 것은 자회사인 삼성바이오에피스에 투자해 4조 5,000억 원의 투자이익을 거둔 것이 주요인이다. 이를 통해 제일모직의 기업가치를 높일 수 있었지만, 이 과정에서 분식회계 문제가 발생했고, 이후 법원에서 분식회계와 관련해서 담당자들이 법적 처벌을 받았다.

표11. 삼성물산-제일모직 합병 비율

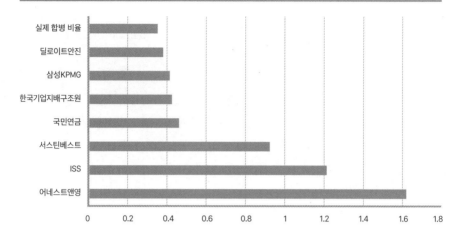

합병 비율과 합병 과정

합병 과정에서 합병 비율을 유리하게 가져가기 위한 작업이 이루어졌고 그 결과 두 기업의 합병 비율은 1대0.35로 결정되었다. 합병을 하게 되면 삼성물산 주주는 삼성물산 1주에 대해 제일모직 주식을 0.35주만 받게 된다는 의미다. 당시 여러 평가기관에서 적정 합병 비율을 제시했었는데, 그 상황은 위와 같다.

이렇게 결정된 합병 비율은 제일모직에는 좋은 일이지만 삼성물산에게는 나쁜 일이다. 의도적으로 기업가치가 훼손된 것은 물론이고 합리적으로 계산된 합병 비율에 대해서도 제일 낮은 합병 비율로 결정된 것이기 때문이다.

두 기업이 합병하는 경우 각각의 회사에서 합병주주총회를 열어

합병을 승인해야만 합병이 이루어지는데, 제일모직 주주총회에서는 당연히 합병을 승인하겠지만 정상적인 상황이라면 삼성물산의 주주총회에서는 당연히 합병을 부결시켜야 했다. 그런데 주주총회 결과는? 두 회사 모두 합병을 승인했다. 삼성물산 주주총회에서 무슨 일이 벌어졌는지는 이미 언론에 모두 나와 있어 간단히 설명하면, 국민연금(지분율 11.21%)이 합병에 찬성을 하고 나선 것이다. 이로 인해 국민연금 이사장과 기금운용부장이 법원에서 실형을 선고받았다.

상속세를 제대로 내고 또 주식시장에서 정당하게 주식을 추가매수해서 상속을 진행하는 것이 옳은 일이었지만, 삼성그룹의 3세 승계 작업은 한 기업의 기업가치를 훼손시키고, 분식회계를 하고, 정치권의 입김을 동원해 국민연금을 움직이는 등 너무 큰 사회적 비용을 지불하며 진행되었다.

썩은 고기를 찾아다니는 벌처펀드

벌처펀드는 이름에 걸맞게 피도 눈물도 없이 수익을 얻는다. (벌처vulture는 독수리를 말한다. 독수리는 죽은 동물의 사체를 청소하는 청소 돌물이다.) 벌처펀드 중 하나인 엘리엇매니지먼트가 삼성물산의 지분 7.12%를 보유하고 있었다. 제일모직과 삼성물산의 합병 비율(1:0.35)에 대해 국내 투자자들뿐 아니라 엘리엇도 문제를 삼았다. 삼성물산이 1주당 5만 7,234원에 매수했었는데 엘리엇은 이에 불복했고 대법

원까지 가서 주당 6만 6,602원에 주식을 넘겼다. 엘리엇이 보유한 주식 약 773만 주에 대해 삼성물산으로부터 세전 724억 원의 보상을 받은 것이다. 그 후 우리나라 법무부를 대상으로 분쟁소송에서 국민연금 등이 합병에 찬성한 것을 문제 삼아 국제분쟁을 벌인 결과 우리 정부로부터 1,300억 원의 배상 판결을 받아냈다.

엘리엇은 2001년 아르헨티나가 디폴트를 선언하자 아르헨티나의 군함을 차압해서 원리금을 돌려받은 전력이 있는 '집요한' 펀드다. 국내 투자자들은 제대로 된 가치평가를 받지 못했지만 벌처펀드인 엘리엇은 충분한 가치평가와 함께 불법을 저지른 합병에 대해 국가로부터도 막대한 배상금을 받아갔다.

이 문제의 책임은 분명 불법을 동원한 삼성그룹의 3세 승계 작업과 관련 있다. 당시 23.2%의 제일모직 지분을 보유했던 이재용 회장은 양사의 합병으로 삼성물산 최대주주가 됐다. 그 합병 작업을 통해 이재용 회장에서 삼성물산, 삼성생명, 삼성전자로 내려오는 지배구조를 완성했다. 결국 불공정한 합병 비율과 불법을 불사한 합병주주총회 의결로 인해 삼성물산 주주들은 물론이고 국가에도 손해를 끼친 결과를 가져온 사건이었다. 결국 이 과정을 통해 알게 된 것은 주주들은 승계 작업에 동원된 장기판의 말이었다는 사실이다.

법질서가 제대로 정립되지 않으면 앞으로도 이런 일은 반복될 수 있다. 3세에서 4세에게로, 4세에서 5세에게로 부의 세습은 이어질 것이다. 주주들은 정당한 대우를 받지 못하게 되는 일이 벌어지는 것을 막기 위해서라도 매의 눈으로 지켜봐야 한다.

주식투자를 하는 목적은 돈을 벌기 위해서다. 내가 한 결정이 수익을 얻을 수 있는 것인지 아니면 손해를 보는 것인지조차 계산하지 못한다면 주식투자보다는 은행에 예금이나 적금을 하는 것이 더 낫다.

① 투자 의사결정을 할 때 애국심을 빌미로 결정해서는 안 된다. 가끔 조국과 민족 그리고 국가를 위해 대승적인 결정을 해야 한다는 투자자들이 있다. 그런 사람들은 주식투자보다는 사회 다양한 곳에서 봉사 활동을 하는 것이 낫다.

② 주식회사의 중요한 대부분의 결정은 주주총회에서 이루어진다. 내가 가진 주식 수가 아무리 적더라도 주주총회에 관심을 기울이면서 주주로서의 권리 행사에 나서야 한다. 그렇지 않으면 의결권 없이 이자와 원금을 보장하는 채권을 사는 것이 더 낫다.

③ 외국인 투자자에게는 한없이 너그럽고 국내 투자자들은 함부로 대하는 기업이 있다면 과감하게 손절하라. 그런 종목을 제외하더라도 수익을 낼 수 있는 기업은 부지기수다.

9장

부동산투자의 기회비용

기업의 본업경쟁력

사람이나 기업이나 자신의 본업에서 충분한 경쟁력을 갖춰야 제 구실을 할 수 있다. 사람의 경우 직장인은 회사에서 능력을 인정받는 것이 중요하고, 사업자라면 본인의 사업에서 경쟁력을 갖추는 것이 필요하다. 개인이 본업에서 경쟁력을 갖추게 되면 고액의 연봉을 받게 되고 또 사업으로부터 큰 수익도 얻게 된다. 그것이 경쟁력의 지표가 된다. 마찬가지로 기업도 본업을 잘할 때 실적도 좋아지고 주가도 올라가게 된다.

그렇다면 기업이 본업에서 경쟁력을 갖추고 있는지는 어떻게 알 수 있을까? 손익계산서에서 기업의 이익을 살펴보면 크게 매출총이익, 영업이익, 당기순이익 등으로 구분해볼 수 있다. 매출총이익은 '마진margin'으로, 판매 가격과 원가와의 차이를 말한다. 그리고 영업이익이 본업경쟁력을 보여주는 이익이다. 당기순이익은 본업으로부터의 이익과 본업 이외의 사업으로부터 벌어들인 이익을 모두 합한 개념이다.

예를 들어, 자동차 회사라면 자동차 사업을 통해서 얻은 이익이 영업이익이 되고, 부동산 개발이나 임대 사업을 통해서 얻은 이익은 영업외이익이 된다. 만약 자동차 회사에 투자한다고 했을 때, 자동차 사업으로부터는 돈을 별로 벌지 못하는데 부동산 임대업을 통해서 수익을 내고 있는 회사라면 그 기업의 주식에 투자할 유인은 없다. 모름지기 한 산업에서 최고의 경쟁력을 갖춘 기업이라면 영업이익이 장기-안정적으로 증가하고 또 영업이익률도 높은 수준을 기록하고 있어야 한다. 그런 기업의 주가는 장기-안정적으로 상승하고, 그에 따라 기업의 위상인 시가총액도 자연히 커지게 된다.

기업이 본업은 팽개치고 다른 쪽으로 눈을 돌린다면 어떤 결과를 받아들여야 하는지를 잘 보여주는 사건이 2014년에 있었던 현대차의 서울 삼성동 한전 부지 매입이다.

현대차, 한전 부지 10조 원에 매입하다

2014년 9월 현대차그룹은 삼성동 한국전력 본사 부지를 인수하는 데 10조 5,500억 원이라는 막대한 돈을 들였다. 10조 5,500억 원은 한전이 제시한 감정가인 3조 3,000억 원의 3배, 공시지가의 7배에 해당하는 금액이었다. 또 2013년 현대자동차 연구개발비의 5.7배에 이른다. 특히 당시 같이 입찰에 참여했던 삼성그룹은 4조 5,000억 원의 입찰 금액을 써낸 것으로 알려져 너무 많은 돈을 썼다는 비판을 면하지 못했다. 이 때문에 현대차그룹이 본업의 역량 강화보다 이와 무관한 통합사옥 부지 마련에 돈을 펑펑 썼다는 비판이 무성했다. 당시 현대차그룹의 사내유보금은 114조 원 규모였고, 관계회사를 포함해서 현금성 자산이 총 39조 6,000억 원 수준이었다. 당시로서는 납득하기 어려운 부동산 매입 결정이었고 이로 인해 당시 박근혜 정부와 유착관계를 의심하는 사람들도 많았던 것이 사실이다.

현대차그룹이 한전 부지를 매입한 이유는 무엇일까? 당시 언론에 보도된 내용들을 발췌해서 보면 현대차그룹이 어떤 생각을 가졌는지 그 단면을 살펴볼 수 있다.

현대자동차그룹이 인수한 서울 삼성동의 한국전력 부지 개발에 대한 구체적인 윤곽이 드러나고 있다. 현대차그룹은 이곳에 100층 이상 규모의 초고층 건물을 계획하고 랜드마크를 조성할 방침이다. 한전 터에 마련될 글로벌비즈니스센터GBC에는 현대차그룹 본사와 함께 자동차 테마파크, 전시·숙박·문화시설, 컨벤션센터, 쇼핑몰 등 최대 규모의 복합건물이 들어설 전망이다. 이번에 초고층 건물을 짓기로 한 것은 세계 5위 자동차 회사로서

도약 의지를 드러냄과 동시에 서울시의 랜드마크를 조성하겠다는 정몽구 현대차그룹 회장의 의지가 담긴 것으로 풀이된다.

—EV라운지(2014년 12월 30일)

당시 현대차의 부동산 매입에 대해 증권업계에서는 비판적인 목소리가 컸다. 만약 10조 원의 자금으로 글로벌 M&A에 나섰다면 세계 1위의 자동차 기업이 되었을 것이라는 아쉬움이었다. 당시 자동차업계 선두주자였던 일본 토요타와 독일 폭스바겐의 경우 한 해 10조 원 이상의 연구개발비를 지출했는데, 현대차와 기아차는 3조 원 정도를 연구개발비에 지출하는 상황이었다. 특히 자동차업계에서 신기술 개발을 주도하는 부품사의 목소리가 커지면서 글로벌 부품사 간 R&D 경쟁이 어느 때보다 치열했는데, 한전 부지 개발로 그룹 차원의 긍정적 효과가 예상되지만 이는 연구개발 및 인수합병 재원의 감소라는 기회비용을 유발했다는 비판이 커졌었다.

이런 비판의 목소리는 고스란히 주가에 반영되었다. 국내외 기관투자자들의 비판적인 목소리가 주가 하락을 부추겼다. 당시 현대차의 주가 동향을 살펴보면 다음(차트15)과 같다.

현대차 주가는 2014년 9월 23만 원대에서 2020년 3월 8만 8,000원대까지 지속적으로 하락했다. 물론 글로벌 경기 둔화라는 외부요인이 있긴 했지만 경영 자원을 생산성 없는 곳에 투자한 대가는 주주들에게 고스란히 전가되었다.

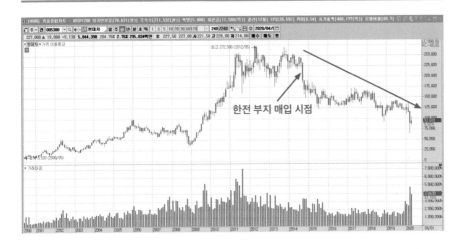

한전 부지 매입 시점

만약 현대차가 신기술 투자에 집중했더라면

현대차의 한전 부지 매입 이후 부동산 가격은 폭등했다. 그러면서 시장 일각에서는 부동산 가격이 올랐으니 당시의 의사결정이 틀린 것은 아니라고 주장하는 사람들도 있다. 그러나 결과론적인 주장에 불과하다. 만약 부동산 가격이 본질가치에 접근해서 당시 감정가인 3조 3,000억 원이 되었다면 현대차그룹은 과연 어떻게 되었을까? 물론 의사결정은 미래 불확실한 상황을 염두에 두고 하는 것이 원칙이다. 그러나 그 결과를 모두 확인한 이후에 그 의사결정이 맞았다고 주장하는 것은 아전인수격의 주장이다.

자동차 산업에서 후발주자가 선발주자를 따라잡은 것은 매우 어려운 일이다. 그만큼 내연기관에 대한 기술력은 진입장벽이 큰 사업

표12. 글로벌 전기차 보급 현황

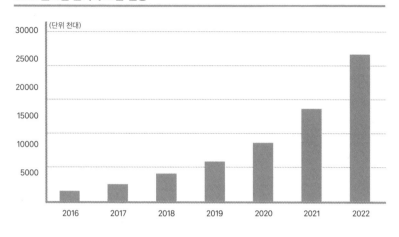

이기 때문이다. 그러나 최근에는 전통적인 내연기관 자동차업체에 비해 상대적으로 진입장벽이 낮은 전기차업체의 약진이 두드러진다. 환경 문제가 대두되면서 전기자동차에 대한 관심이 높아지고 또 글로벌 규제도 내연기관 자동차에 집중되었다. 오히려 전기차에 대해서는 보조금을 지급하면서 시장 규모도 전체 자동차 시장의 18%까지 커졌다. 위의 표는 전기차가 얼마나 빠르게 보급되었지를 보여준다. 2016년 약 200만 대 수준이었던 것이 2022년에는 2,600만 대로 급격히 늘어나는 것을 볼 수 있다.

만약 현대차가 10조 원의 자금을 기술 개발이나 M&A를 통해서 전기자동차, 자율주행 자동차, 배터리 산업에 집중적으로 투자했다면 지금 어느 정도의 위상이 되었을지에 대해서도 점검해봐야

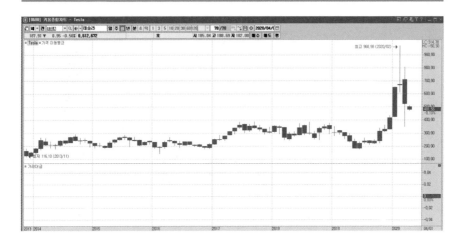

한다. 물론 모든 것에는 많은 변수가 있어 평면적으로 비교하는 것
은 매우 위험한 일일지 모른다. 그러나 현대차 주가가 하락하는 같
은 기간 전기차의 강자 테슬라의 주가 동향을 살펴보면 다른 상상
도 가능할 것이다.

주주에게 좋은 것과 오너에게 좋은 것

가장 이상적인 관계는 주주에게 좋은 것이 바로 오너에게 좋은
것이 되어야 한다. 그런데 오너들은 정보와 자금 측면에서 강자의 위
치에 있고 주주들은 상대적으로 약자 위치에 있다. 주인-대리인 관

계에 대한 수없이 많은 연구 결과들도 같은 곳을 가리키고 있다. 오너도 경영자의 위치에 있다면 주인인 주주들의 이익을 커지도록 최선을 다해야 한다. 즉, 어떤 경우라도 주가 상승이나 배당 증가에 노력을 기울여야 한다는 것이다. 그러나 많은 경우 대리인인 경영자들은 주주의 이익을 훼손시키면서 본인의 이익을 극대화하는 움직임을 보인다. 특히 그 대리인이 오너 경영자라면 자신의 이익에 더욱 몰두하게 되는 것이다.

부동산과 같은 생산성 없는 자산에 투자하는 것은 오너 입장에서는 별로 손해날 것이 없다. 최악의 경우 회사가 망하더라도 부동산은 남아 있을 테니 말이다. 그러나 주주들에게 생산성 없는 자산에 대한 투자는 앞서 본 바와 같이 회사의 명예 실추는 물론이고 그에 따른 주가 하락으로 큰 손실을 면치 못하게 된다.

결국 현대차 주가는 약 7년이라는 긴 시간을 반 토막 수준에 머물렀고, 2021년 1월이 되어서야 비로소 하락 이전 수준을 회복했다. 과연 불확실한 미래를 바라보면서 그 힘든 시간을 고스란히 견뎌낸 투자자가 과연 몇 명이나 있을까?

주주에게 좋은 것이 오너에게 좋은 것이 될 수는 있지만, 오너에게 좋은 것이 반드시 주주에게 좋은 것이 되지는 못한다. 이렇게 오너 마음대로 의사결정을 할 모양이라면 주식시장에 상장시키지 말고 비상장기업으로 남아 있는 것이 옳다. 비상장기업이라면 주식 분산이 제대로 되어 있지 않아 상대적으로 손해를 보는 사람이 많지 않을 것이기 때문이다. 모름지기 상장기업이라면 적어도 주주에 대

한 회사의 의무를 다하는지 주주들이 지켜보고 감시해야 한다는
사실을 되새기게 만드는 사건이었다.

개인이나 기업이나 본업에서 경쟁력을 갖춰야 그 능력을 인정받을 수 있다. 특히 상장기업의 경우 본업경쟁력 제고는 주주들의 이익과 밀접한 관련이 있기 때문에 무엇보다 중요하다.

① 기업의 본업경쟁력을 확인하는 지표는 영업이익이다. 영업이익이 지속적으로 증가하는 기업 그리고 영업이익률이 상대적으로 높은 기업이 좋은 기업이다.

② 주주에게 좋은 결정은 오너에게도 좋은 결정이 된다. 그러나 오너에게 좋은 결정이 반드시 주주에게 좋은 결정이 되지는 않는다. 이런 결정이 되지 않도록 주주 입장에서 감시가 필요하다.

③ 결과를 보고 당시의 의사결정을 판단하지 말라. 매번 하게 되는 의사결정이 원칙에 맞지 많게 이루어졌다면 결과적으로 좋았다 하더라도 그 결정은 잘못된 결정이란 점을 잊어서는 안 된다.

10장

정치의 경제학

경제와 정치는 동전의 양면

"경제를 하는 사람이 왜 정치와 관련된 얘기를 하는가?"

주식투자를 하는 사람들이 경제 전문가들에게 흔히 하는 말이다. 이 말은 하나만 알고 둘은 모르는 얘기다. 그렇다면 반대로 "정치를 하는 사람은 경제에 대해서 말하면 안 된다"라는 말도 성립하는가? 그렇지 않다. 정치를 하는 사람들은 경제는 물론이고 사회, 문화, 예술, 체육, 교육 등 우리 삶에 관련된 모든 얘기를 하고 다닌다. 그렇다면 경제를 하는 사람도 정치, 사회, 문화, 예술, 체육, 교육 등에 대해서도 말할 수 있어야 한다. 그 모든 분야가 상호연관성을 가지면서 상대적으로 독립되어 있기 때문이다.

우리가 하는 모든 활동은 법에 근거를 두고 있다. 예를 들어, 주식투자는 민법, 상법, 자본시장법 등에 직접적으로 관련 있다. 그리고 그 법은 정치인들에 의해 입법된다. 그렇다면 경제 전문가들도 법과 정치에 대해서 말을 할 수 있어야 한다. 법에 의해 경제가 돌아간다. 법은 정치에 의해 만들어진다. 그렇다면 경제와 정치는 동전의 양면이다.

정치는 국내정치는 물론이고 외교까지도 포함한다. 잘못된 외교가 경제를 망치는 경우도 있고 제대로 된 정치는 우리 기업들의 시장 확대에 도움을 준다. 우리나라는 특히 외국과의 무역이 GDP에 지대한 영향을 미친다. 그만큼 국내외 정치 상황이 경제에 미치는 영향이 큰데도 정치를 무시하면서 주식투자를 할 수는 없다.

글로벌화된 우리 경제에 외교는 직접적으로 경제와 주식시장에 영향을 미친다. 우리 경제에 가장 큰 영향을 미치는 국가는 미국과 중국이다. 특히 중국은 우리의 최대 수출국이면서 수입국이다. 그런 중국과 외교 마찰이 일어나게 되면 주식시장이 휘청인다. 가장 대표적인 사건이 바로 사드 배치와 중국의 한한령限韓令이다. 미국과 중국 사이의 외교가 얼마나 큰 영향을 미치는지 알아보자.

사드 배치와 중국의 한한령

사드THAAD: Terminal High Altitude Area Defense(종말고고도지역방어체계)는 미국이 추진하고 있는 미사일 방어체계의 핵심요소 중 하나다. 이는 중·단거리 탄도미사일로부터 군병력과 장비, 인구밀집지역, 핵심 시설 등을 방어하는 데 사용된다. 사드의 요격미사일은 대기권 내의 성층권과 전리층 사이에서 탄도미사일을 요격하는데, 최대 사거리는 200킬로미터에 달하고 최대 고도는 150킬로미터로 알려져 있다.

사드 1개 포대는 AN/TPY-2 1기와 6개 발사대로 구성된다. 문제가 되는 것은 사드의 중추라고 할 수 있는 AN/TPY-2레이더이다. 이 레이더는 약 1,000킬로미터 밖에서 상승 중인 탄도미사일을 감지하고 600여 킬로미터에서 낙하하는 탄도미사일을 정확하게 추적할 수 있다. 또한 1,800~2,000킬로미터 떨어진 중거리 탄도미사일이나 대륙간 탄도미사일의 발사를 사전에 탐지할 수 있다고 한다. 중국이 사드 배치에 강력하게 반발한 이유는 사드의 AN/TPY-2레이더가 중국의 일부 지역을 감시할 수 있기 때문이었다.

문제는 우리 정부가 중국에 절대 사드 배치는 없을 것이라는 메시지를 주고 있었는데, 이것을 뒤집고 전면적으로 배치 결정을 했다는 것이다. 중국과 갈등을 겪을 수밖에 없었다. 그러면서 중국에서 현상은 있었지만 실체가 없는 한한령이 내려졌다. (실체가 없었다고 한 것은 중국정부에서 공식적으로 한국에 대해 제재를 취한다는 발표는 없었지만 우리나라 한류문화와 한국 제품의 중국 판매가 제한되는 일이 실제로 발

위기와 기회의 사이클

생했기 때문이다.)

　여기서 한 가지 짚고 가야 하는 것은 중국은 사회주의국가이고 공산당이 지배하는 국가라는 것이다. 공산당은 중국이라는 국가 위에 존재한다. 그래서 공산당에게 불편한 것이 국가에 불편한 것이고, 이런 불편이 있으면 실질적인 발표가 없더라도 암묵적인 제재가 가능하다. 실제로 당시 사드 보복의 일환으로 중국 내부에서 한국인, 한국경제, 한국문화 차별 조치가 실행되었다. 처음에는 CF나 영화, 한중 합작 드라마에 나오던 한국인 모델 및 연예인들을 하차시켰고, 이후 한국 작품의 수입 금지가 본격화되었다. 2017년 들어 동영상 플랫폼에 올라오는 모든 한국 작품 차단, 한국으로의 관광 20% 이하로 제한, 한국산 화장품, 공기청정기, 비데 등의 공산품 수입 불허, 김치, 삼계탕 등 한국 특산식품 검역 강화 및 수입 제한, 각 항공사들의 한국행 노선 중단 등으로 확대되었다. 중국의 금융 전문 인터넷신문인 〈남방재부망〉과 〈중국신문망〉에 따르면 중국정부에서는 일단 2017년 중반기까지 한국 주요 엔터테인먼트업계 종사자의 3분의 1가량을 실업자로 만들 것을 목표로 한다고 밝히기까지 했다.

　한한령이 계속되면서 중국 내부에서는 한국 관광객에게 욕설을 하거나, 차를 보러온 한국인 바이어를 폭행하고 그 장면을 SNS에 올리거나, 중국 기업의 한국인 직원들에게 불이익을 주고 부당해고까지 했다. 헬스클럽에서 태극기를 갈기갈기 찢어서 샌드백용으로 걸어놓고, 한국인의 식당 출입 거부를 선언하기도 했다. 선양의 모호텔에서는 알 수 없는 인물이 객실 바닥에 태극기를 깔아놓고 '한국인을 밟아 죽이자'라고 적어놓는 등 혐한 감정 및 한국인에 대한 증오발언, 혐오범죄가 발생하며 반한 감정을 부추기는 현상이 증가했다.

이런 상황에 중국에 기대어 사업을 하던 많은 기업들은 사업 부진에 빠져들었다. 정부의 오락가락 외교가 낳은 난국이 경제와 주식시장을 흔들었고 투자자들에게 큰 손실을 안겨주었으니 경제와 정치를 분리해야 한다고 주장하는 사람들의 논리는 맞지 않다는 것을 증명해주는 사건이었다.

한한령과 주식시장

한류 열풍의 근본은 '문화'다. K-드라마, K-무비, K-팝 등 한류문화가 한류 열풍을 이끌었다. 한류는 한국문화에 대한 사람들의 관심을 불러와 드라마에 등장한 장소는 관광명소가 되고, 드라마나 영화에 등장한 먹거리는 한국음식 챌린지를 만들어냈다. K-팝 아티스트들은 글로벌 음악문화의 선두 자리에서 한국에 대한 좋은 인상을 이끌었다. 물론 주식시장에서도 이들 아티스트들과 한류문화를 앞세워 승승장구했던 기업들도 많았다. 한류는 계속 진화하는 모습이었다. 그중 K-뷰티는 기초화장품은 물론이고 프리미엄 제품의 판매 증대로 나타났고, 의료계에도 성형수술 등 각종 유발 효과를 보여주었다.

중국인들에 대한 한류는 소위 유커로 대표되는 어마어마한 중국 관광객들을 유치하기 충분했다. 명동거리, 홍대거리, 강남 등 서울의 주요 거리에는 중국 관광객들로 넘쳐났고, 그곳 매장들의 매출액은 날개 돋친 듯 늘어났다. 그런데 사드 배치 이후 유커들의 발걸음이 뚝 떨어졌다. 또한 중국 내에서 한류에 대한 제재가 가해지면서 관련 기업들의 실적은 곤두박질쳤고 주가 또한 나락으로 떨어지는 모습을 보였다.

당시 주식시장 상황을 살펴보면 사드 배치에 따른 중국 내 반한 감정 고조로 화장품, 유통, 엔터테인먼트 등 관련 상장사의 주식이 큰 폭으로 하락했다. 대표적인 한류업체였던 아모레퍼시픽, YG엔터테인먼트 등 대표적인 중국 관련주 10개사의 시가총액은 2017년 9월 8일 종가 기준 44조 890억 원으로 박근혜 정부가 사드 배치 결정을 발표하기 직전인 2016년 7월 7일 61조 8,302억 원보다 17조 7,412억 원 감소(27.2%)했다. 당시 정부는 경제적 피해가 없도록 하겠다고 했지만, 14개월이 지나는 동안 사드 배치를 둘러싼 양국 간의 갈등과 중국 측의 보복으로 실물경제는 물론 증시에 미치는 악영향이 적지 않은 것으로 확인된 셈이다.

우리 정부가 사드 발사대 4기의 임시 배치를 마무리한 2017년 9월 7일 이후 중국이 강력히 항의하며 보복에 대한 우려가 커졌고, 실제로 9월 8일 하루에만 이들 10개사의 시가총액이 1조 4,050억 원 감소했다. 배치 결정 이후 실제 배치까지 아모레퍼시픽은 44만 1,000원에서 26만 7,500원으로 39.3% 하락했고, YG엔터테인먼트와 CJ CGV의 주가는 각각 33.9%와 32.6% 떨어졌다. LG생활건강

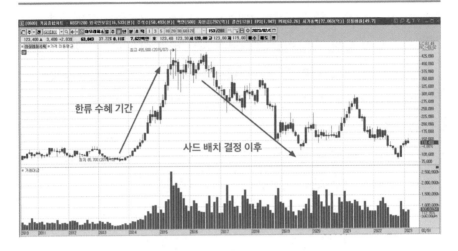

(23.3%), SM(22.1%), GKL(20.1%)은 20% 이상, 파라다이스(18.7%), 호텔 신라(16.1%)는 10% 이상 하락했다.

이와 함께 중국 내 자동차 판매 급감으로 현대차 관련 주가도 하락세를 면치 못했다. 베이징현대차의 합작 파트너인 베이징자동차가 합작 폐기를 할 수 있다는 보도가 나오면서 현대차그룹 계열 상장사 11개사 중 9곳의 주가가 동반 하락해 현대차그룹 시가총액이 하루 새 2조 5,920억 원이나 감소했다. 베이징현대차의 판매량은 사드 보복 이후 반 토막이 났다. 한한령으로 인해 주가 차원에서 가장 큰 피해를 봤던 아모레퍼시픽의 당시 주가 동향은 훨씬 더 드라마틱하다.

주식시장의 음지와 양지

주식투자를 하면서 잊어서는 안 되는 것은 모든 재료는 악재면 악재로, 호재면 호재 한 방향으로만 흐르지는 않는다는 사실이다. 어느 업종에는 호재가 되는 것이 다른 업종에는 악재가 될 수 있고, 어느 업종에는 악재가 되는 것이 다른 업종에는 호재가 될 수 있다. 그래서 주식시장에는 '양날의 검'이란 말이 자주 쓰인다.

사드 배치로 인해 중국 관련주들이 줄줄이 하락했지만, 그 시기 주식시장을 대표하는 종합주가지수는 오히려 상승하는 모습이었다. 이런 점에서 중국 관련주가 아닌 종목에 투자한 사람들에게는 중국의 사드 보복이 크게 와닿지 않았을 수도 있다. 당시 종합주가지수 동향은 다음(차트19)과 같다.

사람들은 절대적 빈곤보다는 상대적 빈곤에서 더 큰 고통을 받는다. 다 같이 피해를 봤으면 그 상처가 덜 아프지만 나만 피해를 보고 다른 사람은 이익을 봤다면 설사 그 피해가 크지 않더라도 더 심한 아픔을 느끼게 되는 것이다. 종합주가지수가 상승한 것도 상대적 피해의식을 주게 되지만 '양날의 검' 중 한쪽 날인 방산주 상승은 더 큰 상대적 박탈을 느끼게 했다.

한한령으로 인해 화장품, 엔터테인먼트 등 한류문화 관련주, 중국 관련주들이 하락한 반면 방위 산업과 관련된 주가들은 오히려 상승했다. 중국과의 갈등이 곧 군사적 긴장으로 나타날 수 있다는 우려가 반영된 결과였다. 당시 방산주 중 선두주자였던 풍산의 주가

차트19. 사드 배치 시기 종합주가지수 동향(월봉)

차트20. 풍산 주가 동향(월봉)

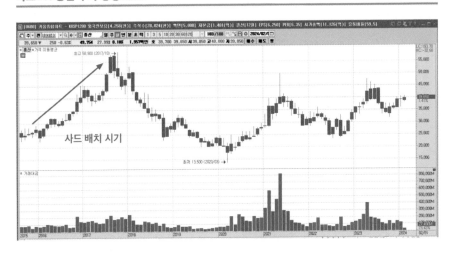

위기와 기회의 사이클

움직임(차트20)을 통해 양날의 검이 어떻게 작동했는지 확인할 수 있다.

중국은 미국 다음가는 세력으로 G2 국가의 지위를 누리고 있고, 다양한 분야에서 미국과 패권 다툼을 하고 있는 국가다. 그리고 우리에게 지리적으로 미국은 멀고 중국은 가까운 나라다. 그러나 정치적으로는 미국은 자유민주주의 세력의 맹주이고 중국은 사회주의 계열 국가들의 맹주 역할을 자처하고 있다. 과연 우리의 위치는 어디에 있는가? 우리는 지리적으로는 중국에 가깝고 정치적으로는 미국에 가깝다. 따라서 우리가 해야 하는 것은 어느 쪽으로도 치우치지 않는 중립외교다. 아니 중립외교보다는 상황에 맞게 우리나라의 국익을 최우선으로 하는 실리외교가 필요하다. 외교에서 균형을 잃으면 '게도 구럭도 모두 잃게 된다.'

역사는 반복된다. 지금도 우리는 균형을 잃은 외교를 하고 있다. 그 때문에 우리에게 가장 큰 시장이었던 중국 시장을 잃어가고 있고, 그 결과로 무역수지가 급감하는 충격을 겪고 있다. 정치가 곧 주식시장이 된다는 의미를 다시 상기해야 한다.

정치 상황을 무시하고 주식투자를 할 수는 없다. 공매도 금지 여부, 금융투자소득세 과세 여부 등도 지엽적으로는 모두 정치 상황과 관련이 있고, 글로벌 경제 교역이나 투자 환경 모두 정부의 정치 노선에 따라 영향을 받게 된다.

① 투자 관련 법안이 발표되면 반드시 숙지해야 한다. 스스로 이해하지 못한다면 관련 내용을 해설해주는 채널을 통해서라도 숙지해야 한다.

② 글로벌 정치 역학관계에 대해서도 주목해야 한다. 최근 투자 환경은 우물 안 개구리들은 이해하기 어렵다. 외신을 통해 정확한 해외 정보를 취할 수 있어야 한다.

③ 주식투자에 있어 '양날의 검'을 이해해야 한다. 하나의 재료는 악재나 호재로만 작용하지 않는다. 악재가 되는 곳도 있지만 호재가 되는 곳도 있다. 재료 발생 시 호재로 수혜를 받을 곳은 적극 매수하고, 악재로 피해를 보는 곳은 손절도 불사해야 한다.

11장

액면분할과
대중자본주의

액면분할을 하는 이유

액면분할과 주식분할은 같은 말이다. 영어로는 'Stock split'이라 쓰는데, 주식시장 환경에 따라 액면분할이라 부르는 곳이 있고 주식분할이라 부르는 곳이 있다. 그 핵심에는 주식을 발행할 때 액면가가 있는 액면주식과 액면가가 없는 무액면주식으로 하느냐의 차이가 있다. 우리나라는 주식에 액면가가 있는 액면주식 중심이다. 그런데 미국은 액면가가 없는 무액면주식 중심이다. 그래서 우리나라는 액면분할이라는 말을 쓰고 미국은 주식분할이란 말을 쓰는데 본질에는 차이가 없다. 하지만 뉴스에 나오는 말만 보면 혼동할 수 있어 그 차이를 이해하는 것이 필요하다.

　기업이 액면분할을 하는 이유는 크게 두 가지로 볼 수 있다. 첫 번째는 주가가 지나치게 높아서 개인 투자자들이 쉽게 주식을 살 수 없는 경우다. 액면분할을 하면 분할한 비율만큼 주가도 낮아져야 한다. 예를 들어, 10만 원짜리 주식을 2분의 1로 분할하면 주가는 5만 원이 되고, 10분의 1로 분할하면 1만 원이 된다. 그러므로 낮아진 주가로 인해 그동안 고가의 주식을 살 수 없었던 일반 투자자들이 매수할 수 있게 만들 수 있다. 두 번째는 거래량이 극도로 부진해 거래량 증가를 위해 액면분할을 하는 경우다. 거래량이 극도로 부진한 상장기업의 경우 상장폐지 가능성이 있다. 그걸 방지하기 위해 액면을 분할해서 예전의 같은 금액으로 거래해도 거래가 증가하는 것을 유도할 수 있다. 이런 이유들 이외에 액면분할을 한다면 그건 특수한 의도를 갖고 하는 것으로 볼 수 있다.

　액면분할을 하면 주식시장에서는 주가가 상승할 것으로 전망한다. 그 이유는 '상대적'으로 싸진 주가로 인한 착시현상 때문이다. 실제로 학문적으로 연구된 결과에 의해서도 유동성 효과라고 해서 일시적으로 주가가 상승하는 모습을 보이기도 한다. 그런데 액면분할은 무상증자와 함께 기업가치에 영향을 주지 않는 재무적인 의사결정이기 때문에 이론적으로는 주가가 변동해서는 안 된다고 볼 수 있다. 하지만 국내외 많은 기업들이 일반 투자자들의 주식 매수를 유발하기 위해 심심찮게 액면분할을 하고 있다. 아마 우리나라 역사상 가장 관심이 쏠렸던 사건은 삼성전자의 액면분할이었다.

삼성전자 액면분할

주식시장에서 주가가 100만 원이 넘는 주식을 "황제주"라고 부른다. 그리고 그중 가장 높은 주가를 기록하는 주식은 황제 중의 황제다. 이 황제가 스스로 왕관을 내려놓고 평민으로 내려온 사례가 우리 주식시장 역사에서 두 번 있었다. 첫 번째는 바로 SK텔레콤이다. 1990년대 말과 2000년대 초 무선통신과 IT 붐을 등에 업은 동사의 주가는 하늘 높은 줄 모르고 상승했다. 주당 400만 원이 넘는 주가를 기록했으니 황제 중 황제가 맞았다. 문제는 당시 거래소의 매매 규정상 유가증권 시장에 상장된 모든 주식은 10주 단위로 매매를 해야 한다는 것이었다. 이 규정을 적용해보면 SK텔레콤 주식을 한 번 사기 위해서는 적어도 4,000만 원은 있어야 했다.

당시 개인 투자자들의 경우 주식투자 평균 금액이 2,000만 원대였다는 점을 감안하면 4,000만 원 이상 주식투자를 하는 사람이 많지도 않았기 때문에 동사의 주식을 산다는 것은 언감생심이었다. 그런 이유 때문에 SK텔레콤의 거래량이 극도로 부진한 현상이 나타났고, 결국 문제가 되었다. 바로 코스피200지수 구성 종목에서 탈락할 위기에 처한 것. 코스피200지수에 편입된 종목의 기본 요건은 시가총액이 크고 거래가 잘되는 주식인데, 시가총액은 크지만 거래가 극도로 부진해서 지수에서 빠지게 된 것이다. SK텔레콤이 코스피200지수에서 빠지게 되면 시장 왜곡이 나타나 큰 문제가 발생할 위기에 놓였고, 이를 방지하기 위해 증권당국에서 SK텔레콤의 액면분

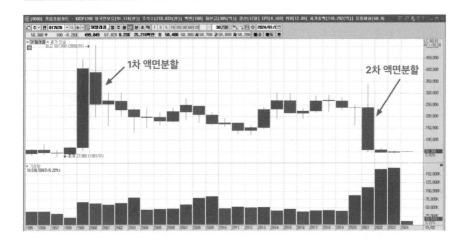

할을 적극 추진해 2000년 1월 액면가 5,000원을 10분의 1로 분할해서 500원이 되었다. 주가도 10분의 1로 낮추어 40만 원대로 내려앉혔는데, 그 후 2021년 한 차례 더 액면분할을 해서 지금 SK텔레콤의 액면가는 100원이 되었다. 당시 상황은 위의 차트에 고스란히 반영되어 있다.

SK텔레콤 이후 가장 높은 주가에 올랐던 종목이 바로 삼성전자다. 삼성전자의 주가는 반도체 경기 호황에 힘입어 역대 최대의 영업이익을 연달아 기록하면서 높은 주가 상승을 보였고, 2017년 11월 2일 287만 6,000원까지 올랐다. 그러던 중 2018년 1월 31일 전격적으로 5,000원 액면을 100원으로 50분의 1 액면분할 공시를 한 것이다. 그러면서 액면분할의 목적을 '유통 주식 수 확대'로 발표했다.

삼성전자의 액면분할은 회사의 발표대로 유통 주식 수 확대를 목적으로 할 수 있다. 그러나 당시는 2000년 SK텔레콤의 액면분할 상항과는 달랐다. 1주당 300만 원에 육박하는 고주가이긴 했지만 거래소 규정의 개정으로 단주(1주) 매매가 가능해서 누구든 300만 원 정도만 있으면 삼성전자의 주식을 매수할 수 있었다. 당시 기관 투자자들이나 외국인 투자자들도 삼성전자를 매수하는 데 전혀 무리가 없었고 거래량도 충분해 '황제 중의 황제' 자리에서 왕관을 벗고 5만 원대의 '평민' 주식으로 스스로 내려오는 결정에 대해 이해하지 못한 투자자들도 많았다.

삼성전자의 액면분할로 인해 삼성전자의 주식 수는 약 60억 주가 되었다 그리고 주가도 액면분할 직전 268만 2,000원의 50분의 1이 되어 5만 3,000원으로 내려앉았다.

과연 삼성전자가 액면분할을 한 이후 유통 주식 수 증가와 함께 유동성 효과가 발생해서 주가가 올랐을까? 액면분할 효과를 포함한 주가 동향과 액면분할 효과를 감안한 수정 주가 동향을 통해 삼성전자 액면분할 전후의 주가 동향을 살펴보면 다음(차트22)과 같다.

삼성전자가 액면분할을 발표한 이후 주식시장에는 온통 호재로만 인식하는 전문가들이 많았다. 그들의 논리는 우리나라에서 가장 좋은 회사, 그래서 액면분할로 인해 주가가 낮아지면 강력한 유동성 효과가 나타날 것이라는 기대감을 근거로 삼았다. 그러나 액면분할은 기업가치에 영향을 미치지 못하고 액면분할 이후 주가는 기업 실적에 좌우된다. 삼성전자의 액면분할 전후 주가 동향에서 알 수 있

차트22. 액면분할과 삼성전자 주가 동향(월봉)

액면분할 효과

차트23. 삼성전자 액면분할 이후 주가 동향(주봉)

액면분할 이후
주가 하락 국면

위기와 기회의 사이클

는 바와 같이, 삼성전자의 액면분할은 주가에 호재로 작용하지 못하고 하락하는 모습을 보였다. 황제가 평민이 된 의도를 시장에서는 의아하게 생각하기에 충분했다.

대중자본주의의 빛과 그림자

대중자본주의란 기업의 주식을 더 많은 투자자들이 보유하게 함으로써 주식을 투명하게 분산하는 것이다. 과거 대중자본주의 확립을 위해 한국전력과 포스코를 국민주라는 이름으로 일반인들에게 공모한 사례도 있었다. 자본주의의 발전이라는 측면에서 보면 더없이 좋은 제도로 보인다. 그런데 아무리 좋은 제도라고 하더라도 그 제도를 이용하는 사람에 따라 전혀 다른 결과를 가져오기도 한다. 삼성전자 스스로는 그 의도가 없다손 치더라도 한 번쯤은 숨은 의도를 유추해볼 필요도 있기에 시장에서 논의된 내용을 소개하면 다음과 같다.

삼성그룹은 그동안 3세 승계 작업을 이어왔고, 삼성물산과 제일모직의 합병을 통해 삼성전자를 완전히 지배함으로써 승계 작업이 마무리되었다고 판단했을 가능성이 크다. 그럼 그다음 단계의 작업은 어떤 경우라도 삼성전자를 다른 사람에게 뺏기지 않을 장치를 하는 것이다. 그러기 위해서는 주식을 모래알처럼 잘게 쪼개서 흩어놓을 필요가 있다.

삼성전자의 외국인 주식 보유 비중이 50%를 넘고 있어 착시 효과가 있을 가능성이 있지만, 삼성전자 주식의 20% 이상을 대주주 본인과 특수 관계자들이 보유하고 있다. 현재까지는 삼성전자를 지배하는 것에 문제가 없지만 혹시 누군가 삼성전자에 대해 적대적 M&A를 시도한다면 삼성전자로서도 부담이 아닐 수 없다. 이를 막기 위해 (주식의 분산이 잘 되면 잘 될수록 주식의 결속력이 떨어질 가능성이 크기 때문에) 주식 수를 잘게 분산하는 방법을 택했다는 것(60억 주 액면분할)이 시장의 중론이다.

대중자본주의의 문제점은 투자자들에게 주주총회 참석에 대한 욕구를 떨어뜨린다는 것이다. 예를 들어, 누군가 삼성전자 주식을 1,000주 보유하고 있다고 하자. 결산 이후 주주총회 참석과 관련해서 참석요구서를 받았다고 할 때, 과연 몇 명이나 주주총회에 참석하려 할까? 60억 주 중 1,000주라고 하면 자신이 보유한 주식의 지분율이 너무 미미해서 참석하려는 생각조차 하지 않게 될 가능성이 크다. (갤럭시 휴대폰을 기념품으로 준다면 모를까!)

주식과 채권의 차이 중 하나는 주식은 배당을 하고 채권은 정해진 이자를 받는 것이다. 배당은 기업의 실적에 따라 금액이 달라질 수 있다. 그러나 채권은 정해진 이자를 정해진 시기에 받게 된다. 만약 주식에 대해 매번 일정한 금액을 배당한다면 투자자들은 스스로를 주식을 보유한 주주가 아니라 채권을 보유한 채권자로 착각할 수 있다. 주주는 회사 경영에 참여할 수 있지만 채권자는 그렇지 못하다. 대중자본주 구현을 위해 액면분할을 한 것이 혹시 주주가 자신을 채권자로 인식하도록 하는 효과가 있다면, 주주총회에서 이루어지는 모든 결정은 최대주주 내지는 경영자들이 원하는 것들로만 결정할 수 있게 된다. 그것은 대리인 이론을 내세우지 않더라도 일반 주주에게 이익이 되지 않을 것이다. 대중자본주의의 어두운 이면을 이해하는 것이 필요하다.

액면분할은 이사회의 결의로 이루어진다. 그래서 회사는 자신들의 필요에 따라 액면분할을 결정할 수 있고, 이런 작업은 앞으로도 지속적으로 나타날 가능성이 크다. 그때 판단 기준을 제시하면 다음과 같다.

① 먼저 액면분할은 기업가치에 영향을 주지 않는 재무적 의사결정이다. 단기적으로는 유동성 효과로 인해 주가가 상승할 수 있지만, 장기적으로는 주가 상승의 이유가 없다.

② 액면분할로 인해 유동성 효과가 나타나는 경우가 있지만, 이런 경우는 지나치게 높은 주가를 기록한 기업에 한정된다. 대부분은 거래량 부진으로 상장폐지 가능성이 있는 기업들이 할 가능성이 크다.

③ 액면분할 이후 주가 움직임은 기업 실적에 좌우된다. 액면분할 자체에 주목하기보다는 액면분할 이후에 기업 실적이 호전되는지를 살펴야 한다.

④ 아무리 주식 수가 적더라도 위임장 제도를 이용하는 등 주주총회를 통한 경영 참여에 적극적으로 나서야 한다.

12장

욕망의 정해진 미래

수익을 향한 인간의 욕구

금융투기의 역사가 반복되는 이유는 돈에 대한 인간의 욕구가 변하지 않기 때문이다. 돈을 벌고 싶다는 사람의 욕구는 동서고금을 막론하고 꺾이지 않는다. 2007년 금융위기 이후 2020년 이전까지는 저금리 상황이 이어지면서 사람들의 수익에 대한 욕구가 좀처럼 분출되지 못하는 상황이었다. 미국은 지속적으로 제로 금리를 유지했고, 우리나라도 1%대의 기준금리와 2% 미만의 예금금리 상황이 이어졌다.

'72의 법칙'이 있다. 이는 '72÷수익률'로, 그 몫이 내 자산이 2배

표13. 주요 금리 동향

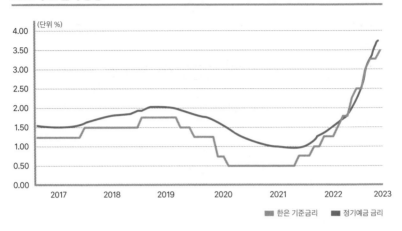

되는 데 걸리는 기간을 말한다. 시중 예금금리가 2%라면 지금 1억 원을 예금해서 원금과 이자를 합쳐 2억 원이 되는 데 36년이 걸린 다는 것이고, 만약 1%대의 금리라면 그 기간은 72년이 되는 것이다. 저금리 상황이 좋은 것 같아도(부채를 부담하는 채무자들에게는 좋을지 몰라도), 안전자산에 투자를 하고자 하는 사람들에게는 재산을 늘릴 기회를 잡지 못하는 상황이 되는 것이다. 당시 금리 상황을 살펴보 면 위와 같다.

저금리 상황이 이어질 당시 부동산 가격과 암호화폐 가격이 급 등하면서 안전자산 투자자들은 물론이고 주식투자에 전념했던 사 람들이 겪은 상대적 박탈감은 극에 달했다. 이런 상황에서 마땅한 투자처를 찾지 못하고 은행 등 금융기관에 잠겨 있던 돈의 양은 지 속적으로 늘어나고 있었다. 당시 은행과 비은행의 예금 수신고와 우

표14. 본원통화 및 금융기관 수신고

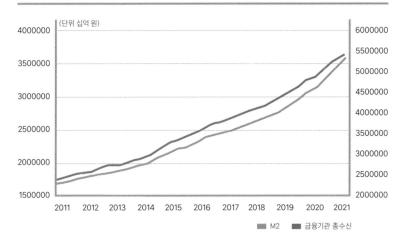

리나라 통화량을 보여주는 그래프는 위와 같다.

중앙은행에서 시중에 풀어놓은 돈의 양은 본원통화(M2)로 알아볼 수 있다. 2011년 1분기 1,676조 원 규모에서 2020년 1분기 2,956조 원까지 늘어났고, 저금리 상황임에도 불구하고 은행과 비은행 금융기관에 예금으로 잠겨 있었던 자금 규모는 같은 기간 2,403조 원에서 4,650조 원까지 늘어났다. 특히 휘발성이 강한 예금의 경우 같은 기간 2,247조 원이나 늘어났다. 이 돈은 수익을 낼 수 있는 기회만 생기게 되면 수익을 찾아 언제든 움직일 수 있는 돈이다.

코로나 팬데믹이 가져온 투자 기회

영화 〈월스트리트〉의 후속작 원제는 '돈은 결코 잠들지 않는다 Money never sleeps'이다. 돈의 속성을 가장 잘 보여주는 글귀다. 돈은 그 무엇이든 방아쇠만 당겨지면 총알처럼 튀어나간다. 9.11테러, 글로벌 금융위기, 코로나 팬데믹 등 서로 다른 사건으로 보이지만 주가를 급락시키는 외부요인이 발생하면 지금까지 반복된 학습 효과에 의해 돈이 주식시장으로 몰려오는 현상이 공통적으로 벌어졌다.

코로나 팬데믹은 글로벌 공급망의 교란, 무역 등 교역의 감소 등 경제를 침체에 빠뜨릴 것이란 불안감을 증폭시켰고 2020년 3월 11일 세계보건기구WHO에서 공식적인 팬데믹을 선언했다. 주식시장 에서는 패닉이 벌어지면서 주가가 급락하는 현상이 벌어졌다. 그러 나 주가 급락을 틈타 주식시장으로 돈이 들어오기 시작하면서 주가 는 급반전해서 급등세를 보였다. 예금을 해약하고 여기저기 쌓아두 었던 돈이 주식시장으로 들어오면서 바야흐로 강력한 유동성 장세 가 나타났다. 주식시장의 직접적인 수요인 고객예탁금과 가수요인 신용잔고 그리고 주가 동향을 살펴보면 다음(차트24)과 같다.

차트에서 확인할 수 있는 바와 같이, 고객예탁금은 지수 급락 이 전부터 증가하는 모습을 보이고 있고, 주가가 급락한 이후 급반등하 는 것에 발맞춰 가수요인 신용잔고도 급증하는 모습을 보였다. 특히 고객예탁금의 경우 2020년 2월 14일 28조 3,000억 원대였던 것이 2021년 5월 3일 77조 9,000억 원대까지 늘어났다. 이때 주식시장으

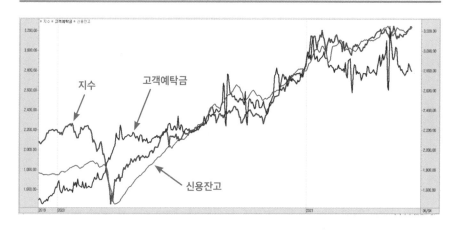

로 밀려들어온 투자자를 "동학개미"라고 불렀다. 동학개미들이 주가를 올리면서 동학개미운동이 시작되었는데, 그들의 힘에 의해 당시 종합주가지수는 2020년 3월 16일 1,439포인트를 저점으로 2021년 6월 21일 3,316포인트까지 쉼 없이 상승하는 모습을 보였다. 유동성 장세가 펼쳐졌으니 시가총액 상위 종목들이 시장을 이끌었지만, 그중 눈에 띄게 나타난 주도주는 BBIG(바이오, 배터리, 인터넷, 게임)였고, 대표적인 종목인 BBIG7(삼성바이오로직, 셀트리온, LG화학, 삼성SDI, 카카오, 네이버, 엔씨소프트)은 단기간에 100% 이상씩 상승했다. 당시 주도주의 성격은 바이오는 코로나 팬데믹 기간이므로 당연히 포함될 수 있었던 것이지만 배터리는 환경 문제와 함께 전기차 시장의 호조가 있었고 인터넷과 게임의 경우는 4차 산업과 관련된 종목이었다.

각 주가의 상승 국면에서 주도주는 당시의 시대 상황을 반영해서 움직인다. 이 말은 주도주가 되기 위해서는 그에 걸맞은 스토리가 있어야 한다는 것이다.

동학개미운동에서 누가 돈을 벌었나

동학개미운동이 벌어졌던 2020년 3월부터 주가가 정점을 찍은 2021년 6월까지 주식시장은 정말 뜨거웠다. 하지만 주식시장에서 모두가 행복한 결말이란 존재하지 않는다. 제로섬 게임을 해야 하는 주식시장에서 누군가 큰 수익을 남겼다면 누군가는 그 좋은 시장에서 손실을 보게 된다. 그게 냉정한 머니 게임의 속성인 것이다. 과연 누가 벌고 누가 잃었을까?

그 결과를 살펴볼 수 있는 것은 2021년 4월 발간된 자본시장연구원의 연구보고서다. 이 보고서는 2020년 3월부터 10월까지 총 20만 명의 고객 표본을 이용해 거래 행태 및 수익률을 점검했는데, 매우 의미 있는 결과를 보여줬다. 같은 기간 꾸준히 매수하고 보유했던 외국인과 기관 투자자들은 큰 수익을 올렸다. 그러나 개인 투자자들의 거래 동향에 주목해볼 필요가 있다. 일반 투자자들의 경우 코로나 팬데믹 이전부터 투자한 기존 투자자들의 분석 기간 누적수익률은 18.8%였고 신규 투자자들은 5.9%에 불과했다. 거래세와 수수료 등 거래비용을 제외하면 기존 투자자들의 경우 15%의 수익을 기록했지만 신규 투자자들은 -1.2%의 손실을 기록한 것으로 나타났다. 분석 기간은 동학개미운동이 가장 강력하게 일어난 기간이라는 점에서 주목할 필요가 있다.

분석 기간 동안 기존 투자자 중 39%가 투자 손실을 기록했는데 신규 투자자의 62%가 투자 손실을 기록했다는 점은 준비 없이 무턱대고 주식시장으로 들어온 사람들은 수익을 올리기 어려웠다는 것을 알려준다. 연구 자료에서 이러한 신규 개인 투자자의 실망스러운 성과의 원인 중 가장 큰 이유로 잦은 거래를 제시하고 있다. 기존 투자자의 경우 일간 거래회전율은 6.5% 수준인데, 신규 투자자의 거래회전율은 기존 투자자의 2배에 이르는 12.2%라는 높은 수치를 보였다. 이를 보유 기간으로 환산하면 기존 투자자는 15.4거래일 정도 보유하고, 신규 투자자는 8.2거래일만 보유한 것이다. 특히 20대, 남성 그리고 소액 투자자일수록 거래회전율이 높게 나왔다. 1,000만 원 이하 소액 투자자의 거래회전율은 30%에 육박했는데, 이는 2~3일만 보유하고 매도한 것이다. 여기에 하루에 매수매도가 일단락되는 일중거래(단타매매)의 거래 비율은 20대 그리고 소액 투자자에서 75% 수준에 육박했다.

이러한 잦은 매매는 결국 거래비용 증가로 이어지면서 수익률을 악화시켰다. 상승장에서 이 종목 저 종목 계속 갈아타면서 큰 수익보다는 작은 수익에 만족하는 매매를 한 것이다. 그리고 수익률을 극대화해야 하다 보니 소위 잡주라고 부르는 복권형 주식을 선호하고, 리딩방의 영향으로 사람들의 단기군집 거래에 동조화되어 매매되는 모습이 나타나면서 상투를 자주 잡게 되니 결국 수익은 작게, 손실을 크게 발생하는 투자가 신규 투자자들 사이에서 자주 발생한 것이다. 결국 외국인과 기관 투자자 그리고 IPO가 늘어나면서 돈은 기업 손으로 들어가고 개인 투자자들은 손에 쥔 돈 없이 손실이 커지는 결과를 내면서 동학개미운동은 저물어갔다.

투기의 역사는 되풀이된다

돈을 향한 인간의 욕심이 사라지지 않는 이상 투기의 역사는 되풀이된다. 그리고 모든 투기의 결말은 코로나 팬데믹 이후 나타난 동학개미운동의 결과와 비슷하게 마무리된다.

주식시장에 먼저 들어와서 충분한 경험을 쌓은 개인 투자자들은 살아남는다. 그리고 막대한 자금력을 동원하고 장기투자를 기본으로 하는 외국인과 기관 투자자들은 큰돈을 번다. 주식시장에 돈이 넘치고 주가가 올라가면 그 틈을 타서 기업들은 유상증자와 IPO를 추진한다. 그러면 결과적으로 주식시장으로 들어왔던 돈은 외국인과 기관 투자자 그리고 기업들 손으로 들어가고, 개인들은 눈물을 흘리면서 시장을 떠나게 된다.

이런 역사를 되풀이하지 않기 위해서는 남들보다 먼저 움직이고, 또 잦은 매매를 삼가야 한다. 정보의 홍수는 많은 정보를 투자자들 손에 쥐어주는 것 같아도, 실제로 그 정보들은 돈이 되지 않는 경우가 훨씬 많다. 정보의 가치란 이런 것이다.

① 나도 알고 남들도 다 아는 정보의 가치는 '제로'다. 인터넷상에서 확인할 수 있는 모든 정보는 투자가치가 없는 정보다.

② 내가 알고 있는 정보와 남들이 알고 있는 정보가 다른데, 특히 내가 알고 있는 정보가 정확한 경우 정보의 가치는 플러스(+) 값을 갖는다. 투자가치가 있는 정보인데, 개인이 이런 정보를 갖기는 힘들다.

③ 내가 알고 있는 정보와 남들이 알고 있는 정보가 다른데, 특히 남들이 아는 정보는 정확하지만 내가 알고 있는 정보가 진실이 아닌 경우 정보의 가치는 마이너스(-) 값을 갖는다. 문제는 기업의 경영자, 대주주는 정확한 정보를 갖지만 개인은 그렇지 못하다는 점에서 기울어진 운동장에서 플레이를 해야 하는 상황에 직면하게 된다.

동학개미운동과 같은 폭발적인 주식시장의 움직임은 길게는 10년에 한 번, 짧게는 5년에 한 번 정도는 나타난다. 수익을 얻기 위해 종잣돈을 모으고 스토리 있는 주식을 발굴해서 장기투자를 할 준비를 해야 수익을 얻을 수 있다.

외부요인에 의해 주가가 급락하는 경우 학습 효과로 인해 주식시장으로 돈
이 몰리면서 주가가 급등하는 모습이 종종 나타난다. 이때 손해 보지 않고
수익을 내기 위해서는 이렇게 해야 한다.

① 돈이 몰리면서 주식시장이 상승하는 경우 무조건 시가총액이 큰 종목을
   산다. 종목 선정에 어려움이 있다면 시가총액 1~3위까지의 종목을 매수
   하라. 그러면 평균 이상은 한다.
② 주도주는 스토리가 있어야 부상한다. 예를 들어, 4차 산업, 인공지능, 2차
   전지 등은 미래와 관련된 산업이다. 이런 스토리를 이해하기 위해서는
   끊임없이 독서를 해야 한다. 스스로 생각하고 판단하지 못한다면 시총
   상위주를 노릴 수밖에 없다.
③ 시장이 뜨기 시작하면 상대적 수익률은 떨어지더라도 종목을 갈아타지
   말아야 한다. 잦은 매매는 투자 실패의 지름길이다.

위기와 기회의 사이클

13장

열풍의 순풍과 역풍2. 공모주 청약

기업의 자금 조달 원칙

사업을 하기 위해서는 자금이 필요하다. 기업이 자금을 조달할 수 있는 경로는 크게 두 가지다. 첫 번째는 주식을 발행하는 자기자본 조달이 있고 두 번째는 부채로 조달하는 타인자본 조달이 있다. 주식투자자라면 어떤 상황에서 주식을 발행하고 또 부채로 자금을 조달하는지 알 필요가 있다. 이를 이해하기 위해서는 기업이 '장사꾼'이라는 사실을 잊어서는 안 된다. 장사꾼은 살 때는 가급적 싸게 사려고 하고 팔 때는 가급적 비싸게 팔려 한다. 그래서 밑지고 판다는 장사꾼의 말은 거짓이라고 말하지 않던가.

기업의 내부자라면 자기 회사의 주가가 어느 정도 되어야 하는지 정확치는 않아도 대체로 알고 있다. 여기서 말하는 내부자란 회사의 과장, 부장 등을 말하는 것이 아니라 적어도 등기이사 이상의 경영 의사결정권을 갖는 사람을 말한다. 주식 발행이나 부채 조달이나 이 사회에서 결정하는 경우가 많으니 이사회 멤버 정도 되는 사람들로 정의해도 되겠다.

만약 어느 기업의 주식가치가 2만 원 정도 된다고 내부자들이 판단했다고 하자. 그런데 주식시장에서 주가 1만 5,000원 정도에 거래되고 있다면 절대 주식을 발행하지 않고 부채로 자금을 조달해서 만기가 되면 원리금을 상환하려고 할 것이다. 2만 원짜리를 1만 5,000원에 팔 장사치는 없을 테니 말이다. 그런데 주식시장이 활황을 보이면서 주가가 3만 원까지 올랐다고 한다면 무조건 주식을 발행하려고 할 것이다. 2만 원짜리를 3만 원에 팔 수 있는데 어느 장사꾼이 그런 기회를 마다하겠는가? 아마 이런 경우에는 돈이 필요 없더라도 증자나 비상장기업의 기업공개를 추진할 것이다. 물 들어왔을 때 노를 저어야 할 테니 말이다.

이런 구조를 이해했다면 기업들이 언제 주식을 공모할지 답은 뻔하다. 주가가 올라 기업가치보다 더 높게 거래될 때 주식공모가 쏟아진다. 먼저 종합주가지수 그래프에서 시장 상승 기간을 확인해보면 다음(차트25)과 같다.

2020년 코로나 팬데믹 이후 동학개미운동이 벌어지면서 주식시장은 폭발적인 상승을 보였다. 주가 상승기에 주식공모가 많아진다

위기와 기회의 사이클

차트25. 코스피지수 동향

표15. 증시 자금 조달 규모

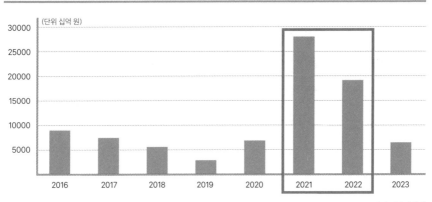

출처: 금융감독원

는 것은 실제로 유상증자를 포함해서 주식시장에서 자금을 조달해 간 상황(표15)을 보면 주가 상승 시에 얼마나 많은 기업들이 주식시 장에서 돈을 흡수해갔는지 알 수 있다.

시장이 상승해서 정점에 이르는 2021년은 증시 자금 조달 금액 도 정점에 이른다. 2021년에만 약 28조 원 이상의 주식 발행이 이루 어졌고 그 이듬해인 2022년에도 주식 발행 금액이 19조 원을 넘어 섰다. 주식시장이 활황일 때 기업들이 주식 발행에 나선다는 것을 확인할 수 있다.

치열한 공모주 청약 전쟁

시장이 활황을 보이면 IPO에 나서는 기업들도 자연히 증가한다. 상장을 하기 위해 주식공모에 나서는 경우 주식시장이 상승세에 있 으면 공모 가격도 높일 수 있기 때문이다. 공모 가격이 높아지면 기 업들은 더 많은 자금을 주식 매각을 통해 조달할 수 있다. 얼마나 많은 기업들이 공모에 나섰는지는 주식공모와 관련된 자료를 보면 확인이 가능하다.

첫 번째는 주식시장에 신규로 상장하는 기업 건수다. 주식공모 이후에 상장이 되니 신규 상장 종목 수를 보면 얼마나 많은 기업들 이 상장을 추진했는지 확인할 수 있다. 참고로 최근에는 SPAC(기업 인수목적회사) 상장도 많아 이는 제외하고 집계한 것이다. 코로나 팬

표16. 신규 상장 종목 수

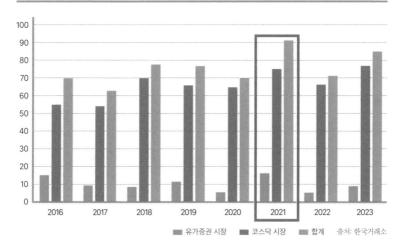

데믹 이후 주식시장이 정점을 기록한 2021년 신규 상장한 종목 수가 제일 많은 것을 확인할 수 있다.

두 번째는 기업들이 물들어왔을 때 노를 얼마나 제대로 저었는지 확인할 수 있는 공모 금액 관련 자료다. 주식시장이 활황을 보였을 때 늘어나는 공모 금액과 상장 당시 시가총액을 확인해보자.

2021년 공모 금액은 20조 원 규모였고 2022년에는 16조 원 이상을 주식공모로 자금을 조달해갔다. 그리고 공모에 참여하지 못했던 사람들이 상장된 이후 주식을 사기 위해 뛰어들면서 만들어낸 시가총액은 2021년에 103조 원, 2022년에 약 86조 원이 되었으니 주식시장으로 몰려들었던 수많은 자금들이 어느새 기업들 손으로 흘러들어가버리는 현상이 벌어진 것이다.

표17. 공모 금액 및 시가총액

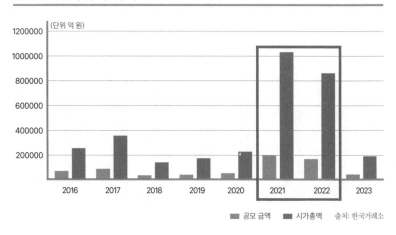

유럽의 전설적인 투자자 앙드레 코스톨라니는 주식시장에서 투자자들의 행동이 마치 레밍과 같다고 말했었다. 레밍은 무리의 선두에 선 한 마리가 바다에 뛰어들면 다 같이 바다에 뛰어들어 죽는 행동을 한다. 즉, 우두머리나 자신이 속한 무리가 하는 대로 맹목적으로 따라 하는 집단적 편승 효과를 가리키는 말이다. 이렇게 공모 시장에 불이 붙으면 사람들의 시선은 자연히 공모주 청약으로 몰린다. 마치 자신이 타죽는지도 모르고 불구덩이 속으로 뛰어드는 불나방들과 같다.

사람들이 얼마나 청약 시장으로 몰리는지는 청약 경쟁률을 통해서 알 수 있다. 금융감독원에 따르면 연도별 평균 청약 경쟁률이 발표된 2019년에는 509대1, 2020년에는 956대1, 2021년에는 무려 1,136대1을 기록했다. 이렇게 되면 공모주 청약을 한다손 치더라도 배정받는 주식 수는 10주도 되지 않은 수준이다. 즉, 발품도 나오지 않는 투자라는 것이다.

공모주투자의 허상을 보라

주식시장이 활황일 때 공모주에 투자하는 것은 주가가 부풀려진 상태에서 매수하는 것과 같다. 그래서 좋은 투자 결과를 기대하기 어렵다. 공모 금액별로 1조 원이 넘는 공모 기업이 얼마나 있었는지 규모별 상황을 보면 다음과 같다.

코로나 팬데믹을 전후해서 1조 원 이상을 공모한 기업은 2021년

표18. 공모 규모별 기업 수

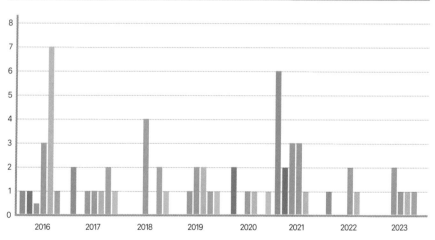

회사명	공모가	공모 주식 수	공모 금액	평균 청약 경쟁률
카카오페이	90,000원	17,000,000주	1조 5,300억 원	29.6대1
현대중공업	60,000원	18,000,000주	1조 800억 원	810대1
크래프톤	498,000원	8,654,230주	4조 3,098억 원	7.8대1
카카오뱅크	39,000원	65,450,000주	2조 5,526억 원	182.7대1
SK아이이테크놀로지	105,000원	21,390,000주	2조 4,460억 원	288.2대1
SK바이오사이언스	65,000원	22,950,000주	1조 4,917억 원	355.3대1

6개사, 2022년 1개사다. 2021년 6개사의 공모 현황은 위와 같다.

투자자들이 공모주투자에 나서는 이유 중 하나는 신규 상장시 주가 결정 과정에 있다. 과거에는 시초가가 공모가의 90~200% 사이에서 결정됐다. 그리고 결정시초가 대비 상하한가 금액도 정해졌는데, 여기서 나온 용어가 '따상', '따상상'이다. 따상은 공모가의 200%에서 시초가가 결정되고 그날 상한가를 기록하면서 마감되는 것이고, 따상상은 하루 더 상한가를 기록하는 것을 말한다. 그만큼 시장이 뜨거웠다는 것을 의미한다. 그리고 이 규정은 2023년 6월 공모가의 60~400% 사이에서 시초가를 결정하는 것으로 변경되면서 투기의 장을 더 활짝 열어준 꼴이 되었다.

공모주투자는 성공했을까? 물론 공모를 받은 이후 단기적으로 주식 매도를 하면 수익을 낼 수도 있었을 것이다. 다만 배정받은 주식 수가 얼마 되지 않는 것이 문제라면 문제다. 카카오페이의 경우 최대 3주, 현대중공업 최대 2주, SK바이오사이언스 최대 7주 등의

배정을 받았으니 점심값 정도의 수익을 얻을 수 있었을 것이다.

그러나 부풀려진 공모가 그리고 몰려드는 투자자들로 더욱 부풀어오른 주식에 투자한 결과는 어떻게 되었을까? 2021년 1조 원 이상 공모한 기업 중 바이오 기업으로 가장 관심을 끌었던 SK바이오사이언스의 주가 동향을 살펴보자.

SK바이오사이언스의 공모 가격은 6만 5,000원이었고 시초가는 13만 원에 결정되었다. 그리고 36만 2,000원까지 올랐던 주가는 지속적으로 내리막길을 걸어 결국 공모가 수준을 밑도는 상황까지 벌어졌다. 공모주투자가 단기매매를 통해서는 어느 정도 수익을 낼 수 있지만, 장기적인 관점에서는 그렇게 매력적이지 않다는 것을 보여주는 결과다.

주식시장이 활황을 보이면 기업들은 기업공개나 유상증자를 통해 증시에서
자금을 조달해간다. 이럴 때 어떻게 행동해야 하는지 살펴보자.

① 주식공모나 증자가 급증하면 주식시장의 상승 추세가 꺾일 수 있다. 전
   체적인 시황 측면에서 주가 고점 가능성을 높게 봐야 한다.
② 공모주투자는 가급적 조심하는 것이 필요하다. 수익률은 좋을지 모르지
   만, 실제로 수익을 얻는 금액은 미미하다는 점을 알아야 한다. 즉, 발품
   이 제대로 나오지 않는 투자다.
③ 남들이 가지 않는 뒤안길에 꽃길이 있다는 증시 격언을 되새겨야 한다.
   공모주투자를 할 노력이면 차라리 시장에서 저평가된 종목을 찾는 노력
   을 하라.

14장

열풍의 순풍과 역풍3.
인터넷은행

핀테크 열풍, 인터넷은행이 부상하다

핀테크 열풍은 한류드라마의 유행으로부터 세상의 중심으로 들어왔다. 2014년 SBS를 통해 방영된 드라마 〈별에서 온 그대〉가 중국에서도 방영되면서 주인공 천송이가 입었던 코트가 중국 내에서 신드롬을 일으켰다. 드라마를 본 중국 여성들이 한국 쇼핑몰 사이트에서 '천송이 코트'를 직구하려고 했으나 공인인증서를 요구하는 구매 절차로 인해 구매를 할 수 없었다. 이런 불편함을 해소하기 위해 이후 금융당국은 우선 전자금융감독규정 시행 세칙을 개정해 공인인증서 의무사용 규정을 폐지했다. 이에 따르면 온라인에서 30만 원이 넘는 상품을 구매할 경우 공인인증서만 쓰도록 했던 규정을 폐지하고 공인인증서나 다른 대체인증 수단 가운데 어느 하나를 쓸 수 있도록 한 것이다.

2014년 말부터 공인인증서를 비롯해 인터넷전문은행, 간편결제, 액티브X, 스타트업 등과 같은 단어들과 함께 회자되기 시작한 단어가 '핀테크fin-tech'다. '핀테크'는 '금융finance'과 '기술technology', 즉 정보기술IT이 결합된 금융 시스템 기술 서비스 자체를 지칭하는 용어다.

최근까지 진행되어온 IT와 금융의 융합은 크게 4가지 영역으로 분류할 수 있다. 지급 결제, 금융 데이터 분석, 금융 소프트웨어, 플랫폼 등이다. 먼저 ① 지급 결제는 일반 금융 소비자가 가장 친숙하게 여기는 분야다. 핀테크 회사의 대명사로 불리는 페이팔이 지급 결제 회사의 전형이다. 대표적인 서비스로 애플페이, 삼성페이, 카카오페이 등이 있는데, 지급 결제 서비스는 사용자가 쓰기 쉽게 만드는 게 첫 번째 요건이다. ② 금융 데이터 분석의 경우는 고객의 금융 거래를 바탕으로 신용도를 파악해 적절한 이자율을 계산하는 일을 주로 하고 있다. ③ 금융 소프트웨어는 금융 업무를 더 효율적으로 만드는 소프트웨어를 제공하는 일을 가리킨다. 리스크 관리나 회계 업무 등을 더 효율적으로 만드는 것도 여기에 속한다. ④ 플랫폼은 금융기관이 가운데 끼지 않고도 전 세계 고객이 자유롭게 금융 업무를 처리할 수 있는 기반을 제공하는 분야다.

우리나라에서도 핀테크 바람을 타고 인터넷은행 설립이 가속화되었다. 제일 먼저 설립된 곳은 케이뱅크였고 두 번째는 카카오뱅크

위기와 기회의 사이클

그리고 토스뱅크가 세 번째로 진행되고 있다. 인터넷은행은 다음과 같은 장점을 바탕으로 세간의 관심을 끌었다. ① 24시간 업무의 시간에 구애받지 않고 모바일 대출 상품을 이용할 수 있고, ② 빅데이터를 이용해 신용등급 및 신용점수가 낮은 사람들도 대출이 가능한 인터넷은행은 휴대폰 및 비금융 정보를 활용해 빅데이터 기반의 신용평가 시스템을 구축하고 있으며, ③ 고객에게 맞춤 서비스를 제공하면서 금융 상품을 폭넓게 제공하고 대출 등에 필요한 서류가 간소하다. 쉽게 말하면, 빅데이터를 이용해 대출을 손쉽게 받을 수 있는 세상이 된 것이다.

카카오뱅크의 상장과 버블 형성

카카오뱅크는 2016년 1월 설립되어 2017년 7월 영업을 시작했다. 카카오뱅크는 100% 모바일 기반의 인터넷은행으로 출범 초부터 시중은행을 위협할 경쟁력을 지닌 인터넷은행이라는 평가를 받았다. 실제로 카카오뱅크는 모기업인 국민메신저 카카오 기반의 플랫폼을 탑재, 시중은행과의 디지털 경쟁력에서 차별화된 우위를 점해갔다. 당시에는 획기적이었던 원앱 전략을 구사해 하나의 앱에서 모든 은행 업무를 처리할 수 있도록 했으며, 공인인증서 등 복잡한 절차를 생략하는 한편 지문 인증과 패턴 잠금 등의 기능이 카카오뱅크가 출범 초부터 구사했던 간편화 전략이다. 최근에는 계좌 이체도 6자리 비밀번호와 지문 인식, 얼굴 인식만으로 가능하며, 비대면 실명 인증을 통해 계좌 개설도 가능했다. 이런 장점들을 바탕으로

표19. 카카오뱅크 가입자 수 추이

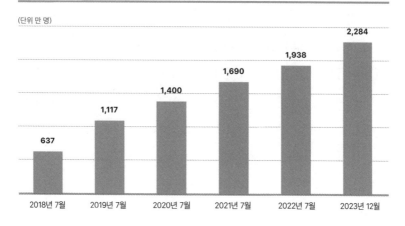

(단위 만 명)

- 2018년 7월: 637
- 2019년 7월: 1,117
- 2020년 7월: 1,400
- 2021년 7월: 1,690
- 2022년 7월: 1,938
- 2023년 12월: 2,284

카카오뱅크에 대한 사람들의 관심이 커지면서 가입자 수도 폭증하는 모습을 보였다. 카카오뱅크의 가입자 수 추이는 위와 같다.

카카오뱅크는 핀테크 열풍과 코로나19 이후 주식시장의 상승을 이끈 동학개미운동에 힘입어 2021년 8월 6일 주식시장에 상장되었다. 상장 당시 공모가는 3만 9,000원. 카카오뱅크의 상장은 인터넷은행으로서는 국내 최초이며, IBK기업은행 이후 27년만의 은행주 상장이었다.

카카오뱅크는 상장 첫날 종가 기준 33조 1,620억 원의 시가총액을 기록하며 코스피 상장 종목 중 11위에 안착했고, 이는 기존 금융권 대장주였던 KB금융의 시가총액인 21조 7,052억 원을 12조 원 가까이 웃도는 숫자였다. 이후 카카오뱅크 주가는 9만 원대로 치솟으며 같은 해 8월 19일 시가총액은 43조 3,291억 원까지 올랐다. 이

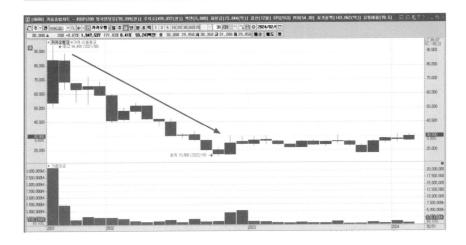

는 당시 시총 9위 현대차(45조 1,908억 원)를 턱밑까지 추격한 수치였다. 상장 이후 카카오뱅크의 주가 동향은 위와 같다.

상장 이후 카카오뱅크에 대한 시장의 고평가 논란 역시 거셌다. 국내 굴지의 은행인 국민은행, 신한은행, 우리은행 등 기존 시중은행의 시가총액을 가뿐히 넘어섰을 뿐만 아니라 새내기 주식이 시가총액 10위권에 진입하는 것에 대한 경계심이 발동됐다. 이에 따라 증권가에서는 잇따라 보고서를 쏟아내며 카카오뱅크 주가가 금융주로서 과도하다는 투자 의견을 제시했다. 특히 주가가 갑자기 급등하면 내부자들의 행동에 주목해야 하는데, 그중 하나가 바로 스톡옵션 행사다. 카카오뱅크 주가는 상장 후 주요 임원진이 스톡옵션을 행사한 이후 줄곧 하락했다. 카카오뱅크 스톡옵션을 부여받은 임원

9명 중 5명이 상장 후 2021년 8월 10~11일, 20~24일에 걸쳐 주식을 대거 매도했다. 이들이 행사한 스톡옵션은 총 29만 5,182주로 상장 전 미행사된 스톡옵션(267만 2,800주)의 약 11%에 달하는 규모였다. 이런 행동은 회사의 주가가 과대평가되었다는 것을 회사 내부자가 시장에 공식적으로 선언한 것과 같다. 당연히 주가에는 부정적인 영향을 미쳤다.

카카오의 욕심, 사업부 분리독립 강행

카카오뱅크의 상장과 주가 하락의 원인은 다양하지만 카카오의 기업분할 전략도 그중 하나로 볼 수 있다. 국민메신저 카카오는 대부분의 수익이 카카오 플랫폼에서 발생하는데, 카카오 내 사업부를 분리독립시키고, 이를 통해 쪼개기 상장을 하면서 필요한 자금을 모은 것은 지적받아 마땅하다.

카카오가 사업부를 분리독립시키기 전의 상황은 다음과 같았다. 사업부를 기업분할을 통해 독립시키고 IPO를 통해 상장시키면서 내부자들은 스톡옵션을 행사해서 돈을 벌었고, 카카오는 필요 자금을 조달할 수 있었다. 이들 중 카카오게임즈, 카카오뱅크, 카카오페이가 각각 2020년과 2021년에 IPO를 통해 주식시장에 상장되었다.

경영 전략상 사업부를 독립시키는 것은 스스로 살아남을 수 있는 기업인 경우 가능하다. 바꿔 말하면, 돈이 되는 사업을 가진 사업

위기와 기회의 사이클

kakao

플랫폼			콘텐츠	
카카오톡	신사업	테크핀	게임	스토리/뮤직/미디어
TALK				
광고 (카카오톡+포털)	카카오모빌리티 (57.3% / 5.0+)	카카오페이 (46.5% / 6.3)	카카오게임즈 (40.9% / 2.7)	카카오엔터테인먼트 (67.6% / 11.3)
커머스 (선물하기, 톡스토어, 메이커스)	카카오엔터프라이즈 (85.1% / 2.6)	카카오뱅크 (27.2% / 11.3)		카카오픽코마 (91.9% / 8.8)
	카카오브레인 (100%)			SM엔터테인먼트 (39.9% / 2.5)
	카카오헬스케어 (100%)			

부는 따로 떼어낼 수 있지만 그렇지 못한 사업부는 회사에 남게 된다. 결국 카카오가 사업부를 기업분할로 떼어낸 것은 카카오 자체의 기업가치 하락은 물론이고 주식시장 활황을 틈타 계열사의 IPO와 상장을 통해 회사와 조직 구성원들의 돈벌이에만 몰두했다는 비판을 면할 수 없다. 아마 아직 분리독립하지 않은 사업부 내지는 자회사들도 다음에 다시 활황이 오면 재빠르게 상장을 시도할 가능성을 배제할 수 없을 것이다.

카카오뱅크에 대한 평가

인터넷은행이 가지고 있는 가장 큰 장점은 지점을 운영하면서 발생하는 고정비가 상대적으로 적다는 것이다. 고정비가 적으면 기업을 운영하는 데 상대적으로 효율을 높일 수 있다. 은행은 기본적으로 예금과 대출이자율 차이인 순이자마진을 주수입원으로 한다. 당연히 인터넷은행은 기존 은행들에 비해 순이자마진이 낮아도 수익을 낼 수 있다. 이 말은 예금이자는 상대적으로 높게 책정할 수 있고 대출이자는 상대적으로 낮게 책정할 수 있다는 것이다. 은행 업무를 인터넷으로 할 수 있으니 지점에 가서 대기하는 시간 등 업무를 볼 때의 불편함을 없앨 수 있다는 점도 강점으로 볼 수 있다.

그런데 모든 것은 '양날의 검' 위에 서 있듯이 예대마진을 상대적으로 줄일 수 있다 하더라도 기본적으로 예금과 대출의 규모가 커져야 '규모의 경제'가 발생한다. 그런 점에서 본다면 카카오뱅크는 기존 시중은행들에 비해 예금 규모나 대출 규모에서 크게 차이가 난다는 점이 문제다. 기존 시중은행과 인터넷전문은행의 순이자마진 규모를 비교해보면 엄청난 차이를 보이는 것을 알 수 있다.

또한 업무의 편의성과 관련된 것을 보면 우리나라는 상대적으로 IT 부분이 강한 나라다. 그래서 대부분의 시중은행들이 인터넷뱅킹이나 신용카드 서비스, 자동화기기를 이용한 은행 업무가 가능하다. 즉, 기존 은행에서 거래하는 것과 인터넷은행을 이용하는 것에 큰 차이를 느끼지 못하는 경우도 많은 것이 사실이다.

위기와 기회의 사이클

표20. 은행별 순이자마진 추이

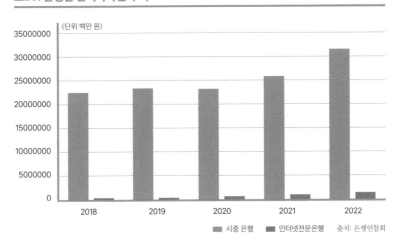

금융기관은 자본 건전성은 물론이고 경영의 지속 가능성에 대한 신뢰가 밑바탕에 깔려 있어야 한다. 신생 은행, 그리고 IT 기반의 은행에 비해 기존 은행들에 대한 신뢰가 더 크다는 점에서 인터넷은행의 성장 및 발전은 아직 많은 시간을 요한다고 볼 수 있다. 금융규제가 더 완화되고 인터넷은행이 강점을 발휘하게 된다면 카카오뱅크가 새롭게 평가받을지 모르겠지만, 아직은 숙성되지 않은 산업이란 점에서 아쉬움이 있다.

4차 산업은 서로 다른 분야가 융합되어 새로운 가치를 만들어내는 것을 말한다. 문제는 새로운 개념의 산업은 초기에는 크게 바람을 일으키지만 시간이 지날수록 냉정한 평가를 받게 된다는 것. 따라서 핀테크 산업과 같은 새로운 산업이 나타날 때는 다음과 같이 행동해야 한다.

① 가장 중요한 것은 수익성이다. 아무리 최첨단의 기술로 무장했더라도 지속 가능한 수익성이 확보되지 않으면 주가 상승을 이어갈 수 없다.

② 제대로 된 상황 판단이 안 되면 내부자들의 움직임을 살펴보자. 내부자들이 스톡옵션을 마구 행사한다든지 자신들이 보유한 주식을 파는 모습이 보이면 거품 속에 있다고 보면 된다.

③ 또한 만약 모회사로부터 분할되는 회사가 있다면 원칙적으로는 투자하는 것이 맞다. 스스로 살아남을 능력이 없는 회사를 분리독립시키지는 않을 것이기 때문이다. 다만 주식시장 활황기에는 공모 전 장외시장에서의 투자가 아니라면 조심해야 한다.

15장

기업의 자발적
코리아 디스카운트

주주를 위한 회사는 없다

돈이 걸린 게임에서는 나 이외에 모든 사람이 경쟁자를 넘어 적이 된다. 특히 주식시장과 같이 전혀 알지 못하는 사람들과 게임을 하는 곳에서는 더욱 그렇다. 금융인들의 윤리강령에서는 고객의 이익과 회사의 이익이 경합하면 고객의 이익을 우선하고, 회사의 이익과 직원의 이익이 경합하면 회사의 이익을 우선하라고 한다. 그런데 이런 말은 교과서에만 존재한다.

주식시장에서 기업이 아무리 주주를 위한다고 하더라도 그것이 진실이 아니란 것은 수많은 사례에서도 알 수 있다. 테슬라의 일론

머스크는 회사 돈으로 암호화폐에 투자해 손해를 보기도 했고, 지금은 X가 된 트위터를 인수해서 기업가치를 떨어뜨리기도 했다. 우리나라의 어느 유통업 CEO는 편향된 정치 성향을 보이면서 기업의 실적을 떨어뜨리는 패착을 두기도 하는 등 최고경영자들의 일탈은 눈에 보이기라도 하니 원초적인 일이라고 할 수도 있다.

그런데 마치 전략적으로 매우 중요한 결정을 하는 것처럼 하면서 주주들에게 손해를 끼치는 일은 헤아릴 수 없이 많은 사례를 가지고 있다. 그중 하나가 기업분할이다. 기업분할은 하나의 회사를 2개 내지는 여러 개로 나누는 것을 말한다. 이때 주주에게 큰 부담을 주는 일이 벌어지는데, 어떤 구조에서 그런 일이 벌어지는지 알아보자.

회사를 나누는 이유: 인적분할과 물적분할

기업이 분할하는 이유는 기업의 업종 전문화, 지배 구조 개선, 기업가치 재평가 및 주주가치 제고, 특정 사업 부문 매각 등을 위해 조직을 재편하는 것이다. 기존 회사의 재산에 대한 권리의무의 전부 또는 일부를 하나 이상의 회사에게 포괄승계하고 이를 대가로 주식을 교부받아 기존 회사 또는 기존 회사의 주주에게 배분하는 제도다.

기업을 분할하는 방법에는 인적분할과 물적분할이 있다. 조금 어려운 것 같아도 두 방법의 내용을 알고 나면 기업이 분할 결정을 할 때 어떻게 행동해야 할지를 알게 된다. 먼저 인적분할이란 회사를 분할할 때 신설 회사의 주주 구성 비율을 기존 회사의 주주 구성 비율과 동일하게 하는 기업분할 방법이다. 예를 들어, A라는 회사를 인적분할해서 A회사와 B회사 2개로 나눌 경우 분할 전 A회사 주주의 지분율 구성이 강아무개 40%, 조아무개 30%, 이아무개 30%로 되어 있다면, 인적분할의 결과로 신설된 B회사의 주주 구성 역시 강아무개 40%, 조아무개 30%, 이아무개 30%의 지분을 보유하게 되는 것이다. 이럴 경우 주주총회를 통한 주식매수청구권 행사가 없다는 점에서 기업에게도 유리하고, 주주들도 두 회사의 주식을 모두 보유할 수 있게 되니 큰 불만이 없게 된다.

문제는 이런 방식을 취하지 않는 물적분할이다. 물적분할이란 기존 회사를 분할하고자 할 때 기존 회사가 지분을 100% 보유한 회사를 신설하는 형태로 이루어지는 회사분할이다. 예를 들어, A회사가 B회사를 신설했을 때, B회사의 지분을 A회사가 전부 보유한 형태가 바로 물적분할이다. 기존 주주가 신설 법인의 주주가 되는 인적분할과 달리 기존 법인이 신설 법인의 주주가 되고 기존 주주들은 신설 법인의 주식을 단 한 주도 배정받지 못한다는 점에서 차이가 있다. 즉, 기존 주주들이 물적분할을 한 기업의 주식을 사기 위해서는 따로 IPO에 참여해야 하는 문제가 생기게 된다. 인적분할에 비해 물적분할은 신설 법인이 상장하지 않는 전제 하에서 이루어지기 때문에 나중에 신설 법인의 IPO만 없다면 모회사의 자회사 지분이 희석되지 않아 장점이 극대화된다.

그러나 우리나라의 물적분할은 대부분 신설 법인의 IPO도 뒤따라와 모회사의 자회사 지분이 희석된다. 그것도 대부분은 모회사 대주주의 압력이 강하게 작용해 구 법인의 캐시카우였던 알짜 사업부나 미래 먹거리로 불리며 주식가치의 대부분을 차지하는 차세대 사업이 분할되는 경우가 대부분이다. 회사 입장에서는 미래 먹거리인 만큼 분할 상장해 신설 사업부에 더 많은 투자금을 더 많이 받을 수 있지만, 경영권을 행사하지 못하는 모회사의 소액 투자자 입장에서는 신설 법인의 사업을 보고 투자한 투자자도 있을 테고 또 그것을 보고 투자를 하지 않았더라도 회사의 사업부 하나가 통째로 날아가는 걸 좋게 볼 주주들은 없다. 물론 소액주주뿐만 아니라 대주주, 오너 역시 주식가치 하락으로 손해를 보는 것은 마찬가지지만 대주주, 오너 입장에서는 주가가 하락하더라도 기업의 지배권을 유지하는 게 우선이다. 그런 측면에서 자기가 갖고 있는 모회사 지분율을 떨어트리지 않으면서 신규 투자금을 유치하기 위한 방법으로 물적분할 후 IPO를 선호하게 되는 것이다. 즉, 본질적인 문제는 대주주와 소액주주 간 이해상충의 문제라고 할 수 있다. 결국 소액주주는 별다른 방어막 없이 손해를 보는 것이고 대주주 내지는 기업 입장에서는 신설 법인의 IPO를 통해 다시 막대한 자금을 조달할 수 있으니 손해라고 말하기는 어렵다. 주주들 입장에서는 인적분할에 비해 물적분할이 악의적인 경영 전략인 것이다.

인적분할과 물적분할의 사례

인적분할의 대표적인 사례를 살펴보면 다음과 같다. 인적분할은 지분 구조가 기존 회사와 신설 회사가 같게 되므로 주주 입장에서는 불만이 생길 가능성이 작다.

표21. 인적분할의 대표적 사례

연도	기존 회사	신설 회사	비고
2001년	LG화학	LG생활건강	
2011년	신세계	이마트	분할 비율 신세계 26 : 이마트 74
2006년	아모레G(구 태평양)	아모레퍼시픽	
2020년	태영건설	티와이홀딩스	
2021년	디엘(구 대림산업)	디엘이엔씨	대림산업은 석유화학사업부를 디엘케미칼로 물적분할 후 디엘로 사명 변경
	SK텔레콤	SK스퀘어	
2023년	이수화학	이수스페셜티케미컬	

주식시장에서 비난의 대상이 되었던 물적분할의 사례들을 살펴보면 다음과 같다. 특히 물적분할 후 IPO를 통해 상장을 한 문제가 된 사례들이다. 기존 주주들은 신설 법인의 주식을 사기 위해 IPO 시장에 다시 뛰어들어야 하는 수고를 겪어야 했다.

기존 회사가 물적분할한다는 것은 엄마가 아이를 낳는 것과 같다. 엄마(기존 회사)의 체력과 영양분 대부분을 아기(신규 회사)에게 나눠줘야 하는 일인 것이다. 아이를 낳고 나면 엄마는 체력이 고갈되는 현상을 겪게 되는데, 그렇다면 물적분할과 IPO 그리고 상장 이후 기존 기업의 주가는 어떻게 되었을지 알아보는 것도 중요하다. 물적분할 이후 90일 동안 기존 기업의 주가 수익률을 살펴보자. 신설 법인이 상장한 이후 기존 기업들의 주가는 마이너스 수익률을 기록

표22. 물적분할의 사례와 주가 수익률 변화

연도	기존 법인	신설 법인	신설 법인 상장	상장 후 수익률
2019년	HD한국조선해양	HD현대중공업	2021년 9월 17일	-34.9%
2020년	LG화학	LG에너지솔루션	2022년 1월 27일	-15.1%
2021년	SK케미컬	SK바이오사이언스	2021년 3월 18일	-21.9%
	SK이노베이션	SK IET	2021년 5월 11일	-18.6%
	SK	SK리츠	2021년 9월 14일	-14.34%
	카카오	카카오게임즈 카카오뱅크 카카오페이	2020년~2021년	2021년 6월 이후 지속 하락

했고, 신설 법인이 상장하는 과정에서 재차 공모주 청약에 나서야
했던 기존 주주들은 신주배정을 몇 주 받지 못하는 수고만 하고 돌
아서야 하는 일이 벌어져 양쪽으로 손해를 보는 일이 발생했다. 대
표적으로 동학개미운동과 2차 전지 열풍 속에 물적분할한 LG화학
에 대한 투자자들의 관심이 매우 높았는데, LG화학의 주가 동향을
살펴보면 다음(차트28)과 같다.

　LG에너지솔루션 상장을 앞두고 LG화학의 주가는 하락하는 모
습을 보여준다. 결국 주주를 위한 기업은 없다는 말이 기업의 물적
분할을 통해 증명되는 셈이다.

물적분할에 대한 제동

우리나라 주식시장이 다른 나라에 비해 저평가된 현상을 '코리아 디스카운트Korea-discount'라고 한다. 코리아 디스카운트의 요인은 수없이 많이 지적할 수 있지만, 그중 아무런 제동 장치가 없는 물적분할도 하나의 요인으로 손꼽힌다. 인적분할에 비해 물적분할은 그야말로 '팥소 없는 찐빵'을 주주들 손에 쥐어주고 기업들은 돈을 챙기는 구조를 가지고 있다.

금융당국에서도 기업의 물적분할 후 IPO를 통한 상장을 그대로 두고 볼 수만은 없었다. 그래서 물적분할 후 5년 이내에 상장하는 경우 물적분할에 반대하는 일반 주주들에 대해서 분할 이전 주가로 주식을 매도할 수 있는 주식매수청구권을 부여하기로 하는 등 물적분할이 지배주주의 사익 추구 도구로 남용되지 않도록 하는 조치를 취했다. 그러나 여기서 조금만 더 들여다보면 결국 물적분할 이후 상장을 시도하는 것은 주식시장이 활황을 보일 때다. 만약 물적분할 이후 시장 상황이 좋지 않아 5년의 시간을 기다린다면 이때는 기존 주주들에게 주식매수청구권을 부여하지 않아도 되는 문제점이 생길 수 있다. 미국, 일본 등에서는 물적분할 자체는 자주 일어나지만 소액주주들의 집단소송이 가능하기 때문에 물적분할한 회사를 상장하지는 않는다. 우리도 보다 강력한 제동을 걸어야 하는데 그렇지 못한 것이 사실이다.

결국 주주를 위한 기업이 존재하지 않듯, 주주를 위한 제대로 된 정부의 정책도 변변한 것이 없다. 그 이유는 기업들은 조직적으로 로비를 하지만, 소액주주들은 모래알처럼 흩어져 있어 조직적인 로비가 불가능하기 때문이다. 그래서 '기울어진 운동장'이란 말을 쓴다. 주주들이 자신들의 권리를 보호하려면 스스로 자신들의 이익을 찾기 위한 운동에 나서야 한다. 바로 소액주주운동이나 행동주의펀드 등의 활동에 동참하는 것이다.

'하늘은 스스로 돕는 자를 돕고, 권리 위에 잠자는 사람의 권리는 보호하지 않는다.' 소액주주는 정보의 약자이고 자본의 약자에 속한다. 스스로 자신을 지키지 못하면 알게 모르게 거대자본에게 내 이익을 갖다 바치는 일이 생기게 된다.

기업은 불확실한 미래를 대비하기 위해 미래 먹거리 사업을 육성해야 한다. 사실 그것은 기업의 생존을 위해 반드시 필요하다. 그리고 지속적으로 기업분할을 통한 경영 전략을 이어갈 것이다. 이때 투자자들은 어떻게 해야 할까?

① 돈이 걸린 게임에서 누구도 내 이익을 위해 봉사하지 않는다는 점을 알고 스스로 판단하고 스스로 책임질 수 있어야 한다.

② 인적분할인 경우 크게 고민할 여지는 없다. 다만 기존 회사와 신설 회사의 분할 비율에 관심을 갖고 만약 신설 회사가 더 좋아 보이면 기존 회사 주식을 매도해서 옮기면 된다.

③ 물적분할인 경우 5년 이내 상장이라면 주식매수청구권 행사를 적극 고려한다. 그러기 위해서는 주주총회에서 분할 안건에 대해 반대를 해둬야 한다.

④ 물적분할 이후 5년이 경과하는 경우라면 시장 상황이 좋아질 때까지 기다리는 것이 필요하다. 그래야 기존 회사의 주식도 올라갈 테니 말이다.

2부

※

변화하는 주식시장

주식시장은 단지 경제 상황만 반영하는 거울 역할을 하지는 않는다. 주식시장은 경제를 비롯해 정치, 사회, 문화, 기술 등 한 국가의 상황을 총체적으로 반영하는 종합지표다. 그래서 주식시장 내부가 어떻게 변하고 있는지를 파악하면 경제 상황은 물론이고 기술과 문화 트렌드 그리고 이를 뒷받침하는 정치 상황까지 모든 것을 이해할 수 있다.

지금 우리 주식시장이 어떤 트렌드를 반영하고 있고 어느 방향으로 변해갈 것인지를 이해하지 못하면 주식시장에서 나타나는 위기와 기회의 패턴을 잡아내지 못한다. 우리 시장이 내부적으로 어떻게 변하고 있는지 주요 키워드를 통해 알아보자.

1장

끝없이 공급되는 돈에
중독되다

부채로 쌓아 올린 모래성

시중의 통화량은 중앙은행이 풀어놓은 돈의 양, 즉 통화량만을 말하는 것은 아니다. 중앙은행에서 집계하는 통화량 이외에 신용창조 부분을 더해야 한다. 여기서 말하는 신용창조란 금융기관들이 가계나 기업에 빌려준 대출금을 말하는데, 이를 반영해야 한다는 것이다. 신용이 얼마나 창조되는지는 통화승수를 통해 파악할 수 있다. 핵심은 얼마나 빚을 잘 낼 수 있는 구조인가에 따라 통화량이 폭증하기도 하고 그렇지 않기도 하다는 것이다.

주식시장에서 같은 사례를 찾아보면, 주식시장에서 주식매수자

표23. 미국과 영국의 기준금리 동향(1981년~2023년)

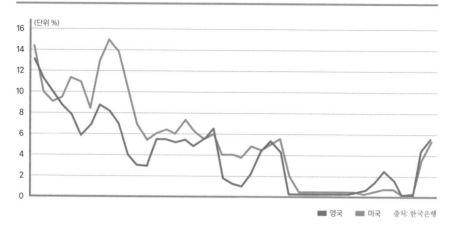

금은 고객들이 예치한 고객예탁금에 국한되는 것이 아니라 신용이
나 미수금 등 가수요까지 포함한다는 것을 고려해본다면 같은 이치
로 통화량과 대출금을 같이 생각해야 하는 것은 당연하다.

　1980년대부터 시작된 신자유주의에 의한 경제 운용의 특이한
점은 부채를 통한 성장을 추구했다는 것이다. 이를 위해 경제 주체
들이 빚을 잘 낼 수 있도록 금리를 내려 이자 부담을 덜어주는 조치
부터 취했다. 주요 경제국인 미국과 영국의 기준금리 동향(표23)을
살펴보면 저금리 정책을 펼쳐온 것을 확인할 수 있다.

　노동 소득보다는 빚을 얻어 주식과 부동산을 매입하도록 유도하
기 위한 정책의 결과 1980년대 이후 주식시장의 주가는 물론이고
부동산 가격이 상승하는 모습을 이어갔다. 이런 정책은 가장 건전한
소득인 노동 소득이 감소하는 것에 부담을 느낀 정치인들이 자산

표24. 미국 주가지수(1981년~2023년)

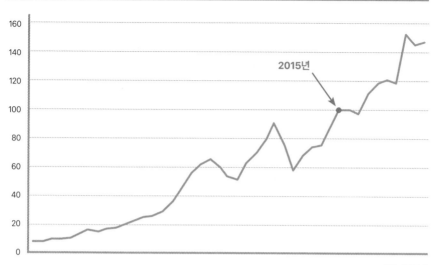

출처: 한국은행

소득의 증가를 통해 국민들의 불만을 없애기 위해 취한 정책의 결과였다. 미국의 주가가 신자유주의가 들어선 이후 얼마나 올랐는지 확인해보면 위와 같다.

결국 이 문제가 표면적으로 드러난 것이 바로 2007~2008년 사이에 발생한 세계적인 금융위기다. 금융위기 이후 가장 많이 들렸던 소리는 "신자유주의의 종말"이었다. 그러나 과연 신자유주의 정책을 포기했을까? 이미 단맛에 길들여진 입맛을 쉽게 바꿀 수는 없는 일이다. 따라서 경제위기를 통해 드러난 신자유주의 정책이 가져온 문제점들을 각국이 수정하고 있는지 살펴보는 것이 중요하다.

상처의 아픔을 잊게 하는 모르핀

"헬리콥터 밴." 밴 버냉키는 2006년부터 2014년까지 미국 연준 의장을 지낸 인물이다. 학자로서 1930년대 미국의 대공황을 연구했는데, 만약 미국경제가 대공황과 같은 상황에 다시 직면한다면 헬리콥터에서 돈을 마구 뿌리는 정책을 쓰겠다는 말을 하면서 붙여진 별명이다.

경제를 운용하는 입장에서는 위기 상황이 오면 두 가지 갈림길에서 선택을 강요받는다. 통화량을 줄이면서 경제의 체력을 강화할 것인지, 그렇지 않으면 경제 체력이 저하됨에도 불구하고 통화량을 늘리는 정책을 쓸 것인지. 기업이 빚을 내서 경영을 하다 부실해질 위기에 처했다고 가정해보자. 장기적인 안목에서는 비용을 줄이고 내실을 다지면서 빚을 갚아 나가는 정책을 쓰는 것이 정상이다. 그러나 현실은 빚을 더 내서 돌려막기를 통해 문제를 해결하려는 사람들이 다수를 차지한다. 비용을 줄이고 내실을 다지기 위해서는 모두의 희생이 요구되기 때문이다. 경제를 운용하는 사람들도 국민 전체에게 고통 분담을 강하게 요구하는 것은 정치적으로도 많은 부담이 된다. 그래서 지속적으로 돈을 풀고 또 사람들이 더 쉽게 빚을 낼 수 있게 만든다. 돈을 줄여도 힘들고 돈을 풀어도 힘들다면 돈을 풀고 본다는 것은 어쩌면 사람들의 기본적인 심리에 바탕을 둔 행동으로 보인다.

돈을 풀고 빚을 내게 하는 것은 경제에 생긴 상처의 아픔을 잊게

표25. 국가별 본원통화 동향

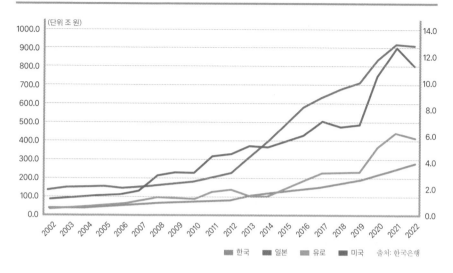

(단위 조 원)

■ 한국 ■ 일본 ■ 유로 ■ 미국 출처: 한국은행

하는 모르핀 역할을 한다. 모르핀은 아편을 주성분으로 하는 마약성 진통제다. 경제위기가 와도 통화량은 줄어들지 않는다. 이 말은 유동성이 지속적으로 증가한다는 것이고, 그 증가 속도는 가히 폭발적이라고 말할 수 있다. 미국, EU, 일본, 그리고 우리나라의 본원통화가 증가하는 모습은 위의 자료를 통해 확인할 수 있다.

버냉키 연준 의장은 금리를 제로까지 내리는 것은 물론이고 더 이상 금리를 내릴 수 없게 되니 양적완화라는 이름으로 무제한 돈을 푸는 정책을 사용했다. 그리고 이후 버냉키의 양적완화 정책은 위기를 벗어나기 위해 중앙은행들이 취할 수 있는 가장 적절한 정책으로 자리 잡았다. 이런 현상이 말해주는 것은, 앞으로도 경제위기가 발생하면 지속적으로 금리는 내려가고 돈은 지속적으로 풀릴 것으로 믿게 된다는 것이다.

돈이 풀린다는 것은 주식이나 부동산과 같은 자산 가격의 하락을 방어하는 것은 물론이고, 하락해야 하는 가격을 다시 상승하는 방향으로 돌리는 역할을 한다. 그 자산 가격이 반드시 주가나 부동산 가격일 필요는 없다. 원유, 암호화폐 등 투기적인 자금이 몰리는 곳은 여지없이 가격이 급등하는 모습을 여러 곳에서 살펴볼 수 있다. 경제 펀더멘탈과 괴리된 자산 가격의 상승이 모르핀 역할을 하면서 사람들은 상처가 주는 고통은 잊고 자산 가격 상승에 환호하는 모습을 보게 된다.

빚은 늘고, 위기는 반복된다

자산 가격이 상승할 때 가격상승론자들은 "빚도 자산이다"라며 빚을 낼 것을 독려하는 모습을 자주 보게 된다. 2021년 이후 폭등한 우리 부동산 시장에서 나타난 용어들이 있다. '줍줍', '벼락거지', '영끌족' 이런 말들은 사람들의 마음을 불안하게 만들어 빚을 내서 부동산을 사게 만들었다. 이로 인해 우리나라 가계부채가 급증하는 모습을 보였다.

그런데 과연 이렇게 빚을 내서 투자한 결과가 어떻게 되었을까? 모두가 아는 바와 같이 자신의 능력을 벗어난 규모의 빚을 낸 사람

표26. 가계 신용 동향

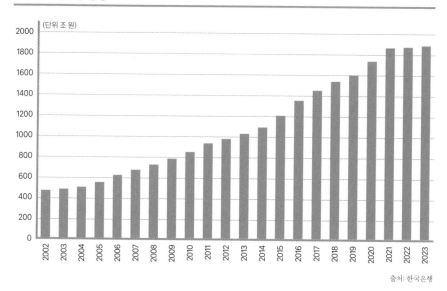

출처: 한국은행

들은 결국 그 빚을 갚지 못해 투자했던 부동산이 경매 시장에 쏟아 지면서 마무리되었다. 모든 투자가 그렇지만 가격 상승 초기에 편승 했던 일부 사람들은 돈을 벌었을 가능성이 크지만 뒤따라 투자한 사람들은 성공할 확률이 떨어진다.

우리나라 가계부채가 증가하는 모습을 통해 빚을 내서 투자하는 사람이 많다는 것을 유추해볼 수 있다. 우리나라 가계부채는 단 한 해도 감소하지 않고 지속적으로 증가하는 모습을 보이고 있고, 특히 신자유주의가 유입된 IMF 외환위기 이후와 2021년 이후 급증하는 모습은 우리도 여전히 신자유주의의 흐름 속에 있다는 것을 확인할 수 있다.

"고름은 살이 되지 못하고, 빚은 자산이 되지 못한다." 이 말은 빚은 결국 말썽을 부리게 된다는 것을 내포하고 있다. 빚을 못 갚는 가계가 어려워지는 것은 물론이지만, 가계가 못 갚은 부채는 돈을 빌려준 금융기관의 부실로 이어진다. 이런 연결고리로 인해 빚의 증가는 금융 불안을 지속적으로 발생시킨다. 또한 유동성의 거품 위에 둥둥 떠 있는 가격들도 순식간에 급락하는 등 불안한 가격 변동을 일으키면서 위기감을 조성한다.

모르핀은 고통을 잊게도 하지만, 그로 인해 판단 능력도 저하시키는 부작용도 가져온다. 결국 늘어나는 유동성과 그로 인해 생겨나는 가수요, 즉 부채의 증가는 금융 시스템의 불안과 주가 등 가격 변수의 급등락을 반복시키게 된다. 그리고 그때마다 정책 당국자들은 금리를 내리고 돈을 푸는 정책을 반복하게 될 것이다. 그래야 고통을 잊을 수 있기 때문이다.

2007년 금융위기 이후 미국을 비롯한 중앙은행들은 돈을 마구 푸는 것에 대한 죄의식을 벗어버렸다. 그래서 앞으로 작은 위기가 찾아와도 돈을 푸는 데 주저하지 않을 것이다. 이런 상황에서 투자자들의 행동 방향은 다음과 같다.

① 넘치는 유동성은 금융기관들의 자본 건전성에 문제를 일으킬 수 있다. 따라서 크든 작든 금융위기는 반복적으로 발생하게 될 것이다.

② 금융위기는 시장을 단기적으로 하락시킬 수 있다. 그러나 곧이어 중앙은행이 그 상황을 정리하기 위해 금리를 내리고 돈을 푸는 정책을 사용할 것이다.

③ 따라서 금융위기로 주가가 급락하면 주식을 매수해도 된다. 이때 단기적으로 낙폭이 컸던 종목을 우선적으로 매입해야 한다.

2장

약진하는
2차 전지, 4차 산업, 제약바이오

시가총액 변화가 주는 의미

아이가 커서 어른이 되듯이, 주식시장에서도 신생아가 태어나 덩치가 커지고 어른이 되면 사회의 중추 역할을 하게 된다. 그것을 알아볼 수 있는 지표가 바로 시가총액이다. 시가총액Market Capitalization은 현재주가로 표시된 자본금을 말한다. 특히 시가총액은 한 산업 내지는 한 종목의 시장 내 위상을 말해준다.

지금 우리 시장에서는 반도체 산업의 시가총액이 제일 크다. 그러나 반도체 산업의 태동기였던 1980년대 가장 큰 시가총액을 기록했던 산업은 건설, 무역, 금융업 트로이카였다. 그러나 통신혁명이 일어나고 산업이 정보통신을 중심으로 한 3차 산업으로 재편되면서 무선통신을 비롯한 IT업종의 비중이 커졌다. 특히 삼성전자와 SK하이닉스를 비롯한 반도체업종이 두각을 나타냈다. 그 이후에는 제약 바이오, 최근에는 2차 전지 산업의 시가총액이 두드러지는 모습을 보여주고 있다.

이렇게 시가총액은 시장의 관심이 어느 업종으로 쏠리고 있는지 보여주는 좋은 지표다. 시장의 관심이 쏠리는 것은 그 산업으로 돈이 몰린다는 것이고, 돈이 몰리는 이유는 그 산업에 속한 기업들의 실적이 좋아질 것이라는 기대가 집중되기 때문이다. 따라서 시가총액의 변화는 미래 산업 구조의 변화를 알아볼 수 있는 매우 중요한 지표가 된다.

시가총액이 커지면 기관 투자자들은 포트폴리오에 그 종목을 필수적으로 편입시켜야 한다. 즉, 주식시장 내에서 장기 자금에 속하는 펀드 자금이 집중되기 때문에 당연히 주가는 상승하게 된다. 그리고 최근에는 ETF 상품도 신규로 만들어지기 때문에 매수 여력은 기하급수적으로 늘어날 수 있다. 이런 이유들로 인해 시가총액 순위 변화에 주목해야 한다. 뜨는 종목은 매수하고 지는 종목은 매도하면 된다.

시가총액 순위는 어떻게 변하고 있나?

　우리나라 주요 기업들의 시가총액이 어떻게 변화했는지 알아보면 그동안 우리나라 경제를 이끈 중추 산업을 확인할 수 있다. 2000년부터 10년 단위로 우리나라의 시가총액 순위 변화를 알아보면 다음과 같다.

　과거 20년 동안 시가총액 상위 10위 안에 계속 들어 있는 종목에는 삼성전자와 현대차가 있다. 이를 통해 우리가 알 수 있는 것은 그동안 우리 경제를 이끈 산업은 반도체와 자동차 같은 장치 산업이

표27. 2000년 이후 시가총액 순위(10년 단위)

2000년		2010년		2020년	
순위	종목명	순위	종목명	순위	종목명
1	삼성전자	1	삼성전자	1	삼성전자
2	SK텔레콤	2	POSCO	2	SK하이닉스
3	KT	3	현대차	3	LG화학
4	한국전력	4	한국조선해양	4	삼성바이오로직
5	POSCO	5	현대모비스	5	삼성전자우
6	KT&G	6	LG화학	6	셀트리온
7	기아차	7	신한지주	7	네이버
8	현대차	8	KB금융	8	현대차
9	삼성전기	9	삼성생명	9	삼성SDI
10	삼성증권	10	기아차	10	카카오

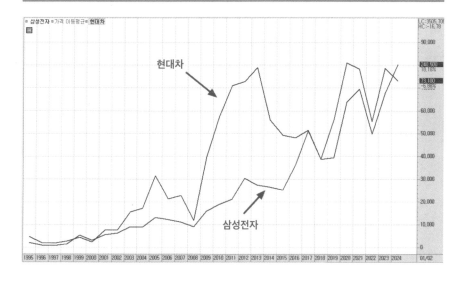

고, 그 속성은 수출 주도 산업이었다는 사실이다. 삼성전자와 현대차가 과거 20년간 어떤 주가 흐름을 보였는지 살펴보면 위과 같다.

시가총액 상위 종목 순위를 지키지 못하고 사라진 종목들은 SK텔레콤, KT, 삼성증권, 한국전력 등이다. 이들 종목들이 시가총액 상위 순위에서 밀린 이유는 성장률이 낮아져 성장주에서 캐시카우로 바뀐 것이 첫 번째이고, 두 번째는 다른 종목이나 산업들이 새롭게 부상하면서 상대적으로 그 중요도가 떨어진 이유도 있을 것이다. 통신주들은 스마트폰 출시 이후에도 통신사의 역할을 했지 혁신을 주도하지는 못했다. 한국전력이나 삼성증권 등도 성장 가능성이 부각되지 못한 종목으로 손꼽힌다. 이들의 주가 동향도 확인해보자.

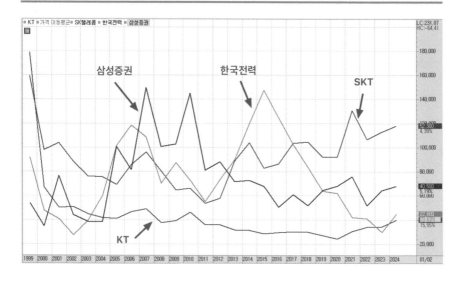

가장 중요한 것은 최근 20년 사이에 새롭게 시가총액 상위 순위에 진입한 종목들의 면면일 것이다. 새로 진입한 종목은 LG화학, 삼성바이오로직, 셀트리온, 네이버, 삼성SDI, 카카오 등이다. 이들 종목들의 특징은 2차 전지 산업(LG화학, 삼성SDI), 제약바이오(삼성바이오로직, 셀트리온) 그리고 4차 산업(네이버와 카카오)이라는 것이다. 이렇게 새롭게 진입하게 된 종목들의 주가 동향을 확인해보면 다음(차트31)과 같다. 이들 주가는 2000년까지 지속적인 상승을 보이고 있고 특히 시가총액 상위 종목에 진입하기 직전에는 급등하는 모습을 보여준다. 그만큼 기업의 실적이나 시장의 관심이 집중되었기 때문이다.

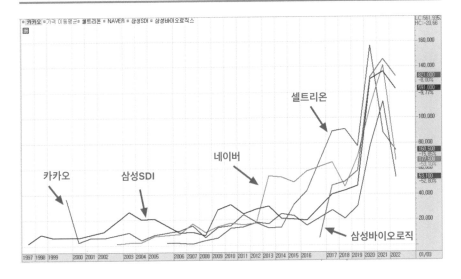

이를 통해 보면 당분간 우리 경제는 2차 전지 산업과 제약바이오 산업이 새로운 성장동력 역할을 할 가능성이 크고, 4차 산업 플랫폼의 핵심인 인공지능 산업에 관심이 집중될 가능성이 크다. 그러나 만약 시장에서 보였던 관심에 부응하지 못하게 되면 그 순위는 다시 바뀔 수 있다. 그만큼 시장은 냉정한 평가를 내린다는 점이 중요하다.

시가총액 순위 기준을 어떻게 평가하나?

그럼 시가총액 순위를 어떤 기준으로 평가해야 하는지의 문제가 남는다. 아직 시장에서는 정확한 판단 기준을 제시하지 않고 있다. 그러나 그 기준이 없다고 해서 시가총액 순위를 이용하지 못하는 것은 아니다. 이 책에서는 유가증권 시장과 코스닥 시장을 달리해서 각각 시가총액 비중 1%와 0.5% 기준을 제시하고 싶다. 시가총액 순위에 상관없이 어떤 종목이 유가증권 시장의 경우 시가총액 비중이 1%, 코스닥 시장의 경우 0.5%를 넘어서는 순간 관심을 집중시키는 것. 물론 이들이 이미 큰 상승을 보여왔기 때문에 뒤늦게 매수하는 것이 무슨 소용이 있냐고 비판할 수 있다. 그러나 지금 우리가 알고자 하는 것은 시장의 큰 흐름을 읽는 법이라는 점을 잊어서는 안 된다.

새롭게 시장에 등장한 산업의 경우 반드시 성장한다는 보장이 있는 것도 아니고 또 그 산업이 제대로 경제의 중추로 자리 잡았다는 것을 보장하는 것도 아니다. 그러나 이 산업이 제대로 경제의 중심으로 자리 잡게 되면 그 유발 효과도 크다는 점에서 항상 관심을 기울이고 추적해야 한다. 현재 각 시장의 시가총액 비중 기준을 충족하는 종목들은 다음(표28)과 같다.

현재 유가증권 시장의 경우는 지금까지 살펴본 것 같이 반도체, 2차 전지, 제약바이오, 자동차 등이 주를 이루고 있고, 코스닥 시장의 경우는 2차 전지 소재, 제약바이오, 로봇, 엔터테인먼트 등이 주

위기와 기회의 사이클

표28. 시가총액 충족 종목(2024년 12월 12일 현재 기준)

유가증권 시장			코스닥 시장		
순위	종목명	시총 비중	순위	종목명	시총 비중
1	삼성전자	15.18%	1	알테오젠	4.91%
2	SK하이닉스	5.80%	2	에코프로비엠	3.72%
3	LG에너지솔루션	4.03%	3	에코프로	2.76%
4	삼성바이오로직	3.06%	4	HLB	2.73%
5	현대차	2.01%	5	리가켐바이오	1.16%
6	셀트리온	1.81%	6	휴젤	1.03%
7	기아	1.75%	7	엔켐	0.90%
8	삼성전자우	1.74%	8	클래시스	0.88%
9	KB금융	1.53%	9	리노공업	0.77%
10	네이버	1.48%	10	JYP엔터테인먼트	0.74%
11	고려아연	1.24%	11	레인보우로보틱스	0.74%
12	신한지주	1.14%	12	파마리서치	0.72%
13	현대모비스	1.03%	13	펩트론	0.72%
14	POSCO홀딩스	1.01%	14	신성델타테크	0.71%
15	삼성물산	0.95%	15	삼천당제약	0.68%
16	HD현대중공업	0.94%	16	펄어비스	0.66%

를 이루고 있다. 앞으로도 이들 종목들 간의 순위 변화나 새롭게 등
장하는 종목 또는 산업군에 관심을 기울이면 적어도 약세장이 온다
고 해도 어려움을 덜 겪고 강세장에서는 더 높은 수익을 올릴 수 있
는 아이디어를 얻을 수 있다.

주식시장에서 시가총액은 특정 산업이나 그 산업에 속한 종목들의 위상을 보여주는 매우 중요한 지표다. 시장 내에서 위상이 커진다는 것은 우리 경제를 이끌어 나가는 중추 역할을 하는 것으로 판단할 수 있다. 따라서 시가총액 순위를 보면서 투자자들은 다음을 확인해야 한다.

① 시가총액 상위에 새롭게 진입하는 산업과 종목을 중심으로 포트폴리오를 구성한다.

② 시가총액 상위에서 탈락하는 산업과 종목은 시장 내에 인기도가 하락하는 것으로, 포트폴리오에서 적극적으로 제외시킨다.

③ 기준 시가총액으로 유가증권 시장은 시총 비중 1%, 코스닥 시장은 시총 비중 0.5%에 새롭게 진입하거나 빠지는 종목을 확인해서 매수와 매도 기준으로 사용한다.

3장

새로운 수급 저수지
ETF 시장의 확대

수급깡패 ETF의 성장

직접투자가 좋을까, 간접투자가 좋을까? 직접투자는 내가 직접 종목도 고르고 매매 타이밍도 결정하는 방법이고, 간접투자는 전문 펀드매니저에게 내 주식투자를 맡기는 것이다. 그런데 직접투자건 간접투자건 투자 결과에 대한 책임은 모두 내가 지게 된다. 이 말은 두 방법 모두 돈을 벌어도 내가 버는 것이고 돈을 잃어도 내가 잃는다는 것이다.

그런데 사람들의 심리는 독특해서, 내가 직접 투자해서 손해를 보면 손실에 대해 쉽게 수긍을 하지만 남들에게 맡긴 돈에서 손실이 나면 그 사람을 원망하는 바람에 손실을 쉽게 받아들이지 못하고 속을 끓이는 일이 많다. 그래서 시장에서는 "내가 해도 깨지고 남이 해도 깨진다면, 차라리 맘 편하게 내가 직접 하는 것이 낫다"는 자조 섞인 말이 돌기도 한다.

그럼에도 불구하고 혼자 투자하기 어려운 사람들은 간접투자인 펀드 상품에 가입하는 경우가 있다. 그런데 펀드에도 두 가지 전략이 존재한다. 하나는 적극적 전략을 구사하는 액티브펀드가 있고, 다른 하나는 소극적 전략을 구사하는 패시브펀드(인덱스펀드)가 있다. 액티브펀드는 펀드매니저가 종목도 고르고 사고파는 시점도 본인이 결정해서 주식시장의 평균 수익률보다 높은 수익을 얻는 것을 목표로 하는 펀드다. 반면 인덱스펀드는 펀드매니저의 개입을 최소화하고 주식시장의 평균 수익률을 따라가는 것이 목표인 펀드다. 그런데 대부분의 연구 결과를 보면 액티브펀드보다 패시브펀드의 수익률이 더 높다는 결론이다. 그래서 전 세계적으로 1980년대 이후 인덱스펀드 시장이 급격히 커지고 있고, 급기야 2020년대 들어서는 액티브펀드보다 패시브펀드의 시장 규모가 더 커지게 되었다. 그리고 인덱스펀드 중에서도 ETF 시장에 시장의 관심이 쏠리고 있다.

"수급은 모든 재료에 앞선다"는 증시 격언이 있다. 기업 실적이 아무리 좋아도 수급이 따라붙지 않으면 주가가 오르지 못하고, 기업 실적이 조금 모자란 부분이 있어도 수급이 따라붙으면 주가는 올라간다. 그래서 수급이 모든 재료에 앞선다는 말이 나온 것이다. 2010년대 들어 누가 뭐라 해도 주식시장의 수급을 이끈 것은 ETF

표29. ETF 순자산총액

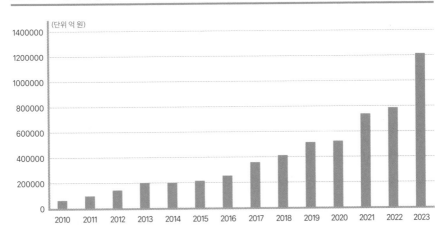

(단위 억 원)

상품이다. ETFExchange Traded Fund(상장지수펀드)는 쉽게 말해 펀드를 주식시장에서 주식처럼 매매하는 상품이다. ETF가 만들어지기 위해서는 지수를 개발하는 것이 필요한데, 가장 대표적인 것이 바로 코스피200지수다. ETF 시장 규모가 얼마나 커졌는지는 위 자료를 통해 확인해볼 수 있다.

ETF 시장은 2010년 6조 원대에서 시작해서 해마다 증가하다가 2023년에는 121조 원 규모로 순자산총액이 증가했다. 국내 주식형 펀드의 순자산총액(249조 원)과 비교해보면 ETF 시장은 과거 15년 동안 20배로 규모가 커졌고 국내 주식형 펀드 시장의 절반 정도 규모를 차지할 정도로 늘어났다. 최근 주식시장에서 ETF 시장은 마르지 않는 수급의 샘이라고 해도 과언이 아닐 정도다.

ETF 시장이 커지면 생기는 현상

수급의 핵심이 된 ETF 시장을 이해하려면 포트폴리오 전략을 알아야 한다. 현란한 수식으로 설명하지 않고 핵심적인 것만 설명하면 다음과 같다.

① ETF는 인덱스펀드, 즉 지수펀드이므로 펀드가 추종하는 지수가 있어야 한다. 그래서 ETF를 만드는 증권사들은 지수를 만드는 데 총력을 기울인다. 예를 들어, 반도체지수, 바이오지수, 2차 전지지수를 만들어야 반도체 ETF, 바이오 ETF, 2차 전지 ETF가 만들어지는 것이다.

② 인덱스펀드는 지수와 거의 같이 움직여야 한다. 그러기 위해서는 시가총액이 큰 종목을 중심으로 펀드를 구성해야 한다. 펀드에 들어가는 종목 수가 적은 경우에는 큰 문제가 없지만 코스피 200을 추종하는 펀드의 경우는 200개 종목을 모두 편입할 수 없기 때문에 그 종목들 중 시가총액이 큰 30여 개 종목을 중심으로 펀드를 구성하게 된다. 그래서 인덱스펀드 시장이 커지면 시가총액이 큰 종목들로 수급이 몰리게 된다.

결론적으로 ETF 시장이 커지기 위해서는 지수가 만들어져야 하고, 대형주를 중심으로 종목을 편입해야 한다. 그래서 ETF 시장이 커지면 시가총액이 큰 종목으로 수급이 쏠리게 된다. ETF 시장이

표30. ETF 순자산총액과 삼성전자 주가 추이

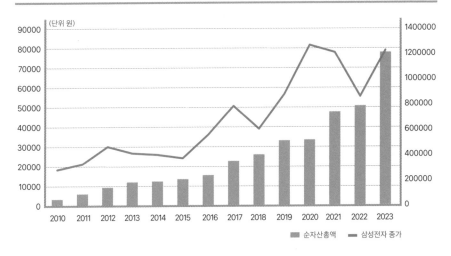

인기를 끌게 되면 이런 현상은 계속 이어질 것이다.

　참고로 ETF 시장의 성장과 삼성전자 주가를 같이 살펴보면 좋은 비교가 될 것이다. 삼성전자 주가는 반도체와 스마트폰의 성장과 함께 올라갔다고 볼 수 있지만, ETF 시장의 확대도 한몫을 했다고 볼 수 있다. ETF로 돈이 몰리게 되면 결국 시가총액이 큰 삼성전자를 제일 우선적으로 편입시켜야 하기 때문이다. 참고로 삼성전자의 시가총액은 총 440조 원 정도 되고 유가증권 시장 전체 시가총액의 약 19%를 차지할 정도로 시가총액에 있어서는 절대적인 위치를 차지하고 있다. 이는 삼성전자를 보유하고 있는 투자자들에게는 좋은 일이지만, 중소형주를 중심으로 가치투자를 하는 사람들에게는 문제가 될 수 있다. 무슨 문제가 발생하는지 알아보자.

주식시장 기관화의 문제점

ETF 시장의 확대는 필연적으로 주식시장의 기관화를 가속시킨다. 주식시장의 기관화란 개인 투자자들보다는 펀드를 운용하는 기관 투자자들의 비중이 커진다는 것을 의미하는데, 그중에서도 인덱스펀드의 비중이 커지는 것은 막을 수 없는 대세가 되었다. 이런 추세는 주식시장에 수급을 확충시킨다는 점에서는 긍정적인 측면이 분명하지만 주가가 기업의 펀더멘탈을 따라 움직인다는 깰 수 없는 원칙이 흔들릴 가능성이 크다는 점 등은 주식투자의 새로운 위험으로 떠오를 가능성이 크다.

주식시장의 기관화가 미칠 주식시장의 새로운 위험은 다음과 같은 것들이 있다. 첫째, 시장 내에서 가치투자자들이 소외될 가능성이 크다. 왜냐하면 아무리 실적이 좋은 기업이라 하더라도 시가총액이 크지 않은 중소형주라면 수급이 몰려들지 못해 장기저평가 현상이 이어질 가능성이 크기 때문이다. 물론 장기적으로는 펀더멘탈을 따라 주가가 움직이겠지만, 지금보다 더 긴 시간을 기다려 기회비용이 커질 가능성이 크다는 점이다.

둘째, 반복되는 이야기지만 대형주의 경우는 실적이 좋지 않아도 수급이 몰려 주가가 올라가는 일이 생길 수 있다. 수급에 의해 주가가 올라가는 것이 반드시 좋은 것은 아니다. 결국 주가는 실적을 중심으로 하는 펀더멘탈에 장기적으로 수렴하기 때문에 오히려 실적 대비 주가가 과대평가된 상태가 이어지면 투자자들이 낭패를 볼 가능성이 커질 수 있다. 삼성전자의 재무 상태와 주가 움직임(차트32)

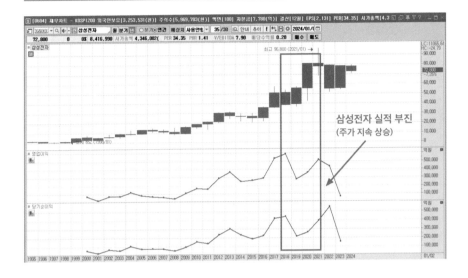

을 비교해 보면 이해가 쉽다. 삼성전자의 실적이 좋지 않은 시기에도 주가가 조정을 받지 않고 오르고 있는 모습을 확인할 수 있다. 결국 삼성전자 주가에 버블이 발생하게 되면 자칫 그 후유증을 일반 투자자들이 부담하게 될 가능성을 배제할 수 없다.

셋째, 주식시장의 집단행동이 일시에 나타날 가능성이 크다. 시가총액이 큰 종목들을 중심으로 펀드가 채워지면 주식을 매수 또는 매도할 때 펀드매니저들이 같은 행동을 하게 될 가능성이 크다. 이렇게 되면 주식시장이 크게 오르거나 크게 내리는 일이 잦아질 가능성, 즉 변동성이 커질 수 있다. 이렇게 되면 경험이 많지 않은 투자자들의 경우 큰 혼란에 빠질 가능성이 커진다.

주식시장의 환경은 시대가 변하는 것에 발맞춰 같은 방향으로 변한다. 그렇다면 투자자들도 시장을 잘 이해하고 바뀌는 환경에 적응해 나가야 한다. 환경 변화에 적응하는 사람은 투자에 성공하고 그렇지 못한 사람들은 쓰라린 결과를 받아들게 될 것이다.

1980년대 포트폴리오 이론이 주식시장에 자리 잡은 이후 인덱스펀드 시장은 지속적으로 성장하고 있다. 그리고 2010년대 이후 인덱스펀드 시장의 중심에 ETF가 있다. 앞으로 이 시장의 규모는 지금보다 더 크게 성장할 가능성이 있다. 그런 환경에서 주식 투자자들은 다음과 같은 전략을 세워야 한다.

① ETF를 만드는 기업에서 어떤 지수를 만들어내는지 알아야 한다.

② ETF가 설정되면 지수 편입 종목 중 시가총액이 큰 종목을 중심으로 매수해야 한다.

③ 가치투자를 하는 사람이라면 지금보다 더 긴 시간 동안 주가와 실적 간의 괴리가 생길 수 있다는 것을 알고 장기투자에 나서야 한다. (그런데 이 말을 뒤집어 보면 실적 대비 저평가된 종목이 지금보다 더 많아질 것이란 점도 투자에 적용해볼 필요가 있다.)

4장

기업은 돈이 남고,
가계는 빚에 허덕인다

실리콘밸리은행 파산의 숨은 진실

2023년 3월 10일, 대규모 예금 인출 사태에 고전하던 실리콘밸리은행SVB이 결국 파산했다. SVB는 미국 내 자산 기준 16위 규모의 은행으로 1983년 미국 캘리포니아에 본사를 두고 설립된 스타트업 전문은행이었다. SVB의 파산을 두고 미국의 금리가 올라서 보유 채권의 가치가 하락한 것이 원인이란 평가들이 있었지만, 실제로는 다른 이유가 있었다.

SVB의 주된 영업은 스타트업들에게 돈을 빌려주는 일이었다. 스타트업은 위험이 크기 때문에 상대적으로 높은 대출이자율을 적용했다. 당연히 SVB에 예금한 사람들의 돈으로 대출을 해주기 때문에 예금자들에게는 위험을 부담한 대가로 예금에 대해 높은 이자율로 보상해주었다. 즉, 상대적으로 높은 이자율을 주면서 예금을 유치하고 더 높은 대출이자율로 대출함으로써 예금과 대출이자율의 차이인 예대마진을 따먹는 것이 SVB의 기본 영업 구조였다.

이런 영업 구조에 문제가 생긴 건 코로나19로 인해 미국 연준에서 막대한 자금을 풀어내면서였다. 당시 약 4조 5,000억 달러 정도였던 본원통화를 9조 달러까지 증가시킨 바람에 돈이 금융 시장으로 들어와 흘러넘치는 현상이 벌어졌다. 물 들어왔을 때 노를 저어야 한다고, 스타트업들은 SVB에서 돈을 빌리는 대신 IPO를 통해 필요한 자금을 조달했다. 스타트업들에게 대출을 주지 못하는 것을 넘어 IPO를 통해 막대한 자금을 조달한 스타트업들이 그 자금을 오히려 SVB에 예금하는 일이 벌어진 것이다. 결국 높은 이자율로 대출도 못 주는 상황에서 높은 예금이자율을 지급해야 했던 SVB는 이자율이 상대적으로 높은 장기국채에 투자했고 물가 상승으로 미국 금리가 올라가면서 파국을 맞이하게 됐다.

결국 SVB의 문제는 금리 상승이라기보다는 돈의 흐름이 선순환되는 대신 역순환되는 과정에서 발생한 일이라는 것이다. 기업은 돈을 빌리는 주체이고 가계는 돈을 빌려주는 주체가 되어야 하는데 기업이 오히려 돈을 빌려주는 주체가 되었으니 자본 시장의 기본적인 시스템에 문제가 생기면서 발생한 일이다. 그런데 더 큰

문제는 이런 일이 이미 일상화되어 있어 큰 위협요인이 된다는 점
이다.

기업은 돈이 남고 가계는 빚에 허덕이는 구조

주식시장이 존재하는 이유는 단순히 주식 매매를 하기 위한 것
만은 아니다. 주식시장에서 기업은 필요한 자금을 조달해가고, 그
런 기업에게 돈을 빌려주는 것은 일반 가계에서 담당한다. 그런데
2007년 미국의 금융위기 이후 이런 자금 흐름에 큰 변화가 생겨났
다. 미국 중앙은행은 경제위기를 막기 위해 엄청나게 많은 돈을 시
중에 풀기 시작했고, 그 덕에 주가가 올라 기업들은 IPO를 통해 막
대한 현금을 사내에 쌓아두기 시작했다. 이렇게 기업이 돈을 쌓아두
는 이유는 주식시장에서 큰돈을 벌어들인 것도 있지만, 미래가 불확
실한 상황에서 적극적인 투자를 하지 않은 탓도 있다. 이런 현상은
미국을 넘어 전 세계적인 현상이 되었다.

우리나라 대기업들의 현금 보유도 늘어났다. 기업은 잉여 자금
이 있으면 이를 바탕으로 미래 먹거리를 찾기 위해 M&A에 자금
을 쓰던지 그렇지 않으면 배당을 해줌으로써 주주들의 이익을 도
모해야 한다. 그러나 우리 기업에서는 날이 갈수록 현금을 쌓아두
는 현상이 벌어졌다. 대기업들의 현금 보유 현황을 살펴보면 다음
과 같다.

위기와 기회의 사이클

표31. 대기업 보유 현금

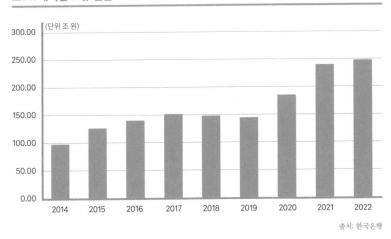

출처: 한국은행

표32. 가계부채 규모

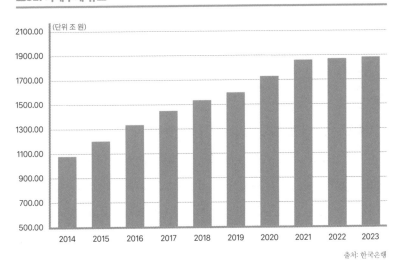

출처: 한국은행

대기업들의 보유 현금은 2014년 97조 원 수준이었지만 2022년에는 247조 원으로 2.5배 정도 증가했다. 돈을 쌓아두고 제대로 투자하지 못하는 상황이 이어지고 있는 것으로 봐야 한다. 그 과정에서 가계부채 규모는 날로 증가하고 있다. 같은 기간 가계부채 규모는 1,085조 원에서 1,867조 원으로 약 800조 원가량 증가했다.

직접적으로 가계의 부채 증가가 기업의 현금 증가로 이어졌다고 말하는 것은 무리가 있지만, 자금의 잉여 주체인 가계는 부채가 쌓이고 자금의 수요 주체인 기업은 더 이상 돈을 빌릴 필요 없이 현금을 쌓아두고 있는 것은 자본 시장의 자금 흐름을 왜곡시키는 상황을 만들고 있다. 기업에는 돈이 쌓이고 가계는 빚이 쌓이는 일이 일상화되고 있다.

자본 시장 자금 왜곡이 일으키는 문제

자본 시장에서 자금 왜곡이 뭐가 문제인지 잘 모르는 사람들이 있다. 세상 모든 일은 순리가 있다. 순리란 원래 뜻대로 이루어지는 것을 말한다. 즉, 자본 시장에서 기업은 자금 수요자가 되어 조달한 자본으로 투자에 나서 수익을 내는 일을 하면 된다. 그리고 가계는 여유 자금을 기업들에 투자해서 그 투자 수익으로 더 많은 소비를 하게 되는 구조가 바로 자본 시장이 정상적으로 돌아갈 때 나타나는 일이다.

표33. GDP 대비 시가총액 비중(2023년 12월 말 기준)

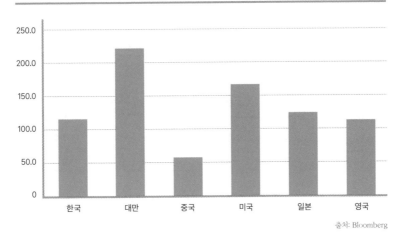

출처: Bloomberg

　그런데 지금 기업들은 자본 시장에서 자본 조달을 하지 않아도 될 정도로 현금이 많다. 현금이 많다는 것은 현재 사업뿐만 아니라 미래 먹거리가 될 수 있는 사업에 투자가 제대로 이루어지지 않고 있다는 반증이 된다. 수익성이 높은 미래 먹거리 산업에 대한 연구 개발이나 인수합병이 제대로 이루어지지 않으면 기업의 성장 동력이 멈춰 서게 된다.

　코리아 디스카운트라는 말이 있다. 이 말은 우리 주식시장이 다른 나라에 비해 저평가되어 있다는 것을 대변하는 말이다. 코리아 디스카운트가 실제로 나타나는지를 살펴보자. 먼저 워런 버핏이 가장 좋아한다는 GDP 대비 시가총액 비중(표33)이다. 이 지표를 통해 보면 우리 증시가 GDP 대비 확실히 저평가되어 있다고 말할 수는 없다. 그러나 실제 기업가치를 보여주는 지표인 주가수익비율PER이

표34. GDP 대비 10년 평균 PER, PBR 수준(2023년 12월 말 기준)

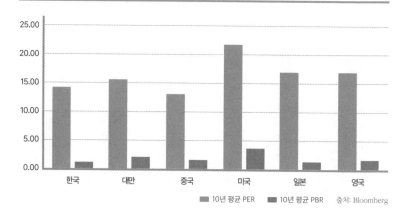

10년 평균 PER ■ 10년 평균 PBR　출처: Bloomberg

나 주가순자산비율PBR을 보면 상황은 달라진다(표34). 이들 지표들을 보면 선진국들은 물론이고 이머징 국가들 중에서도 우리 증시가 저평가되어 있다는 것이 나타난다.

　이런 현상이 단순히 자본 시장의 자금 왜곡 때문에만 나타나는 것은 아니다. 자본 시장의 자금 왜곡 현상은 우리나라뿐만 아니라 다른 나라에서도 나타난다. 우리나라가 안고 있는 진짜 문제는 기업들은 자금이 넘치는데 가계부채는 지속적으로 늘어나 대부분의 가계가 빚을 지고 있다는 것이다. 가계부채의 증가는 원금과 이자를 상환하는 부담이 커지면서 가계의 실질 가처분 소득을 떨어뜨린다. 그러면 내수 소비가 줄어들어 국내 경기를 둔화시키고, 이는 기업들의 수익성에도 큰 부담을 주게 된다. 최근 우리나라 가계의 처분 가능 소득을 살펴보면 다음과 같다.

표35. 가구당 처분 가능 소득

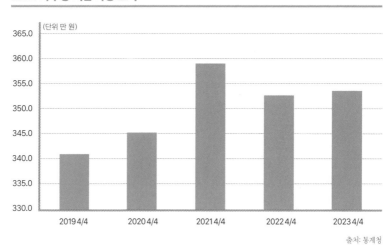

출처: 통계청

결국 자본 시장에서 자금 왜곡 현상은 기업의 투자 수익을 떨어뜨리고 가계의 소비 여력을 줄여서 우리 주식시장의 저평가 현상을 가중시키는 역할을 한다. 이를 개선하기 위해서는 기업이 보다 적극적으로 투자할 수 있는 환경을 조성하고 기업이 필요 이상의 현금을 보유함으로써 투자 효율을 떨어뜨리기보다는 적극적으로 배당을 해서 가계에 소득재분배가 가능하도록 해야 한다.

2024년 2월, 금융당국에서는 기업 밸류업 프로그램을 발표했다. 정책이 공염불이 되지 않기 위해서는 어느 정도 강제성이 있어야 한다. 적극적인 배당, 보유 현금을 생산성 있는 사업에 적극적으로 투자하도록 하는 등 제도화하는 것이 우리 주식시장의 저평가 현상을 해소하고 '밸류업' 프로그램을 성공시키는 길이다.

표36. 10년 평균 ROE와 배당 성향

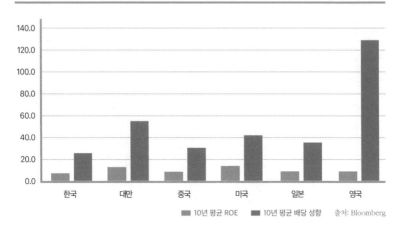

우리 기업들이 얼마나 자본을 비효율적으로 운용하고 또 배당에 인색한지 위의 자료를 통해 확인해보자. 10년 평균 ROE(자기자본이익률)와 순이익 대비 배당금 비율인 배당 성향이 비교 대상국들 중 최하위를 기록하고 있다. 이런 저평가 현상을 해소하는 첫 단추는 자본 시장 자금 흐름의 왜곡을 바로잡는 것이 되어야 한다.

자본 시장의 자금 흐름 왜곡은 기업들의 도덕적 해이를 불러올 가능성이 크다. 즉, 투자를 하지 않고 돈놀이를 하던지 그렇지 않으면 생산성과 거리가 먼 부동산투자 등에 나설 가능성이 크기 때문이다. 투자자들이 살펴야 하는 포인트는 다음과 같다.

① 마땅히 투자할 곳을 찾지 못해 기업에 현금이 쌓이는 것은 자본수익률을 떨어뜨린다.
② 이런 기업들은 경영진을 교체하거나 M&A 시장에서 공격 대상이 되는지 살펴야 한다.
③ 문제는 대기업들의 경우 지주회사 체제에 속해 있다면 M&A 공격 대상이 되지 못하는데, 이럴 경우는 적극적으로 배당이나 자사주 매입을 요구해야 한다.

5장

ESG, 고상한 방식의 사다리 걷어차기

코로나 쇼크와 공급망 붕괴의 결과

코로나19 시기를 거치면서 투자자들은 글로벌 경제가 안고 있는 많은 문제점들을 알게 되었다. 그중 가장 중요한 포인트는 미국과 유럽의 소위 선진경제를 자랑하는 국가들의 제조업 기반이 너무도 허술하다는 것이었다. 한 예로, 이들 국가는 마스크 한 장 국내에서 제대로 생산하지 못하는 지경까지 갔으니 생활에 필요한 제조업은 거의 바닥 수준이라는 것이었다.

그렇다면 생활에 필요한 그 많은 공산품들은 누가 공급하는 걸까? 가장 큰 비중을 가진 나라는 바로 중국이고, 그밖에 베트남 그리고 그들에게 중요한 중간재를 공급해주는 나라에는 우리나라가 있었다. 이것을 글로벌 공급망이라고 부른다. 코로나19로 국경이 봉쇄되고 검역이 강화되면서 글로벌 공급망에 문제가 생겨났고, 또 미국과 중국 간의 무역분쟁으로 세계의 공장 중국의 공급이 지체되면서 새로운 질서를 만들어야 한다는 생각을 선진국들이 하게 되었다.

예전부터 자국의 산업을 발전시키기 위해서는 보호무역을 중심으로 했다. 즉, 산업을 키울 때는 보호무역을 하고, 우리 산업이 다른 나라에 비해 경쟁력을 갖게 되면 그때부터는 자유무역을 부르짖게 된다. 과거 미국이 영국의 산업을 따라잡기 위해 노력할 때 미국은 보호무역을 위해 관세를 높였고, 영국은 자유무역을 주장하면서 관세의 부당함을 주장했다. 이후 미국이 세계경제를 휘어잡고 난 다음에는 미국은 세계무역기구WTO를 통해 자유무역을 추진했고 세계 각국과 FTA(자유무역협정)를 체결해 나갔다. 그런데 막상 코로나19가 터지고 자국 내 제조업 기반 재건이 필요해지면서 미국은 다시 보호장벽을 치기 시작했다. 그 일환으로 중국 공산품에 대해 관세를 올리는 조치를 한 것이다.

경제를 먼저 발전시킨 선진국들은 개발도상국이나 후발주자들이 자신들을 뛰어넘지 못하도록 훼방을 놓는다. 이런 행동을 국제정치에서는 '사다리 걷어차기'라고 한다. 사다리는 밑에서 위로 올라가는 데 사용한다. 즉, 개발도상국이 선진경제에 도달하기 위해서는 사다리를 타고 올라가야 하는데, 그것을 막기 위해 사다리를 걷어차 더 이상 올라오지 못하도록 막는다는 뜻이다. 그런데 이런 행동은 코로나19 또는 세계적인 금융위기와 같은 글로벌 경제가 쇼크에 빠졌을 때 치고 나오게 된다.

나오미 클라인은 본인의 저서 《쇼크독트린》에서 글로벌 경제나 한 국가의 지배자들은 쇼크 상황을 만들어 자신들이 원하는 것을 얻는 도구로 쓴다고 했다. 일부러 쇼크를 만드는 경우도 있고 자연스럽게 발생하는 쇼크 상황에서 그동안 자신들이 추진하려고 했던 바를 밀어붙이는 경우도 있다. 그 과정에서 사다리 걷어차기가 나타나는 경우가 많다.

코로나 이후 새로운 무역 장벽: ESG 경영

기업의 목표는 주주의 부 극대화다. 즉, 회사의 주인인 주주들에게 배당을 많이 주던지 그렇지 않으면 주가를 올려 그들의 주머니를 두둑하게 해주는 것이 목표라는 것이다. 그런데 이런 거창한 말로 표장된 것을 한 꺼풀 벗겨보면 기업의 목표는 이윤 극대화라는 것을 누구도 부인하지 못한다.

그동안 기업들은 이윤을 극대화하기 위해 무슨 짓이든 해왔다. 돈을 잘 벌어야 좋은 기업이란 평가를 받기 때문이다. 1990년 알래스카에서 발생한 원유 유출 사고(엑슨발데즈), 파키스탄 아동노동 착취(나이키), 1991년 낙동강 페놀 방류(두산그룹 계열사인 두산전자) 등 국내외적으로 사회적 지탄을 받아 마땅한 일을 기업은 서슴없이 저질렀다. 이런 환경 오염이나 노동 착취와 같은 것들 이외에도 미국의 금융위기는 금융기관 종사자들의 총체적인 도덕적 해이가 불러온 사건이었다. 이런 일들을 겪으면서 글로벌 기관 투자자들은 보다 도덕적이고 사회공헌적인 기업들에게 우선적으로 투자하고자 하는 움직임이 나타났다. 그들이 내세운 개념이 바로 ESG 경영이다.

ESG는 환경Environment, 사회관계Social, 지배 구조Governance의 약자다. 기업을 경영할 때 환경적인 운영, 인권 존중 운영 그리고 투명성 강조와 합리적 운영을 고려해 그 기업의 성과를 측정해서 기업 성과 지표를 만들고 이에 따라 투자를 하겠다는 것이다. 즉, 기업의 재무적인 가치보다 ESG와 같은 비재무적 가치에 무게중심을 두겠다는 의미다.

ESG 경영에 대한 세부적인 내용을 살펴보기 전에 결론부터 말하자면, 글로벌 기관 투자자들이 이 개념을 투자에 반영하겠다는 것이 '사다리 걷어차기'라고 보는 이유가 있다. 우리나라를 비롯해 중국, 베트남, 인도 등 소위 이머징 국가에서는 경제가 성장하는 과정에서 어쩔 수 없이 환경 오염을 일으키는 일이 발생한다. 그리고 저임금 노동력을 사용해야만 기업의 수익성이 보장되니 노동 착취와 같은 일도 발생한다. 또 법 적용에 있어 경제인들에게 상대적으로 관대하다 보니 제대로 된 지배 구조를 갖추지 못하는 경우도 많은 것이 사실이다. 최근 암호화폐 테라-루나 사기 사건으로 체포되었던 권도형이 미국 말고 우리나라로 송환되기를 희망했던 것도 미국의 경제사범 처벌 수위에 비해 우리나라의 처벌 수위가 훨씬 낮기 때문이었다. 경제사범에 대한 처벌이 약하다는 것은 많은 부정이 저질러져도 제대로 처벌이 이루어지지 않는다는 것이고, 정상적인 지배 구조를 가져가는 것이 요원해진다.

이머징 국가의 기업들이 투자를 받으려면 그들의 요구를 들어줘야 한다는 의미인데, 이런 상황에서 ESG 경영을 투자에 반영하겠다는 것은 비용 상승으로 이어져 더 이상 가격경쟁력을 갖지 못하게 하는 요인으로 작용하게 된다. 상대적으로 가격경쟁력이 없는 선진국의 제조업체들에게 도움이 되는 일이니 제대로 사다리를 걷어차는 꼴이다.

ESG 경영은 2007년 금융위기 이후 기업들이 가진 도덕적 해이에 대한 경계에서 시작되었지만, 글로벌 이슈로 자리 잡은 것은 코로나19 팬데믹을 거치면서부터다. 코로나19가 결국 천적관계의 붕괴로 발생한 것이고, 그것은 환경 파괴로 인한 먹이사슬의 파괴로부터 시작된 것이니 환경 보호를 문제 삼으면서 압박의 수위를 높여가고 있다.

해외 기관 투자자들의 투자 대상이 되느냐 그렇지 않으냐에 따라 주가 수준이 달라진다. 이제 기업들은 글로벌 스탠더드로 자리 잡게 된 ESG 경영을 하지 않으면 안 되는 상황이다.

ESG는 어떻게 평가하나?

ESG 평가를 위해서는 수치화할 수 있는 측정 지표가 있어야 한다. 그런데 환경과 관련된 몇몇 지표를 제외하고는 숫자로 정확하게 측정할 수는 없고 평가자의 주관적인 판단이 개입되는 정량적 평가가 불가피하다는 점은 미리 알고 있을 필요가 있다.

ESG를 환경, 사회관계, 지배 구조로 나누어 살펴보면, 우선 환경 관련해서 가장 핵심적인 사안은 기후 변화에 따른 탄소 배출 관련 이슈다. 앞으로 기업은 과감한 탄소 배출 절감과 탄소 제로화를 추구해야 생존할 수 있다. 더불어 환경 오염을 완화하기 위한 자원 및 폐기물 관리, 에너지 효율화도 중요한 요소가 된다. 상대적으로 환경 관련 지표들은 계량화가 가능하다.

사회관계에서는 기업이 보유하고 있는 고객 개인정보 데이터에 대한 보호 의무와 인권 보장, 성별 및 다양성 고려, 지역사회와의 협력관계 구축 등에 힘쓰는지 또 노동자의 권익을 기업 스스로 보장해야 하고, 노동자 안정을 위한 조치 등을 평가하게 된다.

마지막 지배 구조 측면에서는 환경과 사회관계를 기업이 실현할 수 있도록 투명하고 신뢰도 높은 이사회 구성과 감사위원회를 구축해 뇌물이나 부패를 방지하고, 로비나 정치 기부금 활동에서 기업윤리를 준수하는 높은 지배 구조 가치를 확보해야 한다.

이런 세 가지 부분에 대한 평가를 통해 ESG 경영을 실천하는 기업이 소비자들에게 신뢰를 받을 뿐 아니라 미래 지속 가능성이 높

표37. ESG 투자 규모

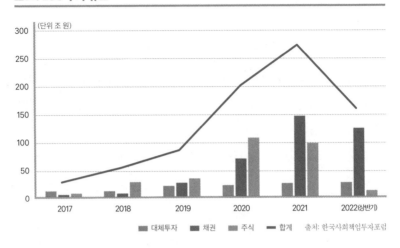

아지게 된다. 세계 최대 투자 회사인 블랙록BlackRock의 래리 핑크 회장은 2020년 연례서한을 통해 주요 기업들에게 "환경 지속 가능성을 핵심 투자 기준으로 삼겠다"고 선언했고, 실제로 블랙록은 석탄을 사용해 얻은 매출이 25%를 넘는 기업의 채권과 주식을 처분했다. 글로벌 금융 회사인 도이체방크는 오는 2030년 전 세계 ESG 투자 규모가 무려 130조 달러에 달할 것으로 전망했고, EU는 역내 모든 금융 기업을 대상으로 ESG 공시 의무화를 법안으로 제정했다.

우리나라에서도 ESG와 관련된 투자가 점차 늘어나고 있다. 한국사회책임투자포럼에서 현재까지 집계한 자료를 보면 2021년 ESG 관련 투자는 272조 원까지 늘어났고 이런 추세는 계속해서 증가할 것으로 예상된다. 즉, ESG 경영 체제를 갖춘 기업으로는 돈이 흘러

가지만, 그렇지 못한 기업들은 돈을 구하기 힘들어지는 상황에 처하게 될 것이다.

우리나라의 ESG경영

우리나라는 ESG 경영 평가를 본격적으로 시행하지 않고 있다. 금융위원회에서는 2025년부터 단계적으로 도입하겠다고 했던 ESG 관련 공시 제도를 2026년으로 연기했다. 앞서 2021년 금융위원회는 2025년 자산 2조 원 이상 기업부터 시작해 2030년 유가증권 시장 상장사 전체로 ESG 공시 의무화 대상을 확대하겠다고 밝혔지만 연기하기로 한 것이다. 금융위의 결정은 국내 ESG 공시의 주요 참고 기준인 IFRS-ISSB 기준이 2023년 6월에야 확정됐고, 미국 등 주요 국 ESG 공시 의무화가 지연된 점 등을 고려한 것이다. 또한 도입 초기에는 공시 위반에 따르는 제재 수준을 최소화하고 인센티브 제공을 통해 기업들의 정보 공시 의무화 대비를 지원하겠다고 한다. 그만큼 우리나라는 ESG 경영 공시에 소극적이라는 것을 알 수 있다.

우리나라가 ESG 경영에 대한 표준을 정해서 먼저 치고 나가면 세계적인 평가 표준을 선점할 수 있고, 이를 통해 ESG 부분에서 선도적 지위를 차지하는 것은 어떨까? 아직도 환경 보호에 대한 관심이 낮고, 여전히 가성비에서 우위를 차지해야 하는 산업 분야도 많으며, 기업 오너나 경영자들이 저지르는 부정과 비리에 대한 처벌이 공정하게 이루어지지 않는 전형적인 후진국형 경영 환경에 있다는 점을 고려하면, 빠른 시일 내에 ESG 경영이 자리 잡기를 희망한다.

그러면 또 하나의 코리아 디스카운트 요인이 사라져 투자 환경이 더 좋아질 것이다.

2022년 한국거래소는 KRX/S&P ESG 고배당지수를 포함한 5종의 지수를 발표했다. 이 중 KRX/S&P ESG 고배당지수는 S&P 다우존스지수S&P DJI와 공동개발한 지수로, ESG 및 고배당 우량주에 대한 투자 수요를 충족하려고 했다. 2024년 현재 한국거래소에 상장된 ESG ETF는 13종목으로, 순자산총액은 8,147억 원 규모다. 아직 그 규모가 크다고 보기는 어렵지만 시간이 지나면 ETF 시장에서 종목 수도 크게 늘어날 것으로 본다.

위기와 기회의 사이클

투자자를 **위한 팁**

세계경제는 더 이상 자유무역을 보장하지 않는다. 미국을 비롯해 많은 경제 대국들이 자국우선주의를 내세우면서 자국 내 산업을 보호하려 하고, 그 장벽으로 ESG 경영을 활용할 가능성이 크다.

① ESG는 기업의 지속 가능성을 높여준다. 따라서 ESG 경영을 자발적으로 해 나가는 기업에 대한 정보를 모아야 한다.

② 글로벌 투자 자금이 ESG 우수 기업에 몰릴 가능성이 커 ESG 경영에 적극적인 기업에 선제적으로 투자를 해야 한다.

③ ESG 경영 공시가 본격화되면 관련 ETF 설정도 많아질 것이므로 이것도 투자 기회가 된다.

6장

RE100과
신재생 에너지 열풍

슈퍼 을의 반란

세상을 살면서 갑甲의 위치에 있어야지 을乙의 위치에 서지 말라는 말이 있다. 이 말은 세상만사가 갑을관계로 이루어져 있고, 그중 갑은 둘의 관계를 주도하는 사람, 을은 갑의 의사를 따를 수밖에 없는 사람이 된다.

회사와 고용계약을 맺을 때 갑은 회사가 되고 을은 노동자가 된다. 대출을 받으려고 할 때 은행이 갑이 되고 돈을 빌리려는 고객은 을이 된다. 갑질이란 말도 있듯이 모든 거래나 계약에 있어 갑의 위치는 절대적이다. 특히 물건을 사고팔 때 일반적으로 매수자가 갑이 되고 매도자는 을이 된다. 그래서 매수자가 매도자에게 이래라저래라 하는 일이 대부분이다.

그런데 최근 슈퍼 을이 등장했다. 장비를 만들어 파는 회사가 납품할 대상을 고르겠다고 나선 것이다. 바로 네덜란드 반도체 장비 기업인 ASML이다. 첨단 반도체 장비를 독점하는 ASML은 2023년 연차보고서에서 고객사를 포함한 모든 생산 및 유통 과정에서 산소 순배출량을 제로로 만들겠다고 선언했다. 2040년까지 모든 공급망에서 '넷제로Net-zero(탄소를 포함한 온실가스 배출량과 제거량이 상쇄되어 순배출량 제로인 상태)'를 달성하겠다는 것이다.

ASML의 의도는 그들이 만들어 납품하는 최첨단 반도체 장비를 넷제로를 달성한 기업에 우선 배정하겠다는 것이다. ASML이 만드는 반도체 장비 중 EUV(노광장비)는 연 생산 물량이 극히 제한적으로, 우리나라의 삼성전자, SK하이닉스, 미국의 인텔, 대만의 TSMC 등 세계 주요 반도체 기업들이 장비 확보 경쟁을 벌이는 형국이다. 이 장비를 누가 먼저 손에 넣느냐가 반도체 경쟁에서 우위를 점하는 매우 중요한 요인이 되고 있어 ASML을 슈퍼 을이라 부르는데, 그 장비의 납품 우선순위를 탄소 배출 제로 달성 기업에 주겠다고 하니 글로벌 반도체 기업들은 필연적으로 신재생 에너지를 사용해 공장을 돌려야 한다. 이는 본격적으로 신재생 에너지 경쟁에 불이 붙었다고 해도 과언이 아니다.

슈퍼 을의 압박만 있는 것이 아니다. 우리보다 갑의 위치에 있는 애플을 비롯해 마이크로소프트, 구글, 아마존 등 반도체 수요 업체들의 압박도 강력하다. 이들 반도체 수요 업체들은 RE100 회원사로, 자사의 재생 에너지 100% 전환을 추진할 뿐만 아니라 이들 기업에 납품하는 회사들에게까지도 RE100을 요구하고 있는 상황이다.

RE100과 신재생 에너지

RE100은 2014년 세계기후그룹The Climate Group이 시작한 글로벌 기후 대책으로 100% 재생 가능 전기를 사용하는 것을 목표로 한다. 이 계획은 기업이 풍력 및 태양광발전과 같은 재생 가능 에너지원으로 전환하도록 장려함으로써 저탄소 경제로의 전환을 가속화하는 것을 목표로 한다. RE100은 기술, 소매, 금융 및 제조를 포함해 다양한 산업의 수많은 회사를 성공적으로 통합해서 2021년 현재 전 세계 200개 이상의 기업이 RE100의 일환으로 100% 재생 가능 전력을 사용하기로 약속했다.

RE100을 달성하기 위한 글로벌 노력은 참여 기업은 물론이고 정부 및 비영리 단체가 주도하고 있는데, 정부는 정책적으로 재생 에너지로의 전환을 지원하고 기업이 재생 에너지에 투자하도록 인센티브를 제공하는 등 중요한 역할을 한다. 비영리 단체는 기업이 재생 에너지 목표를 달성할 수 있도록 이해 관계자를 모으고 협력을 촉진하며 기술 지원 및 전문 지식을 제공하는 데 중요한 역할을 한다. 전반적으로 RE100은 보다 지속 가능한 저탄소 경제로 전환하고 기후 변화의 영향을 완화하기 위한 광범위한 움직임의 일부다. 이 계획은 기업이 탄소 배출량을 줄이고, 청정 에너지를 촉진하며, 보다 지속 가능한 미래를 만드는 데 도움을 주겠다는 약속이다.

　우리나라에서는 원자력발전으로 대체하려고 하는데, 이는 RE100에 대한 무지에서 나온 에너지 정책이다. 100% 재생 가능 에너지원으로의 전환을 장려하는 RE100의 관점에서 볼 때 원자력의 비율을 높이는 것은 기본 목표와 일치하지 않는다. 원자력은 우라늄과 같은 한정된 연료원에 의존하고 장기간 관리해야 하는 방사성 폐기물을 생성하기 때문에 재생 가능 에너지원으로 간주되지 않는다. 또한 원자력은 화석 연료에 비해 온실가스 배출량을 줄이는 역할을 할 수 있지만 원자력과 관련된 안전 및 폐기물 관리에 대한 상당한 우려도 있다.

　RE100은 '무한'하고, '저탄소'이며, 환경에 미치는 영향을 최소화하는 풍력 및 태양열과 같은 재생 가능 에너지원의 사용을 권장한다. 이러한 자원은 점점 비용 경쟁력이 높아져 기업이 재생 가능한 자원에서 모든 전기를 공급받을 수 있고 저탄소 경제로의 전환에서 주도적인 역할을 할 수 있다.

　태양광, 풍력, 조력 등 에너지 믹스의 선택은 경제적, 환경적, 사회적 요인을 신중하게 고려해야 하기 때문에 대단히 복잡하다. 그러나 RE100의 관점에서 초점은 기후 변화의 영향을 완화하는 가장 지속 가능하고 효과적인 수단으로 간주되는 100% 재생 가능 에너지로의 전환을 촉진하는 데 있다. 우리 기업이 RE100의 일환으로 재생 에너지 목표를 달성하지 못하면 즉각적인 영향은 제한적일 수 있다. 그러나 재생 가능 에너지로 전환하지 않는 것과 관련해 기업에 상당한 영향을 미칠 수 있는 장기적인 위험은 다음과 같다.

① 재생 가능 에너지원으로 전환하지 않으면 회사가 화석 연료와 관련된 가격 변동성과 규제 위험에 노출될 수 있다. 세계가 저탄소 경제로 이동함에 따라 화석 연료 사용을 제한하라는 압력이 증가할 수 있으며, 이는 에너지원으로 이러한 자원에 의존하는 회사에 더 높은 비용을 초래할 수 있다.

② 재생 에너지로의 전환 실패는 특히 소비자와 투자자가 기후 변화의 영향에 대해 점점 더 우려하고 탄소 배출량을 줄이기 위해 조치를 취하는 회사를 찾게 됨에 따라 회사의 명성과 브랜드 이미지에 해를 끼칠 수 있다.

③ 재생 에너지로 전환하지 않으면 기업이 저탄소 경제로의 전환으로 인한 성장 및 혜택을 받을 수 있는 기회가 제한될 수 있다. 재생 가능한 자원에서 전기를 공급받을 수 있는 회사는 저탄소 제품 및 서비스에 대한 수요 증가를 활용할 수 있는 좋은 위치에 있게 된다.

현재 RE100 홈페이지를 보면 굴지의 글로벌 기업 중 428개 기업이 RE100 목표를 제시하고 있다. 이들 기업 중 구글, 애플, 마이크로소프트, 스타벅스, 엑센츄어, 에어비앤비, 버버리, 칼스버그 등 다수의 기업이 이미 자체적으로 RE100을 달성한 상태이고 이제는 이들 기업에 부품이나 재료를 납품하는 기업들에게도 RE100을 요구하고 있다.

표38. 신재생 에너지 발전량 및 발전 비율

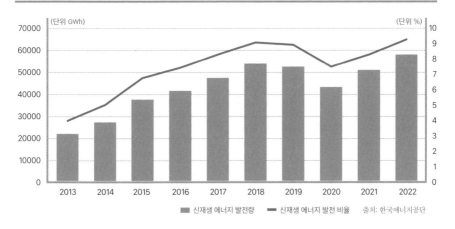

글로벌 진행 상황에 비해 우리나라의 신재생 에너지 발전량 및 발전 비율은 초보적인 단계에 머물러 있다. 우리나라에서 생산되는 신재생 에너지 발전량은 삼성전자 한 회사의 RE100 달성에도 모자라는 상황이다. 우리나라의 신재생 에너지 발전량과 발전 비율이 어느 상황인지 살펴보면 위와 같다.

RE100은 누군가의 말대로 알아도 그만, 몰라도 그만인 그런 용어가 아니다. 앞으로 기업이 사활을 걸고 달성해야 할 중대한 목표다. 우리 기업들이 우리나라에서 RE100을 달성할 수 있으면 몰라도 그렇지 못할 경우 공장을 RE100이 가능한 국가로 옮기는 일도 발생할 수 있다. 만약 그런 일이 발생하게 되면 일자리 부족 현상이 나타나는 것은 물론이고, 그만큼 GDP의 감소도 감수해야 한다. 글로벌 트렌드를 따라잡지 못하면 낙동강 오리알 신세가 될 수 있다.

텍사스 한파와 2차 전지

통신 혁명을 일으키는 데 반도체는 필수불가결의 요소였다. 그래서 1980년대부터 전 세계는 반도체 전쟁을 이어왔다. 4차 산업 그리고 에너지 혁명이 벌어지고 있는 지금은 제2의 반도체 전쟁이라고 하는 2차 전지 전쟁이 벌어지고 있다.

2차 전지는 충전이 가능한 전지를 말한다. 일회용 건전지인 1차 전지는 충전 후 재사용이 불가능하지만 2차 전지는 충전이 가능해서 스마트폰, 전기차, 전기 저장 장치 등에 사용되며, 그만큼 환경 문제도 덜 일으킨다. 2차 전지를 전기자동차에 탑재되는 배터리로 주로 알고 있지만, ESSEnergy Storage System이라 불리는 전기 저장 장치도 포함한다.

2021년 겨울, 미국 텍사스주에서는 한파와 정전이라는 재앙적인 사건이 발생했다. 이 전례 없는 자연재해는 수백만 명의 텍사스 주민에게 영향을 미치고 에너지 인프라에 막대한 피해를 입히는 광범위한 결과를 가져왔다. 텍사스 한파는 2021년 2월 북극 소용돌이가 북극의 비정상적으로 차가운 공기를 미국 남부 지역으로 밀어내면서 나타난 기상이변이다. 혹독한 추위로 인해 난방을 위한 에너지 수요가 급증했지만 텍사스의 전력망은 이러한 엄청난 수요 증가를 처리하지 못해 장기간 정전되면서 추위를 견디지 못한 주민들이 대규모로 사망하는 사태까지 발생했다. 이때 주목받은 것이 에너지 저장 장치다. 우리 주식시장에도 2차 전지 관련주들이 폭등하는 현상

위기와 기회의 사이클

이 나타났다. 테슬라를 비롯한 전기차업체의 전선을 바탕으로 한 전기차 배터리 열풍뿐만 아니라 에너지 저장 장치에 대한 수요 기대로 관련주들이 일제히 상승하는 모습을 보였다.

2차 전지의 구조를 간단히 알아보자. 2차 전지를 구성하는 재료는 음극재, 양극재, 분리막, 전해질 등이다. 양극재는 인산철, 니켈, 코발트, 알루미늄, 망간 등을 사용하는데, 배터리 원가의 40% 정도를 차지한다. 음극재는 리튬이온을 충전할 때 이를 저장하는 역할을 하며 주로 흑연을 사용하지만 최근에는 저장 용량이 더 큰 실리콘을 더 많이 사용하고 있다. 분리막은 미세한 구멍으로 리튬이온만 통과할 수 있도록 해서 배터리 안정성을 증가시키는 역할을 한다. 전해질은 리튬이온을 이동시키는 매개체로서 배터리 성능과 원가의 10~15%를 차지한다.

배터리는 양극재 소재에 따라 구분하는데, 우리나라 기업들은 삼원계(NCM(니켈, 코발트, 망간), NCA(니켈, 코발트, 알루미늄)) 배터리를 주로 생산하고 중국은 LFP(리튬, 철인 산화물) 배터리를 주로 생산한다. 중국의 LFP가 상대적으로 저렴하지만 성능이 떨어지는 것으로 알려져 있는데, 최근에는 기술을 발전시키면서 전 세계 2차 전지 시장을 주도하고 있다. 중국의 주력 제품인 LFP의 전기차 탑재 점유율 동향은 다음(표39)과 같다.

우리나라 주요 기업으로는 완성품 업체로 LG에너지솔루션, SK온, 삼성SDI가 있고, 양극재 업체 중 에코프로비엠이 NCA 배터리 분야에서 세계 2위 점유율을 보이고 있다. 2차 전지 붐 당시 에코프

표39. 배터리 양극재별 전기차 탑재 점유율(대외경제정책연구원)

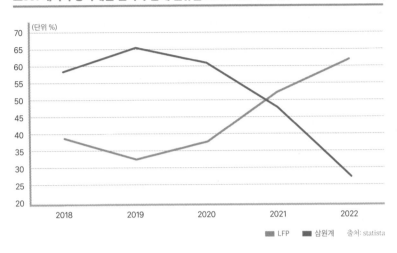

(단위 %)

출처: statista

로비엠은 2019년 저점을 기준으로 2023년 7월까지 자그마치 50배 나 주가가 오르는 기염을 토했다. 그만큼 2차 전지에 대한 시장의 기 대가 컸다는 것을 반증한다. (이후 주가가 하락한 것은 중국 업체인 CATL 의 선전과 관련이 있다.)

2차 전지는 제2의 반도체 산업이라 불릴 정도로 산업 전반에 큰 영향을 미치고 있다. 먼저, 친환경 자동차로 자리 잡은 전기차의 선 전이 이어지고 있다. 물론 전기차에 공급하는 전기가 어떤 에너지 원으로부터 제공되는지에 대한 논란이 있지만 최근 넷제로 내지는 RE100 정책을 통해서 본다면 신재생 에너지 산업을 일으켜 세워야 하는 것은 선택의 문제가 아니라 무조건 진행해야 하는 일이다. 에 너지 산업은 수많은 산업이 연관되어 있어 산업 유발 효과가 크다.

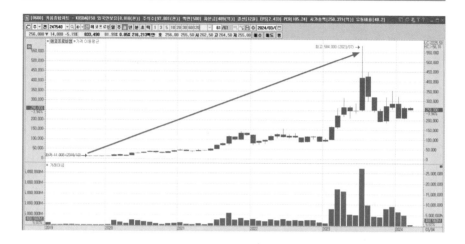

앞으로 투자 기회는 여전히 신재생 에너지와 이를 제품화할 수 있는 2차 전지 산업에서 찾을 수 있을 것이다.

다른 나라는 RE100을 향해 열심히 달려가고 있는데 우리나라는 원자력을 이용한 핵발전에 집중하느라 뒷걸음치고 있는 상황이 안타깝다. 큰 물줄기는 막을 수도, 되돌릴 수도 없다. 글로벌 경쟁력을 가진 우리 기업들이 여전히 선전하고 있으므로 그들 기업에 주목해볼 필요가 있다.

RE100은 보호무역을 위한 또 하나의 장치가 될 수 있다. 개발도상국들은 RE100에 쉽게 도달하지 못한다. 그래서 신재생 에너지를 이용한 RE100 도달 환경을 만들어내야 한다. 만들어내면 글로벌 경쟁력을 갖추지만, 그렇지 못하면 낙동강 오리알 신세를 면치 못하게 된다.

① 주요 수출 기업들의 RE100 도달 상황을 살펴야 한다.

② 우리나라에서 RE100을 달성하지 못하면 주요 공장들이 해외로 나가게 될 것이다. 그러면 해외 공장 동향을 살펴야 한다.

③ 태양광이나 풍력 산업에서 글로벌 경쟁력을 갖춘 우리 기업들이 있다. 지금은 힘을 쓰지 못하지만 시간이 지나면 제자리를 잡을 수 있다는 믿음으로 종목을 발굴할 필요가 있다.

7장

배당 성향 확대와
자사주 매입 열풍

자진상장폐지와 폭탄배당

기업의 수익성이 폭발적으로 늘어나면 많은 주주들이 높은 배당을 기대한다. 그런데 주주들에게 고르게 배당을 줄 것이란 기대는 순진한 생각이다. 많은 대주주들은 기업의 수익이 폭증하면 자진상장폐지를 하고 늘어난 수익을 대주주들만 나눠 갖는 폭탄배당을 한다. 늘어난 수익을 모두 나눠 갖고 나면 5년 이내에 재상장을 추진한다. 이런 얘기를 들으면 '설마 그런 일이 있을까' 하는 의구심이 들겠지만, 그런 사례들이 차고 넘치는 것이 현실이다.

서울 강남 지역 도시가스 서비스업체인 코원에너지서비스는

1978년 7월에 설립되어 1995년 12월 한국거래소에 주식을 상장했다. 2012년 8월 최대주주인 SK E&S(지분 82.24% 보유)는 주식의 상장을 유지할 실익이 없다고 판단해 상장폐지를 신청하기로 하면서 거래소에서 주당 3만 7,000원(시가총액 3,590억 원)에 주식을 공개매수했는데, 공개매수 가격은 공시 전 1개월 가격 대비 21.5% 프리미엄을 붙인 가격으로 했다. 이는 2012년 말 주당 장부 가격 5만 7,790원의 0.64배 가격이다. 그런데 상장폐지 이후 코원에너지서비스 주식을 가지고 있던 소액주주들의 분통을 터뜨리는 일이 발생했는데, 대주주인 SK E&S가 자진상장폐지 후 폭탄배당을 했기 때문이다. 코원에너지서비스는 2014년 총 2,600억 원(현금 1,300억 원, 주식 1,300억 원)을 배당했는데, 이는 2012년 배당 금액(77억 5,600만 원)의 33.5배에 달한다. 현금 배당 성향은 상장폐지 전 34%에 불과했지만 상장폐지 후 756%에 달했다. 상장폐지를 해놓고 자신들이 보유하고 있던 저평가된 부동산을 재평가해서 그 과실을 소액주주들을 배제한 채로 본인들이 모두 가져간 사례다.

태림페이퍼의 사례도 있다. 동사는 2016년 주당 3,600원에 공개매수 후 자진상장폐지했다. 그리고 2년 후 주당 4,311원을 배당했다. 폭탄배당을 대주주가 독차지하기 위해 자진상장폐지를 했다는 의심이 들 수 있는 사례다. 이런 사례를 소개하는 이유는 대주주나 회사의 경영자들은 겉으로는 소액주주들을 위하는 것 같지만 실상은 그렇지 않다는 것이다. 그래서 기업들이 재무적인 의사결정을 하면 그 이유가 무엇인지에 대해 잘 살펴봐야 한다.

배당을 할 때와 자사주를 매입할 때

최근 주주행동주의운동이 활발해지면서 주주가치 제고를 위해 자사주 매입이나 배당을 늘리라고 경영진에 압박을 가하고 있다. 그리고 실제로 배당 성향이 폭발적으로 증가했다고 보기는 어렵지만 자사주 매입은 상당 폭 늘어나기도 했다.

기업 입장에서는 현금 배당을 하거나 자사주 매입을 하거나 주주 가치를 제고하는 차원에서는 같은 의사결정으로 보이지만 내부적으로는 그렇지 않은 경우가 많다. 먼저 기업이 배당을 하는 경우는 언제일까? 기업은 순이익이 생기면 배당을 하든지 그렇지 않으면 회사 내에 유보한다. 앞서 우리 주식시장에 코리아 디스카운트 현상이 벌어지는 이유로 낮은 ROE와 배당 성향을 꼽았다. 배당 성향이 낮다는 것은 순이익의 상당 부분을 사외로 유출시키지 않고 회사 내에 쌓아둔다는 것을 의미한다. 그런데 이런 성향을 보이는 기업들이 배당을 늘리는 경우가 발생하는데, 대부분은 대주주가 현금이 필요할 때(예를 들어 상속세를 납부해야 한다든지) 그런 일이 발생한다.

삼성생명의 경우 이건희 회장의 삼남매 중 이재용 회장의 지분율이 10.44%, 이부진 사장은 6.92%, 이서현 이사장은 1.73%였다. 이들은 상속세를 분할납부하기로 했는데, 삼성생명은 이를 위해 주당 배당금을 늘렸다. 실제로 우리 기업들의 배당 성향이 전체적으로 늘지 않고 있다는 점을 보면 비교되는 행보가 아닐 수 없다.

기업이 배당을 늘린다는데 주주 입장에서는 반대할 이유는 없

표40. 우리나라 기업의 배당 성향

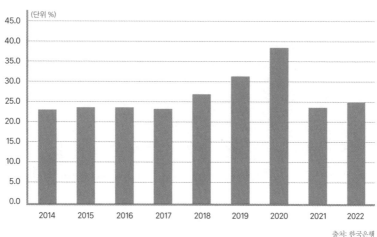

(단위 %)

출처: 한국은행

다. 그러나 한 발 더 들어가보자. 배당금은 자신이 보유한 주식 수에 비례해서 받게 된다. 대주주는 큰돈을 받아가지만 소액주주들은 사실 푼돈을 받게 된다. 문제는 기업 입장에서 현금이 회사 밖으로 빠져나가는 것. 배당을 하지 않는 것도 문제지만, 지나치게 많은 배당을 해서 현금 보유 수위가 낮아지는 것도 바람직하지 않다. 회사의 전략적 판단에 의해 배당이 지급되는 것은 권장할 일이지만, 특별히 누군가의 이익을 위해 회사의 배당 정책이 좌지우지된다는 것은 장기적인 관점에서 좋지 않다.

그렇다면 기업들은 언제 자사주 매입을 할까? 자사주 매입은 기업이 본인의 주식을 사는 것이기 때문에 자본 건전성 문제를 일으킨다. 그러나 기업이 자사주를 매입하면 주식에 대한 매수 여력을 높

위기와 기회의 사이클

표41. 연도별 자사주 매입 신고 건수 및 금액

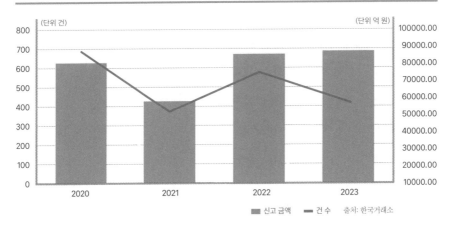

이기도 하고, 자사주로 보유하는 경우 발행 주식 수를 줄여 주식의 주당 가치를 높이는 역할을 한다. 여기서 주당가치란 PER을 계산할 때 사용하는 주당순이익, PBR을 계산할 때 사용하는 주당순자산 등을 말한다. 그래서 시장에서는 일반적으로 기업의 자사주 매입이 호재로 받아들여진다.

우리 기업들의 자사주 매입이 최근 활발한 것도 사실이다. 코로나 팬데믹으로 주가가 급등했던 2021년을 제외하면 우리나라 상장기업들의 자사주 매입이 활발하다는 것(표41)을 알 수 있다. 한 해 자사주 매입 규모도 8조 원대를 웃도는 수준이다.

여기서 한 가지 더 짚고 넘어가야 하는 것은 단순히 자사주를 매입했다는 것만으로 모든 것이 해결되지는 않는다는 사실이다. 자사주를 매입한 이후 소각하는 단계까지 가야 한다. 자사주를 매입한 이후 소각하면 그 주식은 영원이 없어지는 것이지만, 그렇지 않고 나중에 주가가 더 올랐을 때 매입해뒀던 자사주를 시장에 매각한다면 자사주를 가지고 주식 매매를 한 것과 같기 때문에 오히려 주가에는 좋지 않은 영향을 미치게 된다. 그런데 최근 자사주 매입에 대해 비판의 목소리가 커지고 있어 살펴볼 필요가 있다. 기업들이 회사 내 여유 자금을 새로운 사업에 투자하기보다는 자사주 매입에 사용해 투자보다는 주가 부양에 더 많은 돈을 쓰는 게 아니냐는 비판이다. 무슨 내용인지 알아볼 필요가 있다.

자사주 매입의 진정한 수혜자

주식회사는 주주총회에서 모든 일을 결정하지 못한다. 그래서 이사회를 구성하고 그 이사회에서 대표이사 CEO를 선출해 기업을 경영하게 하는 것이다. 그렇다면 회사의 CEO는 주주들에게 이익이 되도록 의사결정을 해야 마땅하다. 그런데 만약 주주의 이익과 자신의 이익이 충돌한다면, 그들은 어떤 의사결정을 할까? 예를 들어, 업무추진비의 경우 꼭 필요한 업무추진비는 사용해야 하겠지만 그렇지 않은 경우에는 쓰지 말아야 한다. 그런데 CEO 입장에서는 자신의 돈을 쓰는 것보다 회사 돈을 쓰는 것이 더 이익이 된다. 문제는 대체로 이런 경우 본인 돈보다는 회사 돈을 쓴다는 것. 이런 문제를 대리인 문제라고 한다. 어떤 CEO는 회사에서 제공하는 차량이 한

대면 되지만 본인의 지위를 과시하기 위해 여러 대의 차를 구입한다든지 그렇지 않으면 CEO가 타고 다닐 수 있는 전용기를 구입하는 경우도 있다. 이런 모든 행위는 회사에 비용 부담을 주게 되어 수익성을 떨어뜨린다. 하지만 지금까지 수많은 CEO들이 이런 행동을 서슴지 않았다.

CEO들의 이런 행동을 제한하기 위해 고안한 제도 중 하나가 바로 스톡옵션 제도다. 스톡옵션은 CEO들에게 회사의 주가가 올라가면 미리 정해진 가격에 주식을 살 수 있는 권리를 부여하는 것을 말한다. 그러면 그들은 비용을 증가시키면서 가져가던 자신들의 이익을 포기하고 회사의 수익성을 높여 이를 통해 주가가 올라가면 스톡옵션을 행사해 그 이익을 챙겨가게 되는 구조다. 최근 얼마나 많은 스톡옵션이 부여되고 행사되었는지는 다음(표42)과 같다.

자료가 공개된 부분까지 살펴보면 상장기업이 회사 구성원에게 부여한 스톡옵션 금액이 2020년 처음으로 1조 원을 넘었고, 2021년 상반기까지만으로 2조 원에 이르는 것을 확인할 수 있다. 이런 막대한 이익을 눈앞에 뒀다면 CEO들은 어떤 행동을 하게 될까? 본인의 이익이 극대화되는 방향으로 움직인다면 회사의 주가를 올리기 위해 비용 통제는 물론이고 자사주 매입도 적극적으로 할 가능성을 배제할 수 없다. 주가가 올라야 본인에게 이익이 되니까.

배당과 마찬가지로 회사의 주가가 올라간다면 모두가 좋아할 일은 맞다. 그런데 기업 입장에서 본다면 장기적인 계획을 가지고 회사의 재산을 배분해야 하는데 그렇지 않고 단기적으로 주가를 올려

표42. 국내 상장사 스톡옵션 행사 금액

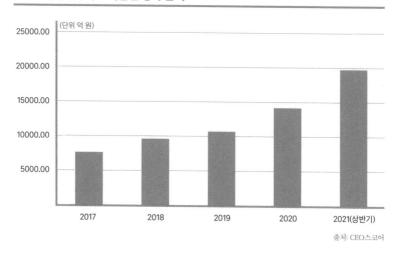

(단위 억 원)

출처: CEO스코어

CEO의 스톡옵션 행사 이익을 극대화하는 데 쓰이게 된다면 기업은 단기 성과에만 매달려 중장기 투자는 외면되고 만다는 단점이 있다.

사실 이런 일은 미국에서도 지속적으로 비판의 대상이 되고 있다. 회사가 제대로 돈을 쓰지 않고 계속 자사주만 사면 나중에 돈이 필요할 때 어떻게 할 것인지에 대한 비판인 것이다. 미국의 자사주 매입 규모는 우리와는 비교도 안 될 정도로 증가하고 있음을 확인(표43)할 수 있다.

CEO들의 도덕적 해이가 지나쳐서인지 최근 미국에서는 스톡옵션 대신 장기 성과에 따라 보상을 주는 방안들이 나오고 있다. 사실 스톡옵션의 본고장인 미국에서도 CEO 등 임원 보상 패키지에서 스톡옵션의 비중이 점차 줄어드는 추세다. 하버드 로스쿨 기업지배구

표43. 연도별 자사주 매입 공시 금액(미국)

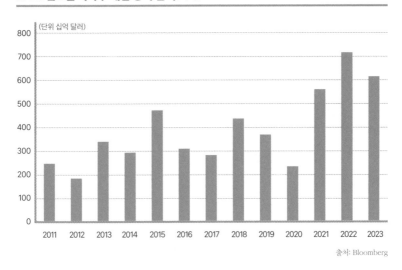

출처: Bloomberg

조포럼의 분석에 따르면 S&P500 기업 CEO의 LTI(장기 인센티브) 프로그램에 스톡옵션이 포함된 비율은 글로벌 금융위기였던 2009년 70%에서 2020년 47%로 줄었다. 반면 장기 성과와 연동해 현금이나 주식을 주는 '퍼포먼스 플랜' 비율은 같은 기간 50%에서 92%로 늘었다. 스톡옵션 비중이 줄어든 이유는 회사 경영진이 스톡옵션 보상액을 확대하려고 단기적인 주가 상승에만 몰두하거나 무리한 투자를 하는 부작용이 나타났기 때문이다. 퍼포먼스 플랜에는 성과 기반으로 주식을 배정하는 것을 포함하는데, 이는 장기적인 성과에 연동되는 것을 말한다.

돈과 관련된 모든 일은 역사적으로 반복된다. '돈 놓고 돈 먹기'란 말은 돈이 많은 사람이 머니 게임에서 유리하다는 것을 말해준다. 주식시장에서 소액주주들은 약자에 속한다. 돈을 많이 가진 사람들이 어떤 행동을 보이는지 아는 것이 그래서 중요하다. 알아야 그들의 행동을 막을 수 있고, 만약 막을 수 없더라도 나 자신을 보호할 수 있기 때문이다.

앞으로도 폭탄배당이나 자사주 매입과 같은 의사결정은 지속적으로 진행될 것이다. 그 이익을 같이 누리되, 그로 인해 회사가 피해를 보는지를 반드시 지켜봐야 한다. CEO는 그만두고 다른 곳으로 가면 되고, 대주주는 당장 회사가 어려워져도 버틸 수 있다. 하지만 소액주주들은 그런 상황에서 기댈 곳이 없다.

배당 성향의 확대와 기업의 자사주 매입은 주식시장에서는 호재로 작용한다. 그러나 그 속내를 들여다보면 자칫 기업 내부적으로 쌓아둔 현금이 고갈될 우려가 있고, 이로 인해 회사가 어려움에 처할 수 있다. 투자자들의 행동 지침을 살펴보자.

① 배당을 주면 좋다. 하지만 배당 결정이 대주주의 이익을 위한 것이라면 배당을 받고 주식을 팔아야 한다.

② 자사주 매입은 호재다. 그런데 진정으로 호재가 되려면 자사주 매입 후 소각을 하는지 확인해야 한다. 그렇지 않으면 주식을 파는 것이 옳다.

③ 기업의 CEO들이 단기적으로 수익을 올릴 수 있는 스톡옵션이 어느 정도인지 알아보고, 스톡옵션이 행사되면 주식을 팔아야 한다. 적어도 CEO는 자기 회사 주가의 상투는 알고 있기 때문이다.

8장

대중자본주의의
확산과 폐해

누구나 주식투자를 하는 시대

우리나라에서 일반인들이 주식투자에 본격적으로 나서기까지 몇 차례 계기가 있었다. 1980년대 말 포항제철(현재 POSCO)(1988년)과 한국전력(1989년)을 국민주로 일반 국민들에게 주식을 매각한 것이 처음이었다. 그리고 1998년 IMF 외환위기를 거치는 동안 우리나라 주식을 매수하자는 캠페인을 벌인 현대증권의 주도로 나타난 '바이코리아' 열풍, 2003년 이후 나타난 적립식 펀드 열풍, 그리고 2020년 나타난 동학개미운동 등을 거치면서 우리나라 주식투자 인구는 폭발적으로 늘어났다. 그 결과 요즘은 주위에서 주식투자를

표44. 경제 활동 인구 대비 주식 소유 인구

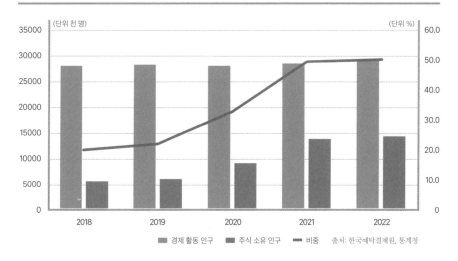

경제 활동 인구 　　주식 소유 인구 　　비중 　출처: 한국예탁결제원, 통계청

하지 않는 사람들이 오히려 이상하게 느껴질 정도로 주식투자는 우리 생활 깊숙이 들어와 있다.

얼마나 많은 사람들이 주식투자를 하고 있을까? 15세 이상 인구 중 수입이 있는 일에 종사하고 있거나 취업을 하기 위해 구직 활동 중에 있는 사람들을 경제 활동 인구라고 하는데, 경제 활동 인구 대비 주식을 소유한 사람들의 비중을 살펴보면 위와 같다.

대체로 우리나라 경제 활동 인구는 2,800만 명대를 유지하고 있다. 그리고 12월 결산 법인들의 주식을 소유하고 있는 주식 소유 인구는 해마다 증가해서 2022년 기준 경제 활동 인구의 49.8% 수준인 1,440만 명에 이른다. 경제 활동 인구 두 명 중 한 명은 주식투자를 하고 있다고 봐도 무방한 것이다. 물론 이 데이터가 주식투자 인구 비중을 정확히 나타내는 것은 아니다. 15세 미만인 소아청소년들도 주식을 보유하고 있기 때문이다. 하지만 국가 전체적으로 보면 평균적으로 그렇다는 말이다.

주식을 소유한다는 것은 자본을 소유하는 것이다. 그래서 우리나라 국민들 중 절반은 자본가로 분류할 수 있다. 노동자이면서 자본가가 되는 셈이다. 흔히 자본가와 노동자는 서로 대립하는 존재로 인식하는 경우가 많지만, 최근에는 노동자가 주식을 보유함으로써 자본가와 노동자의 구분의 옅어지는 현상이 곳곳에서 나타나고 있다. 이런 현상을 대중자본주의라고 부른다.

대중자본주의와 부자가 되기 위한 열망

사람이 사는 데 있어 돈은 반드시 필요하다. 인생의 목표가 돈을 버는 데 있다고는 믿지 않지만, 돈 없이 사는 것은 힘들다는 것도 사실이다. 그래서 우리에게 자본주의가 필요한지도 모른다. 자본주의는 자본이 지배하는 사회 구조를 말하는 것으로, 사유재산에 바탕을 두고 이윤 획득을 위해 상품의 생산과 소비가 이루어지는 경제 구조를 말한다.

자본주의는 자본가들에 의해 작동하는데, 그 안에서 노동자들은 자본가들이 자본을 축적하는 수단이 되었던 것도 사실이다. 자본가들이 자본을 축적하는 과정에서 과거로부터 노동 착취가 심했고, 노동자들은 이에 저항하기 위해 부자들을 때려 부수는 일도 자주 나타났다.

이런 폐해를 바꾸고자 나타난 것이 바로 대중자본주의다. 대중자본주의는 영국의 총리였던 대처 총리의 경제 정책인 대처리즘에서 찾아볼 수 있다. 대처리즘의 핵심 실천 사항이던 국영 기업 민영화는 그녀의 재임 기간 11년 내내 추진되었고 '헨리 8세의 수도원 해체 이후 가장 큰 규모의 소유권 이전'이라고 일컬어질 만큼 혁명적이었다. 민영화는 20세기 영국의 정책 가운데 다른 나라에 가장 큰 영향을 끼친 경제 정책이 됐다.

무엇보다 중요한 것은 민영화가 국민의 정신을 바꿔놓았다는 점이다. 자본주의 작동 원칙을 대중에게 홍보해서 자본주의에 대한 지지를 높였다. 민영화는 한마디로 자본주의에 대한 인식전환운동이었던 것이다. 대처는 부를 추구하는 개인의 성공 심리, 이윤을 추구하는 자본주의적 기업 의욕을 적극적으로 옹호했다. "이윤은 나쁜 것이라는 사고방식이야말로 산업 활동을 저해하고 세계 무대에서 효과적으로 경쟁하는 것을 방해한다. 심지어 자유롭고 다양한 사회의 기초를 망치는 요인이다."

대처는 "부자를 때려 부순다고 해서 가난한 사람이 부자가 될 수 없다"고 했다. 그의 자본주의 철학을 '파퓰러 캐피털리즘popular capitalism', 즉 대중자본주의라고 한다. 기존의 영국 자본주의가 자본가를 위한 자본주의였다면, 그가 내건 자본주의는 일반 노동자를 위한 자본주의다.

사실 대중자본주의는 신자유주의와 맥을 같이한다고 볼 수 있다. 노동자들마저도 자본가에 합류시킴으로써 모두가 자본가의 마인드를 갖게 하면 자본이 더욱 쉽게 자신들의 이익을 취할 수 있게 된다. 그리고 노동자들에게는 주가가 올라가면 모두가 부자가 될 수 있다는 생각을 머릿속에 넣어줌으로써 부자 되기 열풍을 일으킨 것이다.

부동산보다는 주식투자가 대세가 된다

우리 국민들은 지금까지 부동산 불패 신화를 경험해왔다. 부동산 불패 신화란 부동산 가격이 지속적으로 상승했다는 의미다. (IMF 외환위기, 미국발 금융위기를 거치는 동안에는 잠시 하락 국면을 맞이하기도 했다.) 우리나라에서 부동산 가격이 지속적으로 오른 이유는 모두가 알고 있는 바와 같이 대부분의 가계 자산이 부동산에 편중되어 있기 때문이다. 부동산 가격이 떨어지면 민심이 사나워지니 이를 달래기 위해 지속적으로 부동산 가격 부양 정책을 사용한 결과다. 부동산 가격이 지나치게 떨어지거나 지나치게 올라가도 정권의 명운이 달라지는 경험을 통해 부동산은 지속적으로 완만하게 오른다는 믿음이 자리 잡은 것이다.

우리나라 가계 자산에서 부동산 등 실물 자산과 금융 자산의 비

표45. 가계 자산별 구성 비중

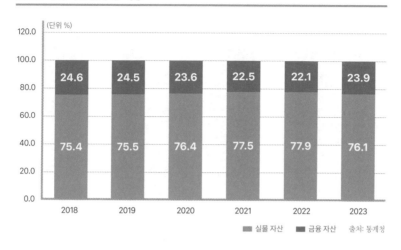

중을 살펴보면 위와 같다. 가계의 전체 보유 자산 중 실물 자산 비중이 75% 정도 되고 금융 자산의 비중은 20%대 초반에 머물고 있다. 그만큼 가계의 자산은 부동산에 편중되어 있다. 그러나 인구의 노령화를 넘어 인구 감소의 시기에 접어들면 부동산에 편중된 자산 구성은 금융 자산의 비중이 늘어나는 방향으로 전환될 가능성이 크다. 특히 주식 등 금융투자 자산의 비중이 커질 가능성이 큰데, 그 이유는 주요 선진국의 가계 자산 비중(표46)을 보면 알 수 있다.

앞으로 부동산보다는 주식투자 비중이 높아진다는 것은 그만큼 투자자의 책임이 커진다는 것을 의미한다. 부동산도 가격이 오르든 떨어지든 투자 결과에 대한 책임은 투자자 본인이 지게 된다. 그런 점에서는 주식투자도 마찬가지다. 그러나 부동산투자와 주식투자가

표46. 주요 선진국 가계 자산 비중

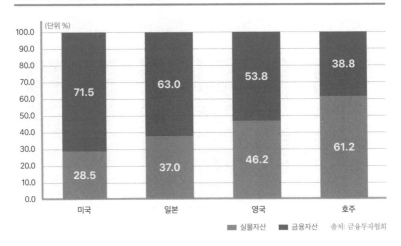

다른 점은, 부동산 가격에 비해 주식 가격은 단기적 변동성이 훨씬 크다는 것이다. 이는 다른 말로 바꿔보면 매우 위험한 투자 수단이 우리 손에 쥐어진다는 것. 그래서 무엇보다 투자에 대한 광범위한 지식이 중요해진다.

대중자본주의의 폐해, 주주총회에 대한 무관심

더 많은 사람들이 주식투자에 나서면 주식시장의 저변이 넓어져 좋아질 것만 같다. 그러나 많은 장점에도 불구하고 대중자본주의가 일반화됐을 때 나타날 수 있는 대표적인 문제점을 알아야 한다.

기업이 발행하는 증권은 크게 두 가지가 있다. 하나는 주식이고 다른 하나는 채권이다. 주식을 보유하면 기업 실적에 따른 배당을 받으면서 주주총회에 참석해 주주권을 행사할 수 있다. 그러나 채권을 보유하면 기업 실적에 상관없이 이자를 받지만 경영권에 영향을 줄 수는 없다. 주식 투자자가 많아지는 것은 좋은 일이지만 주주가 많아져서 주주총회에 많이 참석하면 기존 대주주들이나 경영진들이 본인들의 이익을 추구하는 데 걸림돌이 될 수 있다. 그래서 가급적 주주들이 주주총회에 관심을 갖지 못하게 하는 장치들을 사용한다. 그중 대표적인 것이 바로 배당 정책이다.

원래 배당은 기업의 이익이 많으면 많이 주고 기업의 이익이 적으면 적게 준다. 기업의 이익이 없으면 배당을 주지 않을 수도 있다. 그런데 최근에 기업들은 이익이 많든 적든 배당을 일정하게 주는 배당 평준화 정책을 사용하고 있다. 이렇게 되면 주주들은 매년 일정한 배당을 받게 되니 이게 배당인지 아니면 채권에 투자했을 때 받는 이자인지 혼동을 일으킬 수 있다.

기업들이 주주총회를 일정한 날짜에 몰아서 개최해 여러 기업에 투자하고 있는 주주들의 주주총회 참석을 원천봉쇄하는 경우도 있다. 물론 전자투표 제도를 채택해서 주주총회 참석을 유도하는 기업도 있지만, 주주들의 주주권 행사가 소극적으로 변한 것은 사실이다.

주주들이 주주총회에 관심을 갖지 않으면 대주주 또는 경영자들은 주주의 이익을 해치면서 자신들의 이익을 도모할 가능성이 크다. 그래서 주주들은 자신의 이익을 지키기 위해 더욱 각성이 필요하다. "권리 위에 잠자는 사람들의 권리는 보호받지 못한다." 스스로 권리를 찾지 않으면 아무도 그 권리를 보장해주지 않는다는 사실을 되새겨야 한다.

투자자를
위한 **팁**

고령화와 인구 감소 시대가 되면 현금화가 어려운 부동산보다는 현금화를 빨리 할 수 있는 주식 등 금융 자산에 대한 투자 비중이 자연히 커지게 된다. 주식투자 저변이 넓어지는 것은 좋지만 투자자들은 다음을 지켜야 한다.

① 먼저 가계 자산 비중에서 부동산을 줄이고 50% 정도는 금융 자산으로 보유해야 한다.

② 주식투자를 할 때 배당을 꾸준히 받을 수 있는 우량주에 장기투자를 한다.

③ 주주총회 시기가 되면 위임장 제도를 이용하든 전자투표에 임하든 주주 총회에 참석해서 자신의 의사를 표시하는 것이 중요하다. 참석 자체가 견제 수단이 될 수 있다.

9장

주주행동주의와
스튜어드십코드

정보비대칭이 판치는 주식시장

주식시장은 정보가 강물처럼 흘러 다니는 곳이다. 경제 정보, 산업 정보, 국제 정보, 기업 정보 등 수없이 많은 정보들이 쏟아져 나온다. 그리고 최근 초고속 인터넷 시대에 개인들 손에도 처리할 수 없이 많은 정보들이 쥐어진다.

내가 가진 정보가 많으면 투자자들은 자신감을 갖고 과감한 투자에 나서게 되는데, 그 결과는 대체로 처참한 손실로 이어진다. 정보의 양은 많지만 제대로 된 정보를 갖지 못했기 때문이다. 정보경제학적인 측면에서 정보의 가치를 따져보면 다음과 같다.

① 나도 알고 있고 남들도 같이 알고 있는 정보는 가치가 없다. 이런 정보들은 대체로 인터넷을 통해서 접하게 되는 정보들이다. 대부분의 투자자들이 무가치한 정보를 가치 있는 정보로 오인해서 투자에 적용하고 있는 것이 현실이다.

② 내가 알고 있는 정보와 남들이 알고 있는 정보가 서로 다른데 내가 알고 있는 정보가 더 정확한 경우 정보의 가치는 양(+)의 가치를 갖는다. 이런 정보를 이용해서 투자에 나서면 성공할 가능성이 크다. 그런데 대부분 이런 정보는 내부자 정보에 해당해서 일반 투자자들이 접근하는 것은 힘들다.

③ 내가 알고 있는 정보와 남들이 알고 있는 정보가 서로 다른데 남이 알고 있는 정보가 더 정확한 경우 정보의 가치는 내 입장에서 음(-)의 가치를 갖는다. 이런 정보는 개인 투자자들 손에 쥐어지지 못하고 기업의 대주주나 최고경영층이 독점하는 정보다.

주식투자에서 정보와 관련해서 가장 많이 적용되는 이론은 '정보비대칭' 이론이다. 정보비대칭이란 주식시장에서 활동하는 모든 사람에게 같은 크기의 정보가 주어지지 않는다는 것이다. 정확한 정보를 많이 갖는 사람은 소수인 반면 그렇지 못한 사람이 대부분인 상태를 말한다.

정보비대칭이 심각해지면 두 가지 현상이 발생하는데, 하나는 '도덕적 해이'이고 다른 하나는 '역선택'이다. 도덕적 해이는 정보를 많이 가진 사람이 정보를 적게 가진 사람에게 사기적인 행위를 하는 것을 말한다. 예를 들어, 기업이 부도에 몰렸을 때 그 사실을 알고 있는 대주주나 경영자들이 자신들의 주식을 시장에 매각하기 위해 허위로 계약 수주나 신제품 개발과 같은 공시를 해서 주가를 올리고 그 틈에 주식을 팔아버리는 행위 등이 이런 유형에 속한다고 볼 수 있다.

역선택은 정보를 적게 가진 사람이 같은 돈을 주고도 허접스러운 주식을 사게 되는 것을 말한다. 정보가 부족하니 제대로 판단할 수 없게 되어 기업 내용이 나쁜 주식을 높은 가격에 사게 되는 것이다. (주식투자와는 조금 차이가 있지만) 몸이 건강하지 못한 사람이 그 사실을 숨기고 보험에 가입하는 경우와 비슷하다. 보험 회사가 보험 가입자가 건강한 사람인지 그렇지 못한 사람인지를 정확히 알 수 없는 상태에서 보험 가입을 받아주는 것을 "역선택에 빠진다"고 한다.

돈에 대한 인간의 욕망은 인류가 경제 활동을 한 이래 단 한 번도 바뀐 적이 없다. 돈이 걸린 일이라면 무슨 수를 써서라도 돈을 벌려고 하는 것이 인간 본성이다. 그러니 투자 시장에서는 내 이익을 위해 스스럼없이 남을 속이는 일이 흔히 벌어진다. 투자에 성공하기 위해서는 정보비대칭을 극복해야 한다. 만약 내가 정보비대칭 현상을 극복하지 못한다면 상대방이 내게 적어도 사기적인 행위를 하지 못하도록 행동하는 것도 투자 실패를 줄이는 방법이 된다.

주주행동주의: 내 권리는 내가 지킨다

주주들이 회사에 바라는 것은 장사를 잘해서 배당을 많이 주던지 그렇지 않으면 주가를 제대로 올려주는 것이다. 그런데 기업은 주주들에게 이익을 돌려주기는커녕 대주주의 이익이나 최고경영진의 이익을 위해 주주의 이익을 해치는 일을 서슴지 않는 경우가 많다. 그래서 주주들이 직접 자신의 권리를 찾기 위해 행동에 나섰다. 주주행동주의의 시작. 주주행동주의는 기업 지배 구조, 재무 구조, 환경, 사회적 책임 등에 대한 개선 요구와 주주의 이익을 극대화하는 주주 환원 정책 등을 요구하며 적극적인 주주권을 행사하는 것이다. 또 이런 가치를 실현하고자 돈을 모아 펀드를 만들어 활동하는 것을 행동주의펀드라고 한다. 최근 국내에서도 행동주의펀드가 활발하게 활동하고 있다.

최근 주주행동주의의 방향은 기업 경영의 투명성 제고, 주주 권리 강화 등 기업 경영 전략의 변화를 요구함으로써 투자 대상 회사의 경영 개선을 목적으로 하고 있고, 이를 위해 적극적으로 주주총회에 참석하는 것은 물론이고 주주권 행사도 마다하지 않고 있다. 시장에서는 주주행동주의와 적대적 M&A를 혼동하는 경우가 있는데, 다수의 지분 확보를 통해 과반 이상의 이사 선임과 같은 경영권 확보를 노리는 적대적 M&A와는 달리 주주행동주의는 기업의 경영 방향성에 대한 개선과 변화를 요구하고 지배 구조나 의사결정에 적극적으로 영향력을 행사하는 것이다.

주주행동주의를 가장 적극적으로 추구하는 투자자는 사모펀드들이다. 그리고 이를 행동주의펀드라고 하는데, 주주 제안, 주주총회 의결권 행사나 주주 서한 발송, 경영진과의 대화, 미디어 캠페인 등을 통해 자신의 의견을 관철시키려고 한다. 행동주의펀드는 기업의 주식을 대량으로 매수해서 주주 의결권 행사 등 다양한 전략을 통해 기업가치 증대, 즉 주가 상승을 추구하는 펀드들이다. 기업의 주가가 저평가되어 있다는 것은 기업이 가진 역량에 비해 경영 능력이 떨어지는 것이 이유일 수 있다. 따라서 행동주의펀드들은 주로 저평가된 기업이나 기관 투자자 비율이 높은 기업을 대상으로 주가를 끌어올리기 위해 기업에 영향력을 행사하고 있다.

국내 행동주의펀드들도 상당히 활성화되어 있다. 행동주의펀드의 대상 기업 수도 2017년 3개에서 2022년 47개로 늘어났고, 얼라인파트너스자산운용이 SM엔터테인먼트 이수만 대표의 개인 회사와 내부거래의 부당함을 지적하면서 지배 구조 개선을 요구한 것이 행동주의펀드의 대표적 사례다. 그밖에 오스템임플란트, 신한지주, KB금융지주, 하나금융지주 등 주요 은행들도 행동주의펀드의 타깃이 되고 있다. 국내 주요 주주행동주의 사례는 다음(표47)과 같다.

행동주의 펀드의 타깃이 되면 그들이 내건 요구사항이 수용되는지 여부와 무관하게 주가가 오르는 현상을 보인다. 아무래도 행동주의 펀드가 이슈를 제기하면 회사가 앞으로 주주가치 증대를 위해 노력할 것이라는 기대감 때문으로 보인다. 그만큼 기업들이 스스로 나서지 않으면 주주행동이나 행동주의 펀드의 요구가 커지게 된다.

표47. 국내 주요 주주행동주의 사례

투자자	대상 기업	시기	주요 목적
KCGI	한진칼	2018년	전자투표 도입, 이사 자격 기준 강화
트러스트자산운용	BYC	2021년	경영 참여 선언, 합리적 배당 정책 수립
VIP자산운용	아세아·아세아시멘트	2021년	주주가치 제고
얼라인파트너스 자산운용	SM엔터테인먼트	2022년	라이크기획 계약 조기 종료 등 지배 구조 개선
안다자산운용	SK케미칼	2022년	집중투표제 도입, 배당 확대 및 지배 구조 개선
안다자산운용	KT&G	2022년	분리상장
트러스트자산운용	태광산업	2022년	흥국생명 유상증자 반대
라이프자산운용	SK	2022년	자사주 소각
KCGI	오스템임플란트	2023년	전문경영인 체제 전환 요구
얼라인파트너스 자산운용	신한 등 7대 금융지주	2023년	배당 성향 확대 등 주주 환원 정책

SM엔터테인먼트의 주주행동주의 활동 시기에 주가 움직임은 다음
(차트34)과 같다.

투자자 개인의 힘은 약하다. 하지만 그들이 하나둘 모이기 시작
하면 기업들도 그 요구를 들어주지 않을 수 없게 된다. 스스로 행동
하는 투자자들이 많아지는 이유다.

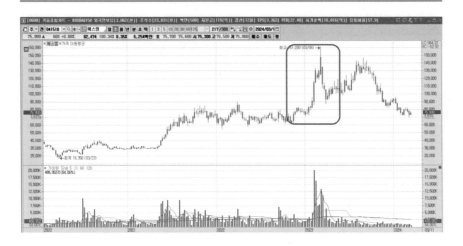

스튜어드십코드: 집사의 의무

　직접투자와 간접투자의 차이는 누가 종목을 선정하고 주문을 내
는가에 있다. 직접투자는 투자자 본인이 종목을 고르고 주문을 하
지만 간접투자는 돈은 투자자가 내지만 종목을 고르거나 주문을
하는 것은 전문가인 펀드매니저가 하게 된다. 그러나 직접투자와 간
접투자 모두 투자 결과에 대한 책임은 투자자 스스로가 지게 된다.

　펀드는 투자자들이 돈을 모아서 만든 것이고 펀드매니저는 그 돈
으로 투자자들을 대신해서 투자를 한다. 따라서 펀드의 주인은 투
자자이고 펀드매니저는 집사 역할을 한다. 그런데 문제는 여기서도
정보비대칭 현상이 나타난다는 것이다. 투자자들이 모든 과정에 참

여할 수 없기 때문에 펀드매니저들에게 맡겨놓으면 매니저들이 오롯이 투자자들의 이익을 위해서만 움직이지 않는 경우가 많다. 따라서 투자자들이 펀드매니저들의 행동을 감시해야 하는 것도 사실이다.

펀드매니저들은 투자자들의 이익을 위해 복무해야 한다. 즉, 펀드매니저가 하는 모든 의사결정은 투자자들의 수익이 극대화되는 방향으로 이루어져야 한다. 그리고 이를 스튜어드십코드Stewardship code를 통해 행동하게 된다. 여기서 스튜어드는 집사를 말하고 코드는 행동강령을 뜻한다. 즉, 집사가 해야 할 '당연한' 행동강령으로, 앞서 살펴본 바와 같이 투자자들의 이익을 위해 움직인다는 것이다.

스튜어드십코드는 기관 투자자들이 주주총회에서 의결권을 행사할 때 적용된다. 사실 정부 주도의 경제 발전을 해온 우리나라 상황에서 국민연금 등 간접투자 펀드들은 투자자들의 이익보다는 기업들이 원하는 대로 의결권을 행사했던 것이 사실이다. 대놓고 기업들 편을 들 수 없으니 '그림자 투표shadow voting'란 명칭의 의결권 행사를 해왔다. 주주총회에서 의결하는 의안의 찬성과 반대에 영향을 주지 않기 위해 찬반 비율대로 의결권을 행사함으로써 기업들의 이익을 간접적으로 지원했던 것이다. 그러나 주주행동주의와 행동주의 펀드가 활성화되면서 국민연금 등 연기금이나 펀드들이 주주총회에서 의결권 행사를 할 때 주가가 오를 수 있는 방향으로 표를 던지게 하는 것이 스튜어드십코드다.

민주주의는 견제와 균형의 원리에 의해 움직인다. 경제민주주의도 일방적으로 기업의 이익을 위해 움직이지 않고 서로 주가가 상승하는 방향으로 견제와 균형의 원리가 나타나야 한다. 그렇지 않으면 정보비대칭을 이용해 주주의 이익을 해치면서 자신의 이익을 극대화하려고 하는 대주주나 경영층이 나타나는 것을 막을 수 없다.

투자자들은 누구도 내 이익을 지켜주지 않는다는 생각을 해야한다. 그래서 나 이외의 모든 사람들을 견제하고 매의 눈으로 지켜봐야 한다. 그리고 자신의 이익을 위해 스스로 움직여야 한다.

주식투자의 성패는 정보비대칭 현상의 해소에 있다고 해도 지나치지 않다. 정보 약자인 투자자들이 주식투자에서 성공하기 힘든 이유가 여기에 있다. 정보비대칭을 없앨 수 없다면 감시자의 역할이라도 열심히 해야 한다.

① 의미 없는 정보를 믿고 지나치게 과감한 투자는 삼간다. 특히 잦은 매매를 하면서 좋은 주식을 너무 일찍 팔지 않도록 한다.

② 주주행동주의가 시작되면 주가 상승 가능성이 크다. 특히 행동주의펀드의 움직임을 살피면서 보조를 맞추는 매매를 하면 성공 가능성이 커진다.

③ 간접투자, 즉 펀드에 투자하더라도 펀드매니저들이 제대로 매매하는지 펀드 운용 보고서를 잘 살펴야 한다. 한눈을 파는 순간 손실 가능성이 커진다.

10장

4차 산업혁명과
소비가 사라지는 세상

4차 산업, 어렵지 않아요

코로나 팬데믹으로 사회적 거리두기를 했던 때 세상은 오히려 미래에 대한 희망을 보게 되었다. 전염병에 대한 공포로 모두 집에서 일을 하는 재택근무를 하면서도 전혀 불편함이 없었다. 줌Zoom, 웹엑스Webex 등 원격 미팅 프로그램을 이용해 직원 상호간 의사소통을 하면서 업무를 봤고, 팬데믹이 끝난 다음에도 재택근무를 유지하는 회사들이 많이 남아 있다. (그 탓에 미국 상업용 부동산 위기의 원인을 제공하기도 했다.) 코로나 팬데믹의 충격을 벗어나기 위해 각국 정부는 막대한 돈을 시중에 풀었고, 그 돈들이 IPO 과정을 통해 스타트업으로 흘러들어가 기술 개발 자금 역할을 하면서 4차 산업혁명에 대한 꿈을 꾸게 된 것이다.

4차 산업혁명은 2016년 세계경제포럼WEF에서 처음으로 논의 된 것으로, 그 출발은 클라우스 슈밥Klaus Schwab의 책《제4차 산업혁명》이다. 4차 산업혁명은 물리적, 생물학적, 디지털적 세계를 빅데이터를 기반으로 통합시키고 경제 및 산업 등 모든 분야에 영향을 미치는 다양한 신기술로 정의된다. 물리적인 세계Off-Line와 디지털적인 세계On-Line의 통합은 O2O를 통해 수행되고, 생물학적 세계에서는 인체 정보를 디지털 세계에 접목하는 기술인 스마트워치, 스마트밴드를 이용해서 모바일 헬스케어를 구현하고, 또 가상현실VR과 증강현실AR도 물리적 세계와 디지털 세계를 묶는 기반이 된다.

4차 산업혁명 이전의 것은 다음과 같이 나눌 수 있다. 1차 산업혁명은 1784년 증기기관이 발명되면서 시작된 것으로 보는데, 증기기관을 이용해 노동생산성이 이전에 비해 2~3배까지 증가한 것을 말한다. 2차 산업혁명은 컨베이어 시스템이 도입되어 대량 생산이 가능해진 것으로, 그 핵심은 전기 에너지를 이용해 기존보다 대규모 생산을 함으로써 제조 분야가 더 성장한 것을 말한다. 이로써 자동차, 중화학, 철강업종 등이 꽃을 피우게 된 시기다. 3차 산업혁명은 "제3의 물결"로 표현되는데, 전자 기술과 정보 기술IT 산업을 통해 공장 자동화가 가능해진 것을 의미한다. 컴퓨터와 인터넷을 통해 정보화, 자동화 시스템이 등장했다. 그리고 컴퓨터의 크기는 더 작아지고 인터넷의 속도는 더 빨라졌다. 이를 통해 사람과 사람 사이에

컴퓨터를 통해 통신이 가능해졌고, 정보를 소유하고 있는 사람이 권력을 갖게 되면서 이들이 세상을 변화시키는 핵심이 되었다. 그리고 이제 4차 산업혁명이 진행 중이다.

사실 4차 산업에 대해 많은 학자들이 여러 가지 개념으로 설명하고 있지만, 첨단 기술을 이용한다는 것에 대해 많은 사람들이 동의하지만 여전히 명확하게 개념이 세워지지는 않았다고 본다. 그래서 여기서 4차 산업에 대해 한걸음 더 들어가 감히 4차 산업의 개념을 정의해보면, "세상에 존재하는 모든 아이디어나 학문 그리고 기술들을 융합해 소비자들에게 새로운 가치를 창출하는 것"이라고 말하고 싶다.

흔히 말하는 인공지능 기술, 사물인터넷 등의 신기술을 융합해 경제뿐 아니라 다양한 산업에서 나타나는 현상을 4차 산업이라고 말하지만, 반드시 하이테크에서만 나타나는 것이 아니라 학문간 융복합, 기술의 융복합, 학문과 기술의 융복합 등 세상의 모든 것을 한데 섞어서 새로운 가치를 창출하는 것이라고 생각해도 무방하리라.

누가 돈을 벌고 있는가?

기술의 발전은 전쟁을 비롯해 큰 위기를 겪으면서 비약적으로 발전하는 모습을 보인다. 양차 세계대전을 치르면서 기술의 발전은 물론이고 경영 전략이 발전했고, 에너지위기를 겪으면서 태양광, 풍력과 같은 대체 에너지 기술이 발전했다. 코로나 팬데믹을 겪으면서 사람들이 한 곳에 모이지 않고 컴퓨터통신을 기반으로 한 가상현실, 증강현실 등을 이용해 작업이 가능해졌다. 그러나 들불처럼 불붙었던 4차 산업에 대한 활발한 움직임이 지금은 좀처럼 찾아보기 힘들어졌다. 인공지능, 로봇, 빅데이터, 드론, 자율주행, 가상현실, 증강현실, 사물인터넷, 뇌-컴퓨터 인터페이스, 핀테크, 양자컴퓨터, 블록체인, 생명공학, 클라우드컴퓨팅, 스마트모빌리티, 상온-상압 초전도체 등 미래 산업으로 지목된 갖가지 기술들이 사람들의 입에 오르내렸지만 지금은 뜸해진 상태다.

사람들의 입에 오르내리지 않는다고 해서 4차 산업의 물결이 멈춰선 것은 아니다. 어쩌면 이미 우리 생활 속 깊숙이 자리 잡았기 때문에 너무 익숙해져서 오히려 눈에 띄지 않는지도 모르겠다. 인공지능은 챗GPT 등의 모습으로 우리 안에 자리 잡았고, 로봇은 고속도로 휴게소에서 음식을 만들고 있다. 빅데이터는 교통카드 사용자들의 생활 패턴이나 무심코 하는 검색 정보를 통해 맞춤형 광고가 휴대폰에 보이도록 하는 원천이 되었고, 드론은 이미 전쟁에 가장 효과적으로 사용되고 있다. 파도를 멀리서 보면 물결이 보이지만, 막상 파도에 올라타 서핑을 하게 되면 그 물결에 몸을 맡길 뿐 물결을 보지 못하는 이치와 같은 건 아닐까? 너무 가까이 있어 오히려 보이지 않는 상황인 것이다.

"4차 산업을 통해 누가 돈을 벌고 있는가?" 이제 투자자들이 관심을 가져야 하는 것은 이것이다. 돈이 벌리지 않는 기술, 돈을 벌지 못하는 산업은 지속될 수 없다. 최근 간간이 들리는 뉴스를 정리해보면, 예전에는 자율주행 자동차 내지는 자율주행 도심항공 모빌리티UAM가 4차 산업의 핵심으로 얘기되곤 했다. 하지만 애플이 자율주행 자동차 개발을 포기하고 인공지능에 집중하겠다고 선언하면서 완전한 자율주행을 통해 수익을 내는 일은 먼 미래에서나 가능한 일로 받아들여졌다. (물론 전기차를 기반으로 한 자율주행 자동차 개발에 박차를 가하는 기업들도 많다.)

모두가 같은 분야에서 경쟁하는 것보다 각자 경쟁력이 있는 분야에서 기술을 개발하고, 그를 통해 수익을 창출하는 기업은 살아남고 그렇지 못한 기업은 도태되는 것이 기술 사회의 규칙이다. 도저히 무너지지 않을 것 같은 구글, 애플, 마이크로소프트 등도 (혁신을 통해) 돈을 벌지 못하면 사라질 수 있다.

모든 현상이 그러하듯 처음에는 불같이 일어나지만 시간이 지나면서 옥석이 가려지고 그 안에 진정한 승자가 나타나 수익을 독차지하는 승자독식 현상이 반복된다. 투자자들이 미래에 대한 혜안을 가져야 하는 이유다.

진행 중인 4차 산업에서 확인해야 할 것들

미래는 노동이 사라진 세상이 될 것이라는 우려가 학자들 사이에서 이미 오래전부터 이야기되고 있다. 굳이 '노동의 종말'이란 거창한 단어를 사용하지 않더라도 인공지능의 등장이 많은 전문직을 대체할 것이라는 살벌한 이야기, "미래 공장에는 직원 한 명과 개 한 마리만 있으면 된다"는 농담 같은 이야기들도 있다. 인공지능이 방대한 전문 정보 처리 능력을 통해 변호사, 회계사, 의사 등 전문직을 대체할 것은 이미 예견된 일이고, 미래 공장은 자동화되어 사람이 필요 없다. 사람이 필요한 일은 전원을 켜고 끄는 것 정도의 단순노동 그리고 같이 있는 개의 먹이를 챙기는 일 정도? 개가 필요한 이유는 단순노동을 할 사람이 잠들지 않게 하기 위해서라는 웃지 못할 풍경을 그리게 된다.

앞으로 우리는 '로봇의 옷을 입은 인공지능'을 곳곳에서 만나게 될 것이다. 증기기관의 개발로 기계 기술이 처음 나왔을 때, 노동자들은 자신들의 일자리를 뺏길 것이라는 우려에 기계를 파괴하는 운동을 벌였다. 그러나 결국 기계들에게 노동 현장을 내주고 밀려나게 되었다. 다행인 것은, 그 많은 노동력이 서비스업으로 옮겨갈 수 있었다는 것. 그러면서 다양한 직업이 생겨났다. 그런데 로봇의 옷을 입은 인공지능은 이미 제조 현장을 장악한 것은 물론이고 서비스업종에까지 스며들어 사람들의 일자리를 빼앗아가고 있다.

경제는 생산과 소비로 굴러간다. 소비를 위해서는 소비자들이 처분 가능 소득이 있어야 한다. 하지만 노동이 사라진 세상에 과연 얼마나 많은 사람들이 처분 가능 소득을 가질 수 있을까? 생산만 있고 소비가 없는 세상이 가져온 결과가 바로 1930년대 대공황이다. 결국 로봇과 인공지능이 많아지고 노동 소득이 사라지면 대공황이 되풀이 될 수도 있다.

앞으로 각국 정부의 가장 큰 과제는 노동이 사라지고 노동 소득이 사라진 세상에서 국민들의 구매력을 유지할 수 있는 방안을 찾는 것이다. 4차 산업혁명이 노동과 노동 소득이 없는 방향으로 자리잡아가고 있기 때문이다. 이미 많은 곳에서 기본소득에 대한 실험을 하고 있지만, 여전히 세상은 복지 확대에 대해 게으른 국민을 양산한다는 이유로 좋지 못한 시선을 가지고 있다.

시간이 지날수록 돈이 없는 국민들이 많아질 것이고, 그 결과 소비가 위축될 것이라는 예측은 불행하게도 사실이다. 소비가 위축되는 것이 분명한 상황에서 지금부터 확인해야 하는 것은 무엇일까? 첫째, 어떤 산업으로 소비자들이 몰리는지 확인해야 한다. 소비가 이루어지는 산업은 흥하고 소비가 단절되는 산업은 사라질 것이다. 따라서 기업의 실적을 볼 때 가장 좋은 기업은 매출과 이익이 같이 늘어나는 기업이고, 그다음은 이익은 줄더라도 매출이 늘어나는 기업, 세 번째는 이익은 늘지만 매출이 줄어드는 기업이다. 제일 나쁜 것은 매출과 이익이 모두 줄어드는 기업이 된다.

소비 위축 시대에 확인해야 할 두 번째 요소는 기술 수준보다는 돈을 버는 것이 더 중요하다는 것이다. 흔히 새로운 산업이 나타나면 모두 첨단 기술, 즉 하이테크에 관심이 쏠린다. 그러나 미드테크, 로우테크에서도 돈을 버는 기업이 나타날 수 있다. 아무리 기술력이 좋아도 돈을 벌지 못하는 기술은 사라지게 된다는 점을 기억해야 한다. 2000년대 초 닷컴 버블이 글로벌 증시를 강타했을 때도 돈을 번 기업은 살아남았지만, 기술력은 훌륭한데도 돈을 벌지 못했던 기업들은 흔적도 없이 사라졌다. 그 교훈을 잊지 말아야 한다.

4차 산업은 거스를 수 없는 대세가 된 지 오래다. 그래도 주식시장은 돌아 간다. 그 안에서 살아남을 수 있는 아이디어를 정리하면 다음과 같다.

① 기술력의 수준이 중요한 것이 아니라 돈을 벌 수 있는 기술이 무엇인지 지속적으로 체크해야 한다. 특히 꾸준히 고정적인 수입이 되는 것이 중 요하다.

② 기업의 실적을 볼 때 이익의 규모보다는 매출의 질을 살펴야 한다. 매출 과 이익이 같이 증가하는 기업이라면 마음 편히 매수해도 된다.

③ 노동 소득이 사라질 때 무엇이 처분 가능 소득이 되는지 체크해야 한다. 특히 모두가 소득을 증가시킬 수 없다면 국민의 소득을 증가시키는 국가 로 해외투자를 해도 좋다.

3부

✳

2025-2035
투자 원칙

기상학자들은 단기적인 예보는 비교적 정확하지만 중장기적인 예보는 정확성을 확보하기 어렵다고 한다. 그만큼 많은 변수들이 일기에 영향을 주기 때문이다. 주식시장을 예측하는 것은 날씨를 예측하는 것만큼 어렵다. 그래서 주식시장에는 "신이 모르는 것이 세 가지가 있는데, 첫 번째는 여자의 마음이고, 두 번째는 개구리가 뛰는 방향, 그리고 세 번째는 주가의 향방"이라는 말이 있을 정도다.

그러나 주식시장의 경우 장기적으로 평균을 내보면 대체로 큰 줄기를 예상할 수 있다. 특히 주식시장에 참여하는 투자자들이 갖는 심리적 특성, 즉 돈을 향한 인간의 욕망이 변하지 않기 때문에 주식시장을 둘러싼 경제 상황은 달라도 주가의 등락에 따른 시장의 패턴은 과거의 패턴을 반복할 것으로 예상된다.

지금까지 2007년 금융위기 이후 주식시장에서 일어난 일들에 대해 살펴보면서 그 원인과 결과를 짚어봤고 또 현재 주식시장 내부에서 일어나는 변화들도 살펴봤다. 물론 지금까지 알아본 주제들보다 더 다양한 변수들이 시장을 지배하겠지만 지엽적인 변수들을 제외하면 그 정도의 이슈들을 바탕으로 앞으로 10년간 주식시장이 어떻게 흘러갈지 예상해볼 수 있다.

3부에서는 주식시장이 어떻게 흘러갈 것인지 그리고 각 상황에서 투자자들은 어떻게 행동해야 하는지 알아볼 것이다. 다시 한번 강조하지만, 감히 주식시장에 대해 예상을 내놓을 수 있는 것은 돈을 많이 벌어서 부자가 되려고 하는 인간들의 본성에 변함이 없고 또 그 패턴도 반복되기 때문이다. 위기와 기회의 사이클을 간파해서 끝내 성공하는 투자자가 되어보자.

1장

위기에는
낙폭이 큰 자산을 매수하라

돈, 풀 수 있는 한 푼다

물가가 지속적으로 올라가는 현상이 인플레이션이다. 반대로 물가가 지속적으로 내려가는 현상은 디플레이션이다. 인플레이션은 경기가 좋을 때, 디플레이션은 경기가 나쁠 때 주로 나타난다. 그런데 돈이 많이 풀리면 통화가치가 희석되어 물가가 올라 인플레이션이 발생하게 되는데, 이런 현상이 악화되면 경기후퇴기에도 물가가 올라가는 스태그플레이션을 맞이하게 된다는 것이 지금까지 경제학에서 가르친 내용이다. 그래서 통화 당국자들은 시중에 통화량을 증가시키는 일에 신중을 기했다.

표48. 미국의 주요 양적완화 조치

	제1차 QE	제2차 QE	오퍼레이션 트위스트	제3차 QE	QE 축소
기간	2009년 3월 ~ 2010년 3월	2010년 11월 ~ 2011년 6월	2011년 9월 ~ 2012년 12월	2012년 9월 ~ 2013년 말	2014년 1월 ~
주요 정책	국채와 모기지 채권 매입	국채 매입	장기국채 매입, 3년 미만 단기국채 매각	국채와 모기지 채권 매입	국채 및 모기지 채권 매입 규모 월 850억 달러에서 750억 달러로 월 100억 달러 축소
금액 규모	1조 7,500억 달러	6,000억 달러	6,670억 달러	1조 2,000억 달러	

　　이런 전통적인 통화 정책을 한 번에 뒤집어버린 사람이 바로 벤 버냉키 미국 연준 의장이다. 그는 금융위기가 발생하기 직전해인 2006년부터 2014년까지 두 번의 연준 의장 임기를 지내는 동안 비정통적인 통화 정책인 양적완화 정책을 사용하면서 금리는 제로 수준까지 내리고 엄청난 양의 통화를 풀었다. 그가 얼마나 많은 돈을 풀었는지 정리해보면 위와 같다.

　　3차에 걸친 양적완화가 진행되는 동안 기존 1조 달러 규모의 연준 자산이 약 3조 5,000억 달러 증가하면서 연준 자산 규모가 총 4조 5,000억 달러에 달했다. 정말 원 없이 돈을 풀었다. 돈을 마구 풀어대는 국면에서 많은 경제학자이 물가 상승에 대한 우려를 표명했다. 기존 연준 자산 규모의 3배 이상 많은 돈이 시중에 풀렸으니 물가 상승에 대한 공포심을 갖는 것은 당연했다. 그런데 결과는 걱정과는 반대로 양적완화 종료 시점까지 물가가 오르지 않았다.

연준은 평균적으로 2%대 정도의 물가 상승을 유지하려고 한다. 그래야 지속 가능한 경제 운용이 가능하다고 판단하기 때문이다. 그런데 그 엄청난 돈을 풀었음에도 물가가 오르지 않자 양적완화 기조를 유지했던 것이다. 이 상황은 돈을 푸는 데 대한 공포심을 없애기에 충분했다. 그리고 2020년 팬데믹 국면에서 연준 자산 규모는 9조 달러까지 치솟게 된다. 물론 단기에 너무 많은 돈을 풀었기 때문에 물가 급등에 시달리기는 했지만, 물가는 시간이 지나면서 서서히 안정되고 있다.

돈을 풀 수 있는 나라와 풀 수 없는 나라

경제가 어렵다고 누구나 돈을 풀 수는 없다. 비슷한 시기 미국의 양적완화와 같이 돈을 푸는 정책을 쓴 곳은 유럽중앙은행과 일본은행이었다. 유럽중앙은행은 포르투갈, 이탈리아, 그리스, 스페인 등 소위 PIGS의 재정위기를 맞아 2015년 3월부터 2016년 9월까지 매달 600억 유로씩 총 1조 1,400억 유로의 양적완화 정책을 펼쳤고, 일본은 1990년 이후 잃어버린 30년을 벗어나기 위해 아베노믹스를 펼쳤다. 특히 아베노믹스는 세 개의 화살(대담한 통화 정책, 기동적 재정 정책, 거시적 구조 개혁)을 정책으로 제시했는데, 특히 대담한 통화 정책은 엔화 약세를 유도하기 위해 통화량을 무제한 증발하는 정책이었다. 그러나 미국은 무너지는 경제를 막고 경기를 살려내는 데 성공했지만 나머지 국가들은 기대와는 달리 돈을 푸는 정책만으로는 경제를 살려내지 못했다.

돈을 풀 수 있는 나라와 돈을 풀 수 없는 나라는 분명히 구분된다. 미국만이 돈을 풀어서 경제를 살릴 수 있었던 이유는 바로 미국 달러화가 기축통화이기 때문이다. 기축통화는 글로벌 결제통화 역할을 한다. 물론 유로화나 일본 엔화도 준기축통화 역할을 하고 있지만 그렇다고 미국과 같은 경제적 위치가 아니기 때문에 양적완화의 효과가 미미하거나 크지 않은 것이다. (미국, 유럽, 영국, 일본을 제외한 나라에서 만약 무제한 양적완화 정책으로 돈을 푸는 행위가 나타나게 되면 그 나라들은 어김없이 통화가치 급락과 하이퍼인플레이션이 발생해서 경제가 절단 날 가능성이 크다.)

돈을 풀어서 경제를 살리려는 시도는 여전히 위험하다. 그러나 일단 미국의 성공적인 양적완화 정책으로 인해 선진경제로 불리는 나라들은 위기가 오면 돈을 푸는 일을 서슴지 않을 가능성이 크다. 아무것도 하지 않고 헤매는 것보다 돈을 풀어서라도 뭔가 행동을 해야 한다는 생각이 경제 정책을 펼치는 사람들의 머리에 각인되어 있기 때문이다. 문제는 풀린 돈은 원상태로 온전히 원상복구되지 않는다는 것이다. 돈이 풀릴 때마다 시중의 유동성은 증가된다. 그리고 위기가 오면 그 위에 또다시 돈을 풀 것이다.

반복되는 위기마다 돈은 풀린다

　투자자들에게도 학습 효과가 나타났다. 즉, 위기가 오면 돈을 풀어 사태를 해결하려는 시도가 있을 것이라고 생각하게 된 것. 그래서 위기는 곧 유동성 확대이고, 유동성 확대는 자산 가격의 상승을 불러온다.

　이런 상황이라면 위기가 와서 주가가 급락하면 낙폭이 큰 자산을 중심으로 매수에 나서야 한다. 주식시장이 급락하면 주식을, 부동산 가격이 급락하면 부동산을 그리고 유가가 급락하면 원유 관련 자산을 매입하는 것. 그런데 여기서 한 걸음 더 나아가면 주식은 대형주를 중심으로 매입해야 한다. 우리나라를 기준으로 본다면 시가총액 10위권에 있는 주식을 사면되고, 그런 생각을 하는 것조차 머리가 아프면 시가총액 1위 주식을 사면 평균 이상의 수익을 올릴 수 있다. 그렇게 할 수 있는 이유는 외국인이든 국내 기관 투자자든 인덱스 전략을 구사하는 경우가 많은데, 인덱스 전략의 핵심은 시가총액이 큰 종목을 중심으로 포트폴리오를 구성하는 것이기 때문이다.

　그리고 위기가 오고 다시 돈이 풀리면 미국 달러 자산으로 돈이 몰릴 가능성이 크다. 기축통화를 가진 미국은 안전자산 중 안전자산으로 꼽힌다. 위험이 오면 돈은 안전자산으로 몰린다. 위기가 와도 경제가 번영해도 미국 달러 자산에 대한 관심을 기울여야 한다. 즉, 달러가치가 오르면서 달러 자산에 대한 관심이 높아진다. 그러나 미국의 개별 자산을 다른 나라 투자자들이 모두 잘 알지는 못한다. 그렇다면 미국을 대표하는 ETF를 매입해도 된다.

　정책 입안자들은 아무것도 하지 않고 망하는 것보다 (실패하든 운 좋게 성공하든) 뭐라도 시도할 것을 선택한다. 그리고 가장 쉬운 길, 즉 돈을 풀어서 위기를 넘기려는 시도를 지속적으로 선택할 것이다. 그 길을 금융위기 이후 미국이 열어놓았기 때문이다. 그런 일이 앞으로 10년 동안 적어도 한 차례 이상은 발생할 가능성이 크다. 그때가 바로 기회가 된다.

돈을 풀어서 경제를 살릴 수 있다는 것은 헛된 생각임에 분명하다. 만약 그게 가능했다면 지금까지 경제위기는 없어야 한다. 그러나 금융위기 이후 양적완화가 경제 시스템의 붕괴를 막았다고 믿는 사람들이 대부분이다. 특히 미국에서는 더욱 그렇다. 그렇다면 앞으로도 위기가 오면 돈을 풀어서 해결하려 할 것이다.

① 위기가 곧 돈이 풀리는 기회가 된다면 낙폭이 큰 자산을 중심으로 매수에 나서야 한다.
② 주식의 경우 낙폭이 크다면 그들 중 시가총액이 큰 종목을 매수하는 것이 유리하다. 인덱스펀드 자금이 크게 움직일 가능성 때문이다.
③ 위기가 오면 달러 자산에 대한 기대가 커진다. 달러 자산은 미국 주식이나 채권으로 자금이 간다는 것이다. 개별 종목이 어려우면 ETF에 투자해도 좋다.

2장

아무도 거들떠보지 않는 곳에 수익이 있다

남들이 가지 않는 뒤안길이 꽃길이다

주식투자에 성공하는 확실한 길은 없다. 하지만 예로부터 전해 내려온 주식시장의 격언 중 하나가 "남들과 달리 행동하면 성공 가능성이 크다"는 말이다. 여기서 유래된 말이 "남들이 가지 않는 뒤안길이 꽃길이다." 사람들이 많이 다니는 길에 꽃이 피었다면, 그 꽃은 행인들에 의해 꺾이거나 발에 밟혀 쓰러진다. 그런데 남들이 다니지 않는 길에 핀 꽃은 그 자태를 그대로 보전할 수 있다. 주식시장도 마찬가지다. 사람들이 일시에 몰리는 곳에는 큰 수익이 없다. 반대로 남들이 냉담하게 반응하는 곳에서 대박이 터지는 경우가 많다.

경기 사이클은 회복기-활황기-후퇴기-침체기로 나눌 수 있다. 여기서 주식 매수의 적기는 경기 침체기이고, 주식 매도는 경기 활황기 정점 이전이 적기다. 그러나 농담처럼 말하길, "경기 침체기에 주식을 사야 한다는 것은 안다. 그런데 막상 주식을 매수하려고 하면 경기 침체기에는 수중에 돈이 없다." 더 큰 문제는 주식을 팔아야 할 때는 주식이 수중에 없다는 것. 미리 다 팔았기 때문이다. 2020년 코로나 팬데믹 이후 나타났던 '동학개미운동' 때도 그랬다. 주식시장으로 엄청난 돈이 몰려왔지만 개인 투자자들은 큰 재미를 보지 못했다. 아니 오히려 손해를 본 경우가 많다. 그 이유는 다른 사람들과 같이 행동했기 때문이란 분석이 많다.

주식투자를 하다 보면 새로운 기업에 대한 기대가 크다. 그래서 새로 기업공개를 하는 기업이나 신규 상장을 하는 기업에 대한 공모주 청약에 많은 관심을 둔다. 사람들의 관심을 끄는 기업인 경우 경쟁률이 너무 심해서 청약에 성공한다고 하더라도 막상 내 손에는 몇 주 되지 않는 주식만 쥐어진다. 소위 발품이 나오지 않는 경우가 허다하다. 만약 공모주를 통해서 큰돈을 벌 수 있다면 공모주 펀드는 항상 큰 수익이 나야 한다. 그런데 지금까지 주식시장에 있으면서 공모주 펀드가 대박이 터졌다는 소리를 거의 들어보지 못했다. 그래서 공모주를 분석할 시간에 기존에 상장되어 있는 주식을 분석하는 데 힘을 쏟으라고 하고 싶다.

공모가 결정에 숨겨진 문제점

주식을 공모할 때 공모가를 결정하는 규칙이 있다. 그 기업의 수익가치와 자산가치를 산정하고 또 동종 기업과의 비교를 통해 공모가를 결정한다. 그 복잡한 공식을 개인들이 알 필요는 없다. 공모가 결정에 영향을 받는 주체는 셋이다. 공모 기업, 공모 대행 증권 회사 그리고 투자자. 이들 중 주식을 공모하려는 기업과 공모를 대행해주는 증권 회사의 이해는 같다. 공모 기업은 공모가가 높을수록 더 많은 자금을 확보할 수 있다. 그리고 공모를 대행해주는 증권 회사는 공모 금액이 커질수록 공모에 따른 수수료를 더 많이 받을 수 있다.

문제는 투자자들은 공모가가 낮으면 이익을 보지만 공모가가 높아지면 손해를 볼 가능성이 크다는 것이다. 그런데 공모 기업과 증권 회사는 공모가를 결정할 때 밀접한 관계를 유지하면서 가급적 높은 가격을 받으려고 한다. 물론 터무니없이 높은 가격으로 결정되지는 않겠지만, 규정에서 허용하는 한도 내에서 높은 가격이 결정되고 나면 두 주체의 이익에는 부합되지만 투자자에게는 손해가 된다. 이런 상황이기 때문에 공모에 참여한 이후 공모주가 내 손에 들어올 때가 되면 주가는 이미 공모가 아래로 떨어져 있는 경우가 많다고 하는 것이다.

투자는 칼을 들고 싸우는 것과 비교된다. 칼로 싸울 때는 칼자루를 잡고 싸워야 하는데 칼날을 잡고 싸우면 크게 다치게 된다. 비단 공모주투자뿐 아니라 모든 투자에서 내가 스스로 영향력을 행사할

표49. 코스닥 시장 공모가 대비 수익률

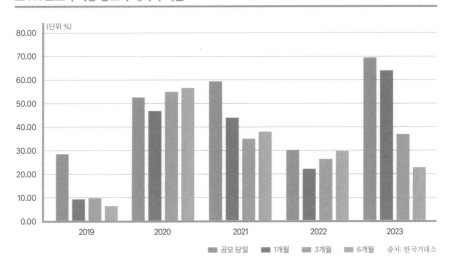

수 있는 상황이라면 수익을 내는 것이 어렵지 않지만 내가 영향을 받는 입장이라면 수익은커녕 매번 손실을 볼 가능성이 크다.

공모주투자에 나서지 말라는 것은 아니다. 공모주에 많은 사람들의 관심이 쏠려 경쟁률이 지나치게 높아지는 상황에서 남들과 같이 움직이지 말라는 것이다. 공모주에 대해서도 남들이 크게 신경쓰지 않는 때에는 투자에 나서도 된다. 하지만 주식시장이 서서히 달아오르면서 세간에 관심을 끄는 기업들이 공모에 나서면 언론을 동원해서 엄청난 뉴스가 소비되는 때가 있다. 그럴 때는 남들과 같이 움직이지 않아야 한다.

실제로 공모주투자는 생각보다 수익률이 괜찮은 편이다. 표49는 코스닥 시장의 공모가 대비 기간별 수익률을 정리한 것이다. 자료를 보면 세간에 관심이 많지 않았던 코스닥 시장에 신규 상장되었던 공모주들의 경우 공모가 대비 수익률이 상당히 높았다. 문제는 이 자료가 평균값이란 점이다. 수익이 난 것과 손실이 난 것 모두 평균을 내다 보니 지나치게 나쁘거나 좋은 것이 희석된다는 점을 기억해야 한다.

투입된 '노력' 대비 '수익'을 고려하는 것이 투자의 기본이다. 많은 노력을 들여 적은 성과를 얻는 것보다 노력 대비 큰 성과를 얻는 것이 필요하다. 따라서 세상 사람 모두가 돈을 들고 주식을 사기 위해 뛰어드는 그런 공모주 판에는 절대 섞여 들어가지 말라는 것이다.

공모주로 대박을 내는 방법

외환위기 이전 우리나라 증시가 커지면서 각 재벌그룹들이 서둘러 증권 회사를 인수했던 때가 있었다. 신설되는 회사도 있었고 소형사가 재벌그룹에 인수되어 규모를 키웠던 회사도 있었다. 이때 대형사에 있던 직원들이 대거 재벌계 소형 증권사로 자리를 옮겼었다. 지금 삼성증권의 전신은 30개 증권사 중 하위권에 머물러 있던 국제증권이었다. 이 회사를 삼성그룹에서 인수했던 것이다. 대형사에서 소형사로 옮겨가는 직원들을 보면서 동료들은 위로의 환송회를 해줬던 기억이 있다. 그런데 이들이 옮겨간 회사가 몸집을 불리기 위해 엄청난 규모의 유상증자를 하면서 직원들은 큰 규모의 우리사주를 받았다. 당시로는 우리사주를 강제로 배정했기 때문에 불만이 많았던 직원들도 있었다. 그런데 액면가 5,000원에 받은 우리사주가 IMF 외환위기 이후 8만 원을 넘어선 덕분에 엄청난 차익을 얻어 큰 부자가 된 직원들이 많이 생겨났다. (위로의 환송회를 해줬던 전 직장 동료들이 매우 배 아파했던 것은 비밀이다.) 이렇게 공모주나 증자 참여는 기업이 어쩔 수 없이 싼 가격에 주식을 발행힐 때 대박이 나는 경우가 많다.

또한 공모 이전에 비상장기업의 주식을 장외 시장에서 매수하는 방법도 있다. 4차 산업혁명이 진행되면 기발한 아이디어와 기술력을 바탕으로 주목받는 기업이 상당수 나타날 가능성이 크다. 어떤 기업이든 창업 초기에는 많은 자금이 필요하다. 그래서 장외에서 주식을 매각해 자금을 수혈하는 경우도 많다. 이런 투자를 엔젤투자라고 한다. 이후 시리즈A, 시리즈B 등 기업이 성장하는 단계에서 각각 투자가 가능하다. 이런 투자를 하는 것도 하나의 방법이다.

스타트업에 투자할 때 문제는 뭐가 성공할지 아무도 모른다는 것이다. 창업을 연구한 사람들의 연구 결과를 보면 100개의 기업이 창업을 하면 그중 5개 정도만 살아남는다고 한다. 그런데 사업에 실패하는 기업들의 실패요인을 살펴보면, 가장 큰 실패요인으로 '창업자의 근거 없는 낙관'이 꼽힌다. 따라서 엔젤투자를 한다면 어느 정도 전문 지식을 쌓아야 한다. 그래야만 사업 설명을 들을 때 근거 없는 낙관인지, 근거가 있는 낙관인지를 구분할 수 있다.

침팬지와 고릴라는 새끼 때는 구분이 잘 안 돼서 전문가가 아니면 고릴라를 고르는 것이 매우 힘들다고 한다. 그래서 침팬지 여러 마리를 기르다 보면 그중 고릴라가 하나 끼어 있다고 한다. 스타트업 투자도 이렇게 여러 개의 기업에 분산투자를 해야 한다. 그래야 대부분이 실패해도 그중 하나의 기업이 성공하면 대박을 낼 수 있다.

자본 시장이 발전할수록 기업은 은행에서 자금을 빌리는 것보다 주식시장에서 IPO를 통해 자금을 조달하는 규모가 더 커진다. 투자 기회가 분명히 열리는 것이다. 핵심은 열풍이 불 때는 다른 사람들과 함께 흥분하지 말고 차분히 투자에 임하는 것이다. 남들과 다르게 움직일 때 성공 가능성이 커진다. 남들이 거들떠보지 않는 곳에 항상 큰 수익이 있었다.

투자자를 위한 **팁**

공모주투자는 자본 시장이 커질수록 기회가 많아진다. 공모주에 투자할 때 기억해야 하는 원칙을 정리해본다.

① 모두가 흥분하는 시장에는 뛰어들지 말라. 푼돈도 벌기 어렵다.
② 공모주투자는 분명 좋은 투자 기회가 된다. 남들이 관심을 가지지 않을 때 적극적으로 기업을 공부해서 종목을 고른다.
③ 비상장 스타트업에 투자하는 것도 좋은 대안이다. 이때는 성공의 가능성 이 크지 않으므로 소액을 분산해서 투자해야 한다. 그중 하나만 성공해도 큰 수익을 얻을 수 있다.

3장

검색하고 또 검색하고
한 번 더 검색하라

딥페이크의 시대

딥페이크deepfake란 인공지능을 활용한 이미지 합성 기술로, 기존에 있던 인물의 얼굴이나 특정한 부위를 컴퓨터그래픽 처리를 통해 합성한 영상 편집물을 말한다. 과거 인물의 사진이나 영상을 조잡하게 합성해 게시하던 것이 디지털 기술과 인공지능의 발전으로 몇 단계 정교해진 결과라 볼 수 있다. 딥페이크의 원리는 합성하려는 인물의 얼굴이 주로 나오는 고화질의 동영상을 딥러닝해 대상이 되는 동영상을 프레임 단위로 합성시키는 것이다.

이런 딥페이크로 인해 사실과 허구의 구분이 점점 더 어려워지고 있다. 전문가들은 컴퓨터로 단 2시간이면 사실적인 딥페이크를 제작해낸다. 인공지능 기술을 활용해 진짜처럼 만든 가짜 편집물(이미지·음성·동영상)이 전 세계적으로 온라인상에서 기승을 부리고 있으며, 사이버 범죄자들은 딥페이크를 악용해 더 심각한 범죄를 저지르고 있다. 그리고 그 범죄 사건은 급격히 늘어나고 있다.

특히 2024년 미국 대선을 앞두고 딥페이크와 관련된 사건이 급증했다. 공화당 대선 후보 경선의 두 번째 관문인 2024년 1월 23일 뉴햄프셔주 예비선거를 앞두고 민주당 소속인 조 바이든 대통령을 사칭해 해당 경선에 불참할 것을 권하는 딥페이크 음성이 유포돼 주정부가 수사에 착수했다. 인공지능을 악용한 허위 정보가 민주주의에 중대한 위협이 될 것이라는 경고가 현실화하고 있는 것이다.

일반인들 입장에서는 딥페이크가 사실인지 아닌지를 명확히 구분하기 어렵다. 또한 흔히 쓰는 생성형 인공지능인 챗GPT도 문제다. 진실이 아니라 허구에 가까운 거짓 정보를 제공하는 경우도 많다. 오픈AI가 공개한 GPT-4는 이전 버전보다 성능이 진화했다는 평가를 받지만 여전히 거짓말을 없애지는 못했다. AI업계는 이런 문제의 원인을 '설계상 한계' 때문이라고 분석한다.

챗GPT는 사람처럼 자연스러운 문장을 작성해 세계적인 화제를 모았지만, 문장을 그럴싸하게 만들 뿐 그 내용이 사실인지 거짓인지 판단하지 못한다. 〈워싱턴포스트〉 보도에 따르면, 챗GPT는 '성추행을 저지른 법학자 5명을 알려달라'는 질문을 받고 조나단 털리라는 사람을 지목했다. 범행 경위도 '미국 알래스카로 가는 수학여행에서 그가 학생의 몸을 더듬었다'라고 구체적으로 설명했다. 하지만 조나단 털리는 실제로 범죄를 저지른 적이 없었다. 챗GPT는 근거로 〈워싱턴포스트〉의 기사를 제시했지만, 애초에 그런 기사는 존재하지도 않았다. 전문가들은 챗GPT가 문장을 그럴싸하게 만드는 것은 잘하지만, 문장의 사실 여부까지 판단하지는 못하기 때문에 거짓말을 한다고 말한다.

인공지능은 이미 우리 생활 깊숙이 들어왔다. 하지만 이제 우리는 그들이 사실을 말하는 것인지 거짓을 말하는 것인지 혼란스러운 상황에 들어가게 되었다. 진실과 거짓이 혼재된 세상에 던져져버린 것이다. 앞으로 더욱 혼탁한 정보 속에서 진실을 가려야 하는 과제가 남겨졌다.

혼탁한 정보의 시대

주식투자를 하는 사람들 누구나 정보의 중요성은 잘 알고 있다. 이제는 모든 정보가 손안에 들어 있다. 그러나 내 손에 쥐어진 그 정보가 진실한 정보인지에 대해서는 확신할 수 없다.

정확한 정보를 가진 사람들은 자기의 이익을 위해 일부러 거짓 정보를 시장에 유통시킨다. 거짓 정보가 아니라면 정보를 혼탁하게 만들어버린다. 예를 들어, 신제품 개발 정보가 있으면 그 정보가 누출되지 않도록 해서 정보를 독점한다. 만약 독점이 지켜지지 않으면 일단 추진 중이라는 공시를 해서 사실 공표를 늦추거나 아예 그 사실을 부인하는 공시를 시장에 낸다. 그래도 주가에 도움이 되는 호재인 경우는 그나마 다행이다. 주가에 치명적으로 나쁜 정보인 경우에는 사실대로 즉시 전달되지 않으면 투자자들은 낭패를 보게 된다. 2024년 초 태영건설은 부동산 경기 부진으로 인해 프로젝트파이낸싱PF에 문제가 발생했다는 소식이 전해졌다. 워크아웃 이후 자본 잠식 상태에 들어갔다는 소식이 전해지면서 거래정지에 들어갔고, 곧이어 재무제표에 대한 감사의견이 '의견거절'로 나오면서 상장폐지 사유가 발생했다. 그 과정에서 투자자들에게 제대로 정보가 전달되지 않아 영문도 모르고 거래를 하지 못한 사람들이 많았다. 이런 사례는 주식시장에서는 너무 많아 헤아릴 수 없을 정도다.

정보는 많다. 그러나 정확한 정보를 구분할 능력이 없으면 오히려 정보는 나를 다치게 하는 칼이 되어 돌아온다. 그만큼 진실과 거짓을 구분하기 어려운 시대가 된 것이다. 혼탁한 정보 속에서 사실을 구분하지 못하면 투자는 실패하게 된다.

정보비대칭을 심화시켜라

주식시장은 제로섬 게임이다. 누군가 돈을 벌기 위해서는 누군가는 돈을 잃어야 한다. 인류가 경제 활동을 시작한 이래 정보를 많이 가진 강자는 돈을 벌었고 정보가 부족한 약자는 돈을 잃었다. 정보의 강자와 약자가 존재한다는 것은 결국 정보비대칭 현상이 나타난 것이다. 이런 현상은 사기꾼들도 많이 사용하는 방법이다. 그래서 돈을 따고 싶은 사람은 인위적으로 정보비대칭을 심화시킨다.

주식시장은 다른 투자 시장에 비해 정보비대칭이 더욱 심한 시장이다. 기업의 대주주와 최고경영자들은 자신들의 이익을 위해 일반 주주들의 이익을 해친다. 그 방법은 일부러 정보비대칭을 심화시키는 것. 주주들이 회사 내부 정보에 접근하지 못하도록 하는 것은 물론이고 회사가 장기적으로 사용할 재원을 최고경영자 자신의 자리보전에 사용해 단기실적을 높이는 방법으로 낭비해버린다. 또한 업무추진비를 사익을 위해 사용하는 것을 비롯해 과시적인 소비를 함으로써 회사의 자금을 마치 자신의 돈인 것처럼 사용해버리는 경우도 많다. 이런 내용을 일반 주주들이 알아차리는 것은 매우 힘든 일이다.

대주주와 최고경영자만 그런 것은 아니다. 투자자들을 유혹하기 위한 '리딩방'을 운영하는 사람들도 정보비대칭을 이용한다. 문제는 그들도 정확한 정보를 가진 것도 아니면서 그들보다 정보에 목말라 하는 사람들을 유혹해 돈을 번다는 것이다. 리딩방을 따라 해서 돈을 번 사람들은 거의 없다. 그들은 주가를 따라잡지 못하는 상황이 되면 말없이 사라져 투자자들을 낭패에 빠지게 한다. 이렇듯 주식시장을 비롯해서 모든 투자 시장에서 정보의 강자는 돈을 벌기 위해 일부러 정보비대칭을 심화시킨다.

그래도 진실은 있다

정보의 홍수 그리고 혼탁한 정보 속에서 진실을 찾는 노력을 게을리하면 결국 돈을 잃게 된다. 그래서 진실하고 믿을 수 있는 정보를 찾는 방법을 스스로 알아내야 한다.

투자자들이 제일 먼저 찾아야 하는 것은 회계 자료의 신뢰성이다. 믿을 수 있는 회계 정보인지는 감사보고서를 통해서 알아볼 수 있다. 감사보고서는 기업이 회계처리한 것을 외부감사인인 공인회계사가 감사를 한 뒤 감사의견을 붙인 것이다. 감사의견은 '적정의견', '한정의견', '부적정의견', '의견거절' 등 네 가지밖에 없다. 투자자들은 흔히 흑자가 나면 적정의견, 적자가 나면 부적정의견이 나오는 것으로 오해하는 경우가 많은데, 잘못된 생각이다. 감사의견은 그렇게 보는 것이 아니다. 적정의견은 흑자든 적자든 간에 기업 회계 원칙에 따라 제대로 처리된 경우에 붙이는 의견이다. 그 의미는 이 정보는 믿을 수 있는 정보라는 것이다. 한정의견은 대체로 믿을 수 있지만 일부 잘못된 부분이 있고, 잘못된 부분이 크지 않은 경우에 붙이는 의견이다. 그래서 이 정도까지는 믿을 수 있다는 것이다. 다만 한정의견 중 감사 범위를 제한한 경우에는 믿을 수 없는 정보로 취급한다. 그밖에 부정적의견이나 의견거절은 그 정보가 결코 믿을 수 없는 정보라는 것으로, 이런 회계 자료를 가지고 아무리 분석해봐야 전혀 신뢰성을 가질 수 없다는 것이다. 따라서 회계 자료를 이용할 때는 적정의견이 나온 것만 신뢰해야 한다.

회계 자료를 분석하는 것 이외에 그 기업과 관련된 뉴스를 파악해야 하는 경우도 있다. 그런데 단기적으로 기업은 제대로 된 정보를 제공하지 않는 경우도 많다. 기업의 정보가 사실인지 아닌지를 정확히 알아내기는 힘들지만 정보비대칭을 줄이는 방법 중 하나는 과거 정보를 찾아보는 것이다. 적어도 5년 치 정도의 기업 관련 뉴스를 찾아보면 지금 나타난 정보의 맥락을 잡아볼 수 있다. 예를 들어, 자본잠식으로 거래 정지가 된 태영건설의 경우 이미 2020년부터 서서히 위기를 감지할 수 있는 뉴스들이 나타나기 시작한다. 좋은 뉴스든 나쁜 뉴스든 뉴스가 나오면 적어도 3년 길게는 5년 전 뉴스부터 검색해보면 그 뉴스가 사실인지 아닌지를 판단할 수 있다.

주요 뉴스 헤드라인을 보면 다음과 같다.

"잇단 악재에 휘청이는 건설주"

〈파이낸셜뉴스〉 2020년 3월 31일. 분양 시장 침체에 유가 폭락, 부동산 PF 규제까지 덮쳐 건설사 신용 등급 하락 위기 등이 주요 내용

"3개월 문 닫는 태영건설… 기한이익상실, 신용추락 문제없나"

〈뉴스토마토〉 2022년 4월 25일. 중대재해로 토목건축부문 3개월간 영업정지, 영업정지 금액 매출액 절반, 3년 치 물량 확보 자신감에도 수익성 저하 우려 배제 못 해 등이 주요 내용

"건설 유동성파티 끝났다… 회사채, PF 자금경색 신호"

〈머니S〉 2022년 8월 3일. 건설 자금 조달 비상, 금리 2배 올랐는데 인기 제로 건설회사채 등이 주요 내용

이런 뉴스들이 나온 끝에 부동산 거래 절벽 등이 나타나면서 결국 태영건설은 상장폐지 위기에 몰리게 되었다.

인공지능이 대세가 된 시대, 검색만 해도 다 읽지 못할 정도로 많은 정보가 쏟아진다. 진실과 거짓을 구분하는 것이 어려운 상황에 직면하게 된 것이다. 이런 현상은 시간이 지날수록 더욱 심해질 것이다. 그 속에서 진실을 찾지 못하면 결국 실패를 맛볼 수밖에 없다. 투자의 기본은 정보비대칭을 줄이거나 없애는 것이다.

첨단 기술을 이용하면 그 결과도 정확할 것이라는 생각을 버려야 한다. 챗GPT도 능청스럽게 거짓 정보를 만들어낸다. 엉터리 같은 말이라면 웃어넘기겠지만 그렇지 않은 경우는 진위를 가리는 것이 어렵다. 정보의 홍수 그리고 혼탁한 정보에서 살아남기 위한 행동 요령은 다음과 같다.

① 인공지능이 제공하는 정보라도 일일이 진위 여부를 찾아봐야 한다.
② 기업의 회계 자료는 감사보고서에 적정의견이 달린 것만 믿을 수 있다. 그리고 적자가 누적되거나 대주주가 자주 바뀌는 기업은 부적정의견이나 의견거절이 나올 가능성이 크니 조심해야 한다.
③ 기업 뉴스가 나오면 그 진위를 확인하기 위해 5년 치 정도의 뉴스 흐름을 검색해봐야 한다. 그러면 뉴스의 실마리를 찾을 수 있다.

4장

가격 전가력이
높은 기업을 찾아라

번영의 시대는 어떻게 왔었는가?

인류 경제 생활의 역사를 보면 제일 먼저 자급자족 시대가 있었다. 본인이 사냥을 하든지 채집을 하든지 해서 먹고살았다. 정착 생활 이후에는 잉여 생산물이 나오면서 서로 필요한 물건을 교역을 통해 먹고살았다. 그리고 인류의 생활은 교역을 통해 더욱 다양한 소비를 하면서 윤택해졌다.

교역을 하는 방법을 간단히 살펴보자. 먼저 경제학의 아버지라 불리는 아담 스미스는 절대우위론을 주장했다. 절대우위란 국가 간에 비교했을 때 생산비가 절대적으로 적게 들거나 생산량이 절대적으로 많은 것을 뜻하는데, 각국은 절대우위에 있는 상품을 생산해서 서로 교역을 하면 모두에게 이익이 된다는 것이다. 여기서 한발 더 나아간 것이 비교우위론이다. 비교우위란 상대적으로 우위에 있는 상품을 생산해서 서로 교역을 하자는 것으로, 데이비드 리카르도에 의해 주장되었다.

예를 들어, 반도체와 자동차 한 단위를 생산하는 데 대한 필요한 노동자 수를 한국 5명/6명, 일본 7명/7명이라고 해보자. 한국은 반도체와 자동차 산업 모두에서 절대우위를 차지하고 있다. 그러면 한국이 반도체와 자동차를 모두 생산하는 것이 맞다. 그러나 비교우위에 의하면 한국은 반도체에서 비교우위에 있고, 일본은 자동차에서 비교우위를 갖는다. 자세하게 설명하면, 반도체에서 한국과 일본의 노동력 차이는 두 명, 자동차 산업에서는 한 명이다. 만약 일본을 기준으로 한다면 반도체에서는 자동차와 같이 한 명의 차이가 나면 되는데, 반도체는 두 명이나 적게 투입되어 다섯 명만 필요하다. 따라서 한국은 반도체에서 비교우위를 갖게 된다. 반대로 자동차의 경우 반도체에서 투입되는 두 명 차이보다 적은 한 명만 일본이 더 투입하게 되니 자동차에서는 일본이 비교우위에 있게 되는 것이다.

이렇게 비교우위가 확인되면 한국은 반도체 산업에 집중하고 일본은 자동차 산업에 집중해서 필요한 것은 서로 무역을 통해 교환함으로써 경제적 효율을 높일 수 있다. 단, 이것이 가능하기 위해서는 자유무역이 바탕이 되어야 한다.

1980년대 이후 글로벌 경제는 2010년대에 이르기까지 번영의 시대를 누렸다. 미국 등 선진국은 자본집약적인 산업에 집중적으로 투자해 효율을 높이고, 중국 등 이머징 국가들은 상대적으로 싼 노동비용을 바탕으로 노동집약적인 산업에 투자해 생산성을 높여 서로 교역을 했다. 미국 중산층 이하의 사람들이 필요로 하는 값싼 공산품을 중국이 대량으로 생산해서 공급했고, 중국이 필요로 하는 첨단 장비 등은 미국 등 선진국에서 투자를 하면서 공급해주었다. 미국 등 선진국이 WTO를 통해 무역 압력을 행사하고 FTA를 통해 자유무역을 하면서 서로에게 필요한 것들을 공급하면서 글로벌 경제는 모두가 잘사는 윈-윈의 시대를 누렸던 것이다.

'윈-윈'에서 '제로섬'을 넘어 '네거티브섬' 게임으로

게임에는 '윈-윈 게임(포지티브섬positive sum 게임)'과 '제로섬 게임' 그리고 '네거티브섬negative sum 게임'이 있다. 윈-윈 게임은 게임에 참여한 참가자들 모두가 이익을 얻는 게임이다. 경제적으로는 비교우위와 자유무역을 바탕으로 번영의 시기에 누렸던 이익이다. 그런데 이것이 한계에 다다르면 제로섬 게임으로 넘어간다. 제로섬 게임은 누군가 이익을 보게 되면 상대방은 그 만큼의 손실을 보게 되는 게임을 말한다. (지금의 상황에서는 주로 이익을 취하려는 쪽은 강자고, 그로 인해 손해를 보는 쪽은 약자다!) 경제력이 강력해진 중국과 금융위기를 극복하느라 (상대적으로) 약해진 미국의 대립이 제로섬 게임의 좋은 예다. 미국은 중국을 견제하기 위해 값싼 공산품에 관세를 부과하고, 첨단 반도체 장비 수출뿐 아니라 중국산 부품이 일정 수준 이상 들어간 제품에 대한 수입도 규제하는 등 이득을 취하기 위한 제로섬 게임이 시작되었다. 당연한 수순으로, 중국은 세계 최대의 소비 시장인 미국 수출길이 막히면서 경제적 어려움을 겪고 있다.

하지만 이러한 조치로 인해 미국 내 공산품 가격이 오르면서 인플레이션이 만성화되고 있다. 물가 상승으로 인해 금리를 올리지 않을 수 없지만, 또 물가가 안정된다 하더라도 예전과 같은 저금리를 유지할 수 없게 되었다. 제로섬 게임을 넘어 네거티브섬 게임에 들어서게 된 것이다.

'골디락스Goldilocks 경제'라는 말이 있다. 원래는 경제 상황이 좋으면 인플레이션이 발생하기 마련인데, 골디락스 경제에서는 경제 상황이 좋음에도 불구하고 인플레이션이 발생하지 않는다. 이럴 경우 큰 경기 변동 없이 장기간 번영을 누릴 수 있게 된다. 2010년대 중반 미국이 중국을 경제적으로 압박하기 시작하면서 골디락스는 마무리되었고 코로나 팬데믹을 거치면서 본격적인 물가 상승의 시대로 접어들었다. 자유로운 교역이 어려워졌고, 중국이 더 이상 세계의 공장 역할을 하지 못하게 되면서 글로벌 경제는 이제 만성적인 인플레이션을 경험하게 될 가능성이 크다. 미국의 소비자 물가지수 동향(표 50)을 살펴보자. 코로나 팬데믹을 거치면서 물가가 가파르게 상승하는 것을 볼 수 있다.

표50. 미국의 소비자 물가지수 동향(2001년~2023년)

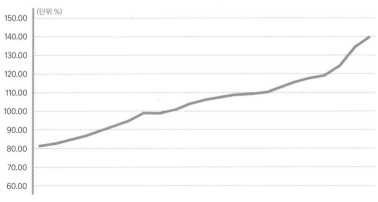

출처: 한국은행

가격전가력이 높은 주식을 찾아라

물가가 상승한다고 해서 기업의 이익이 모두 좋아지는 것은 아니다. 물가 상승은 기업 입장에서 보면 원재료 가격 상승이 되기도 하지만, 판매 가격의 상승이 되기도 한다. 그런데 원재료 가격 상승은 피할 수 없는 일이지만, 과연 판매 가격을 마음대로 올릴 수 있는지에 대해서는 깊은 고민이 필요해진다. 가격을 올렸을 때 매출액이 줄어들지 않아야 하는데, 만약 가격을 올리고 나서 매출액이 줄어들어버리면 기업 입장에서는 올리지 않느니 못한 상황에 처하게 된다. 이럴 때 (투자하기) 가장 좋은 기업은 원재료 가격이 오르면 그것을 바로 판매 가격에 전가해서 마진이 줄어들지 않는 기업이다. 즉,

가격을 올려도 매출이 줄어들지 않는 기업이 강한 기업이다.

앞으로의 경제는 만성적인 인플레이션은 물론이고 가계의 실질 처분 가능 소득이 감소하는 시대로 들어가게 된다. 즉, 공급이 정상 적으로 이루어진다고 해도 만성적으로 소비가 부진해질 수 있는 시 대가 올 것이다. 그래서 더욱 가격전가력이 높은 기업을 고를 수 있 는 지혜가 필요하다.

가격전가력이 높은 기업은 다음과 같은 특징을 가지고 있다. 먼저 독점적 영향력을 가진 기업이다. 독점 내지는 과점 상태에 있 는 기업은 원가 상승을 고객에게 쉽게 전가할 수 있다. 독점이란 한 산업 내에서 하나밖에 없는 기업을 말하고, 과점이란 3~4개의 기업이 있는 것을 말한다. 주식시장에서 보면 KT&G와 같이 전매 사업을 하고 있는 기업은 독점이며, 통신 3사(KT, SKT, LGU+)는 과 점이다.

두 번째, 강력한 브랜드를 가진 기업이다. 고객들이 브랜드에 대 한 가치를 높게 매기는 기업으로 애플을 들 수 있다. 아이폰은 가격 이 계속 비싸짐에도 불구하고 이용자들은 기꺼이 신제품을 산다. 에 어팟, 아이패드, 맥과 같은 애플 생태계에 있는 상품들은 가격을 올 려도 매출이 줄어들지 않는다.

세 번째, 공급망 교란이 기회가 되는 산업에 속한 기업이다. 공 급망 교란이란 제품의 생산이 원활치 않아서 공급 부족이 심해지 는 현상이다. 코로나 팬데믹 기간 많은 제품들이 생산에 차질을 빚 었다. 마스크와 같이 진입장벽이 낮은 제품은 공급망 교란이 있다고 하더라도 금방 생산이 가능해 품귀 현상이 금세 해소됐지만, 차량용 반도체와 같은 비교적 진입장벽이 높은 제품의 경우는 상황이 달랐다. 전방산업의 수요가 급증해도 제품을 공급할 수 없는 경우 가격을 올릴 수 있었고, 공급망 교란의 수혜를 톡톡히 누렸다. 이런 산업들은 공급자의 교섭력이 우위에 있는 경우가 많다.

앞으로 가격전가력이 상대적으로 떨어지는 기업들은 그렇고 그런 기업으로 전락해서 세상에서 사라질지도 모른다. 지금까지 모두에게 좋았던 상황에서 이제는 각자도생을 해야 하는 세상으로 바뀌는 것이다. 스스로 살아남을 수 있는 기업을 찾아야 한다.

미국과 중국의 경제 갈등은 두 나라만의 문제가 아니다. 서로 진영을 나눠서 싸우는 상황이 벌어지면 경제적 효율이 떨어져 물가가 상승하게 된다. 이럴 때 가격전가력이 있는 기업을 찾아야 한다.

① 산업 내에서 독과점을 형성하고 있는 기업은 가격전가력이 높다.

② 소비자들에게 브랜드 충성도가 높은 기업은 가격을 올려도 매출이 쉽게 떨어지지 않는다.

③ 공급망이 단절됐을 경우 상대적으로 진입장벽이 높아 이익을 볼 수 있는 기업은 가격전가력이 크다.

5장

패시브펀드의 전략을
흡수하라

액티브 전략과 패시브 전략

주식시장에서 기관 투자자들의 위력은 점점커지고 있다. 기관 투자자들의 전략은 두 가지로 압축할 수 있는데, 하나는 액티브 전략이고 다른 하나는 패시브 전략이다.

액티브 전략의 목표는 시장수익률을 초과하는 수익을 얻는 것이고, 초과수익을 올리기 위해 좋은 종목을 선정하고, 적절한 매매 타이밍을 노려 주식을 사고판다. 액티브 전략은 펀드매니저의 많은 노력이 투입되기 때문에 상대적으로 펀드 수수료가 비싸다. 이에 반해 패시브 전략의 목표는 시장의 평균 수익률을 따라가는 것이고, 펀드매니저의 자의적인 노력 없이 편입 종목의 투자 비중을 조정하면서 종합주가지수 수익률에 접근한다. 펀드매니저의 큰 노력이 필요하지 않기 때문에 상대적으로 펀드 수수료가 싼 것이 특징이다.

주식투자의 묘미는 큰 투자 수익을 거둘 수 있다는 것이다. 그래서 기관 투자자들은 패시브 전략보다는 액티브 전략을 구사하는 펀드를 많이 만들어 투자자들을 모집했다. 당연히 투자자들도 수익률을 높이기 위해 액티브펀드에 더 많은 투자 자금을 넣었던 것도 사실이다. 투자업계에서는 공공연하게 알려진 얘기지만, 1980년대 후반부터 1990년도 초중반까지 많은 연구자들이 액티브펀드와 패시브펀드의 투자 성과에 대한 실증연구를 진행했다. 그런데 대부분의 연구 결과가 액티브펀드에 비해 패시브펀드의 투자 성과가 더 좋은 것으로 나타났다. 이 말은 바꿔놓고 보면 초과수익을 거두는 액티브펀드들이 많지 않다는 것을 의미한다.

2002년 발표된 자료를 보면 미국 액티브펀드의 43% 정도만 패시브펀드보다 높은 수익률을 기록했다. 이는 2021년 47%보다 낮아진 수치다. 채권형 펀드에서는 더 부진한 모습을 보이는데, 30%만 패시브펀드보다 높은 수익률을 기록했다. 펀드 수수료를 비교(2021년)해보면 액티브펀드는 1.05% 정도 되는데 패시브펀드는 0.44% 정도였다. 더 높은 수수료를 거둬가면서도 제대로 된 운용 성과를 보여주지 못하면서 투자자들이 액티브펀드를 외면하는 현상이 심화되어가고 있는 추세다.

위기와 기회의 사이클

패시브펀드로 몰리는 자금

　돈은 효율적인 곳으로 움직인다. 효율적인 곳이란 비용은 적고 수익률은 높은 곳을 말한다. 수수료도 높은데 상대적으로 수익률조차 떨어지는 액티브펀드보다는 수수료가 낮고 수익률이 높은 패시브펀드로 돈이 넘어가는 것은 당연한 이치다.

　글로벌 자산운용사들이 운용하는 총 펀드 자금은 2023년 2월 기준 15조 달러가량이다. 그 가운데 주식과 채권에 운용하는 패시브 자금 규모는 전체의 44%에 달한다. 주식형 펀드의 경우 패시브펀드로의 자금 쏠림이 특히 강한 모습을 보이고 있다. 이런 추세가 계속될 경우 주식과 채권에 투자하는 패시브 운용 자산 규모가 액티브펀드와 비슷한 수준까지 올라가거나 오히려 패시브 자금이 더 많은 비중을 차지하게 될 것으로 예상하는 펀드 전문기관들도 나타나고 있다.

　이렇게 패시브 자금으로 자금이 쏠리는 또 하나의 원인은 ETF 시장의 급격한 성장도 한몫하고 있다. 우리나라보다 더 큰 미국시장의 경우도 ETF가 전체 펀드에서 차지하는 비중이 2022년 말 기준 30% 정도 되는데, 전문기관에서는 2027년에는 50%까지 확대될 것으로 예상하고 있다. 모두가 알고 있는 바와 같이 ETF는 대표적인 패시브펀드다. 이 시장의 확대는 패시브펀드 시장을 더욱 활성화시킬 가능성이 높다. 그런데 패시브 시장이 커지면 커질수록 시장 왜곡 현상이 나타날 가능성이 함께 높아지는 것이 문제다. 패시브 시장이 커질 경우 나타날 수 있는 문제를 정리하면 다음과 같다.

첫째, 인덱스펀드를 추종하는 패시브 거래 비중이 증가하면 자산의 내재가치를 찾아가는 시장 매커니즘이 약화되고 효율성이 저하될 가능성이 크다. 이 말은 주가가 기업가치를 잘 따라가야 하는데 인덱스펀드를 추종하게 되면 시가총액이 큰 종목을 중심으로 거래가 나타나기 때문에 기업가치와 괴리가 발생하게 된다는 것이다.

둘째, 인덱스펀드에 편입된 대형주들로 자금 유입이 집중되면서 관련 주가가 상승하고, 추가 상승 기대에 따라 다시 자금이 유입되는 순환 구조가 만들어져 대형주와 중소형주 간에 주가 양극화 현상이 심화될 가능성이 크다. 포트폴리오투자는 투자 비중이 중요한데, 특히 시가총액이 큰 종목들에 대한 편중 매매가 심해지면 중소형주로는 매수세가 약해지는 현상이 나타날 수 있다. 이런 현상은 그동안 중소형주가 대형주에 비해 더 높은 수익이 난다는 '소형주 효과'를 완전히 뒤집는 것이기 때문에 관심을 가지고 지켜볼 필요가 있다.

셋째, 패시브 거래가 늘어나게 되면 자산 간 동조화를 확대시키는 경향을 보이게 된다. 이는 펀드매니저들이 통상 포트폴리오 안에서 프로그램 매매를 통해 전체 자산을 매수/매도를 하기 때문이다. 이렇게 되면 다양한 자산에 대한 투자를 통해 초과수익을 얻으려는 시도가 어려워지게 되고, 시장이 조금만 불안해져도 주가지수가 출

위기와 기회의 사이클

렁하면서 떨어지는 큰 변동성이 나타날 가능성이 크다. 쉽게 얘기해 보면 MSCI지수는 글로벌 자산 배분 펀드들이 표준으로 삼는 지수다. 따라서 MSCI지수를 구성하는 종목으로 시가총액 비중에 따라 펀드를 구성한다. 그중 미국시장의 비중이 가장 큰데, 미국의 주가가 떨어지면 상대적으로 다른 나라의 비중이 높아지게 된다. 그러면 비중을 맞추기 위해 다른 나라 주식을 일시에 팔아야 한다. 반대로 미국의 주가가 올라가면 미국의 비중이 상대적으로 높아져 그 비중을 맞추기 위해 다른 나라의 주식을 사게 된다. 그래서 미국 주가가 올라가면 다른 나라 주가들도 올라가고, 미국 주가가 떨어지면 다른 나라 주가도 떨어지게 되는 이치다. 패시브투자가 많아질수록 이런 현상은 더욱 심화될 수 있다.

패시브펀드 비중이 더 높아지는 것은 어쩌면 일시적이라기보다 상당 기간 이어질 가능성이 큰 현상이다. 이렇게 되면 투자 전략 수립이 보다 쉬워지지 않을까?

시가총액이 큰 종목이 유리하다

이론적으로 패시브 거래가 많아지면 시가총액이 큰 종목을 우선적으로 사면 된다. 예를 들어, KOSPI200지수를 그대로 따르는 펀드를 구성한다고 하면, 200개 종목을 시가총액 비중별로 모두 사면 된다. 이런 것을 '완전복제'라고 한다. 그런데 완전복제는 현실적으로 가능하지 않은 경우가 더 많다. 그래서 복잡한 계산을 통해 '부분복제'를 하게 된다. 부분복제를 할 때 지수를 구성하는 종목 중 시가총액이 큰 15~30개 정도의 종목을 중심으로 펀드를 만든다. 그러면 완전복제를 한 것과 비슷한 성과를 낼 수 있다. 하지만 완전복제가 아니기 때문에 지수 수익률과 괴리가 생길 수 있다. 그래서 다시 원래 비중으로 돌려주는 작업을 하는데, 그 작업을 '포트폴리오 리밸런싱'이라 한다.

이런 작업이 관행적으로 이루어지기 때문에 인덱스펀드의 패시브 전략은 무조건 시가총액 상위 종목을 편입하게 된다. 따라서 패시브 자금이 더욱 늘어나면 투자자들은 지수 구성 종목 중 시가총액 상위 10위권 내에 있는 종목을 편입하면 안전하다. 결국 주가는 매수세가 활발하게 유입되는 경우 상승할 가능성이 크기 때문이다. 또한 앞으로 연기금을 중심으로 연금 보험료가 늘어나고 보험사들을 중심으로 보험료가 지속적으로 들어오게 되면 그 돈은 패시브 거래에 사용될 가능성이 크다. 여기에 기름을 부어 불을 더 지필 수 있는 것이 바로 ETF 시장의 성장이다. ETF는 인덱스펀드이고, 패시브 거래를 기본으로 하기 때문이다.

시가총액 상위 주식에 대한 수요는 지속적으로 늘어날 것이다. 다만 이렇게 되면 시가총액 상위 종목들의 실적이 나빠져도 매수세는 늘어날 수밖에 없는 기묘한 현상이 나타날 수 있다. 실적이 나빠지는 종목들이 시가총액 순위에서 탈락하면 그 종목의 주가는 나락으로 떨어질 가능성이 있다. 하지만 눈에 띄게 실적이 떨어지지 않는 한 실적과 무관하게 매수세가 늘어날 가능성이 있으니 대형주에 투자를 할 때 이 점만 조심하면 된다.

중소형주의 만성적인 저평가 현상

패시브 거래가 증가하면 상대적으로 중소형주는 소외를 당하게 된다. 즉, 매수세가 활발하지 않게 되니 주가가 제대로 상승하지 못하는 경우가 생기게 된다. 주식투자가 다른 투기 수단이나 도박과 다른 것은 주가가 기업가치를 잘 반영하기 때문이었다. 그런데 앞으로 주가가 기업가치와 동떨어진 상태로 흘러갈 가능성이 커진다는 점은 투자자들을 혼란에 빠뜨릴 가능성이 크다.

대형주는 실적이 나쁜데도 불구하고 잘 올라가는데 중소형주는 아무리 실적이 좋아져도 주가가 상승하지 않는 답답한 상황이 나타날 가능성이 크다. 주가는 매수세가 적극적으로 유입되어야 제대로 된 상승을 하게 된다. 그런데 패시브 거래가 주를 이루면 시가총액이 큰 종목으로 편중된 거래가 나타나게 되니 중소형주로는 매수가 제대로 들어오지 않아 중소형주의 만성적인 저평가 현상이 벌어질 수 있다. 이렇게 되면 애널리스트들이 발간하는 종목 리포트도 시가총액이 큰 종목으로 몰릴 수밖에 없고, 상대적으로 중소형주에 대해서는 정보비대칭이 더 커져 투자 위험이 증가하게 된다.

그런데 이런 상황을 뒤집어보면, 기업가치에 비해 주가가 저평가

된 종목이 지천에 널려 있는 것으로도 볼 수 있다. 돈은 수익을 낼 수 있는 곳으로 움직이는데, 주식시장의 기능을 생각해보면 시간이 조금 더 많이 걸릴 수는 있어도 주가가 기업가치를 찾아가는 원칙은 변하지 않을 것이다. 즉, 예전보다 저평가 현상이 해소되는 시간이 더 길어질 수는 있지만, 저평가의 정도가 더 커질 수 있어 장기적인 관점에서는 중소형주 투자에서 더 큰 수익을 올릴 가능성도 배제할 수 없다.

투자의 시계를 단기로 본다면 대형주 투자를 통해 시장의 평균적인 수익률을 거두는 전략이 유효하겠지만, 장기로 본다면 오히려 중소형주 투자에서 보다 안전하고 높은 수익을 거둘 수 있을 것이다. 워런 버핏의 스승인 벤저민 그레이엄이 주장했던 '안전마진', 즉 기업가치와 주가와의 괴리가 넓어질 가능성이 있기 때문이다.

애널리스트와 펀드매니저들이 자신들의 능력을 충분히 발휘하는 액티브 전략이 통하기보다는 인덱스를 따라다니는 패시브 전략이 더 좋은 성과를 내는 현상이 이어질 가능성이 크다면, 앞으로 우리의 투자 전략도 바뀌어야 한다.

인덱스펀드와 ETF 시장이 커지면서 패시브 거래가 더욱 확대될 가능성이 커졌다. 물론 그 속에는 액티브펀드의 성과 부진도 한몫을 했다. 패시브 거래가 많아질 때 투자자들은 다음과 같은 전략으로 대응해야 한다.

① 패시브 거래는 시가총액이 큰 종목을 중심으로 종목을 편입하므로 시가총액이 큰 종목을 중심으로 매매한다. 특히 시가총액 10위권 내의 종목에 주목한다.

② 내가 산 시가총액 상위 종목의 실적이 떨어져 주가가 하락해서 포트폴리오에서 떨어져나오면 주가 급락의 위험이 있으므로 실적과 주가를 잘 살펴서 위험을 회피해야 한다.

③ 중소형주는 상대적으로 매매에서 소외되는 현상이 나타나 만성적인 저평가 상태에 빠질 가능성이 크다. 이럴 때는 보다 장기적인 관점에서 투자를 하는 것이 중요하다. 지금보다 더 높은 수익을 얻을 수 있다. 단, 장기적인 투자가 이루어져야 한다는 점이 중요하다.

6장

ETF투자에도
전략이 필요하다

　　ETF는 일반적으로 주식, 채권과 같은 기초자산의 가격이나 지수의 변화에 연동해 운용하는 것을 목표로 하는 펀드로서, 주식시장에 상장되어 주식과 동일한 방법으로 매매할 수 있어 거래의 편의성을 갖추고 있다. ETF는 KOSPI200을 비롯해 특정 지수를 대표하는 인덱스와 동일한 수익을 얻고 인덱스와 동일한 위험을 부담하는 것을 목표로 운용되는 인덱스펀드의 일종이다. 그런데 ETF는 거래소 시장에 상장되어 있기 때문에 일반 주식과 같은 방법으로 거래할 수 있다. 즉, 일반 주식과 같이 ETF는 거래소의 거래 시간에 전화 주문 혹은 HTS를 통해 현재 가격에 매매가 가능하다는 것. ETF 1주를 매수하는 것은 ETF가 추종하는 특정 지수의 전 종목을 매수한 것과 동일한 효과를 가지며, 시장 내 매도로 현금화의 방법도 인덱스펀드보다 훨씬 수월하다. 또한 ETF 설정 또는 환매 시 현금 혹은 지수를 구성하는 주식(바스켓)으로 예탁·반환이 가능해 신용 거래나 차익 거래도 가능하다. 이처럼 인덱스펀드의 단점을 최소화할 수 있었던 것은 ETF가 시장에서 거래가 이루어질 수 있도록 설계되었기 때문이다.

ETF가 일반 펀드와 다른 점을 구분해보면 첫째, 만기일 이전에 해지할 경우 인덱스펀드는 수익의 일정 부분에 해당하는 환매 수수료를 지불해야 하는 것과 달리 ETF는 거래소에 상장되어 있기 때문에 일반 주식처럼 언제든지 쉽게 매매할 수 있다. 둘째, 보통의 펀드들이 1% 이상의 펀드 보수를 적용하는 것에 비해 ETF는 증권거래세와 같이 저렴한 거래비용만 부담하면 된다. 셋째, ETF는 거래소에서 거래되고 유동성 공급자들이 차익 거래를 통해 시장 조성을 하기 때문에 높은 유동성을 유지하는 데 비해 일반 펀드들은 장외거래로 이루어져 실시간 거래가 불가능하다. 넷째, 일반 펀드의 경우 운영 성과 및 포트폴리오를 매분기 및 매달 발표하는데, ETF의 경우 매일 공시를 해 그 투명성을 높이고 있다. ETF는 NAV_{Net Asset Value}(순자산가치) 대비 거래 가격의 차이가 매우 작고, 또한 차이가 벌어질 경우 차익 거래가 발생해 안정적으로 NAV를 추종한다. 이런 점들 때문에 최근 ETF 시장이 점점 커지고 있고, 투자자들도 개별 주식에 대한 투자가 어려울 경우 ETF투자에 더 많은 관심을 기울이고 있다.

ETF의 종류가 매우 다양해지고 있다

ETF는 기본적으로 벤치마크가 되는 지수가 개발되는 것이 중요하다. 무엇이든 지수를 개발하면 ETF를 구성할 수 있다. 지금 시장에서 거래되는 ETF의 종류가 매우 다양해지고 있는데 간단히 살펴보면 다음과 같다.

① 시장 대표 지수 ETF: 가장 대표적인 ETF는 시장 대표 지수 ETF가 있다. 코스피200, 코스피100, KRX100, 코스닥150, MSCI코리아인덱스 등을 추종하는 ETF들인데, 이 중 가장 거래량이 많은 ETF는 코스피200과 코스닥150이다.

② 섹터 ETF: 섹터는 산업 또는 업종지수를 생각하면 된다. 소재, 산업재, 경기소비재, 필수소비재, 의료, 금융, IT, 통신 서비스 등이 대표적이다. 코스피200 헬스케어, 코스피200 경기소배지, 코스피200 정보기술 등 섹터별 지수를 추종하는 ETF가 활발하게 거래되고 있다. 섹터 ETF는 투자자가 원하는 섹터를 골라서 해당 섹터 내에서 분산투자를 할 수 있다. ETF를 통해서 개별 종목이 아닌 업종 내 여러 종목을 동시에 투자하는 효과를 얻을 수 있다.

③ 테마 ETF: 테마 ETF는 섹터 ETF와 비슷해 보이기도 한데, 테마는 우량가치, 블루칩, 2차 전지 산업 등 흔히 테마주처럼 묶인 것을 의미한다. 또한 삼성그룹, 현대차그룹 등과 같은 그룹주도

위기와 기회의 사이클

테마 ETF의 종류로 볼 수 있다.

④ **고배당 ETF:** 고배당 ETF는 투자자들의 관심이 쏠리는 ETF다. 이는 배당 성향이 높은 종목, 시장 평균 대비 배당금을 많이 주는 종목들로 구성된 ETF로, 고배당지수를 추종하게 된다.

⑤ **스타일 ETF:** 스타일 ETF는 특성이 비슷한 주식들로 구성된 지수를 추종한다. 대형주, 종소형주, 성장 투자 등의 ETF가 있다.

⑥ **채권 ETF:** 채권에 투자하는 ETF다. 채권투자를 통해 이자 수익을 기대하는 것처럼 채권 ETF도 이자 수익을 기대하고 투자한다. 국공채권, 회사채권, 단기 자금 등을 이용한 ETF가 있다.

⑦ **원자재 ETF:** 원자재 ETF는 원유, 금, 은, 농산물, 구리 등에 투자한다. 원자재 선물에 투자하는 것이 쉽지 않은데 이때 이용할 수 있는 상품이다.

⑧ **해외 지수 ETF:** 해외에 투자하는 ETF다. 미국의 S&P500, 나스닥, 유로스탁스, 일본 토픽스 등에 투자할 수 있다. 또한 이머징 국가들 중에서도 중국, 인도, 베트남 등에 투자하는 ETF가 있다.

⑨ **파생상품 ETF:** 파생상품을 이용해서 만든 ETF로 레버리지 ETF와 인버스 ETF가 있다. 레버리지 ETF는 추종 지수 일일 변동폭의 2배수, 인버스 ETF는 추종 지수 변동폭의 반대로 움직이는 ETF인데 이 중 인버스2X는 추종 지수 일일 변동폭의 반대 방향으로 2배의 수익률을 추종하는 ETF다.

이렇게 다양한 ETF가 존재한다는 것은 앞으로 투자자들이 개별 종목을 선정할 때 느끼는 어려움을 대신해 포트폴리오 자체를 살 수 있다는 장점이 있다. 이런 다양한 상품들을 가지고 수익을 올릴 수 있는 다양한 투자 전략이 개발되고 있다.

ETF 투자 전략으로 더 높은 수익을 얻는 법

앞으로 ETF 시장이 더욱 커진다면 전략 구성에 대해 정확히 아는 것이 중요하다. ETF를 이용한 투자 전략은 다음과 같이 구상해 볼 수 있다.

핵심-주변 전략

핵심-주변Core-Satellite 투자 전략이란 핵심 포트폴리오로서 시장 지수를 추종할 수 있는 ETF를 배치하고 섹터 ETF 등을 시가총액 비중 또는 투자 비중에 따라 적절하게 구성하는 전략으로, 시장수익률 추적과 동시에 시장 지수 대비 초과수익을 추구하기 위해 섹터 ETF 등의 비중을 조절한다. 현재 시장에 상장되어 있는 시장 지수 ETF와 섹터 ETF, 원유 ETF, 해외 ETF 등을 이용하면 핵심-주변 투자 전략을 적은 비용으로도 수행할 수 있다. 실제로 미국 등 선진국에서는 많은 연기금 펀드들이 상장 지수 ETF와 섹터 ETF를 사용해 핵심-주변 전략을 구사하고 있다. 또한 핵심-주변 투자 전략은 전체 투자 포트폴리오의 수익 변동성을 완화시켜주는 효과도 있다. 즉, 특정 종목 또는 특정 업종에 치우친 포트폴리오 구성은 시장 상황 변화에 따라 수익률 변동성이 높을 수밖에 없으나, 핵심-주변 투자 전략을 사용하는 포트폴리오는 각각의 변동성을 분산시키는 효과를 가지고 있기 때문에 안정적인 투자 성과를 추구할 수 있다.

플러그&플레이 전략

특정 섹터 및 시장에 대한 긍정적인 전망을 가지고 있으나 개별 종목 선정에 어려움이 있을 경우 먼저 해당 ETF에 투자Plug하고 실적 개선이 가시화되는 시점에서 섹터 및 시장 내 저평가 종목 또는 주도 종목에 투자Play하는 전략이다. ETF 고유의 분산투자 효과 때문에 투자자의 예측치와 다르게 섹터 및 시장이 움직여도 개별 종목에 직접 투자하는 것에 비해 유리하다.

ETF 차익 거래 전략

차익 거래란 두 가지 동일한 자산 중 상대적으로 가격이 싼 자산을 매수하고 상대적으로 비싼 자산을 매도한 후 이와 같은 상대적인 가격차가 없어질 경우 매수 자산을 매도하고 매도 자산을 매수해 두 자산 간의 차이를 이익으로 확보하는 방법이다. 기존의 차익 거래는 주식과 선물/옵션 간의 차익 거래라는 두 가지 축으로 이루어졌으나 ETF가 거래될 경우 ETF-주식-선물/옵션 세 가지 축으로 차익 거래가 이루어질 수 있어 훨씬 다양한 차익 거래 전략이 가능하다.

대안적인 선물투자 전략

레버리지 및 인버스 ETF 등 신종 ETF를 이용해 대안적인 선물
투자 전략을 구사할 수 있다. 즉, 선물 거래와 비슷한 효과를 누
릴 수 있는 전략이 ETF투자를 통해 가능하게 된다. 대안적 선물
투자 전략은 선물 거래 시 나타나는 만기이월위험Roll Over-Risk을
기피하는 투자자 또는 매일매일 세밀한 조정이 필요한 투자자 그
리고 적은 단위의 계약을 추종하는 투자자들을 위한 대안으로
적용될 수 있다.

투자자를
위한 **팁**

앞으로는 개별 종목에 대한 투자보다 ETF를 통한 투자가 대세를 이룰 가능성이 크다. ETF투자를 할 때 전략을 정리하면 다음과 같다.

① 시장 대표 지수 ETF에 대한 투자를 일정 수준으로 유지하면서 섹터 ETF를 통해 초과수익을 노린다. 투자 비중은 7대3 또는 8대2 정도로 유지하는 것이 좋다.
② 특정 테마 내에서 종목 선정이 어려울 경우 먼저 테마 ETF에 투자한다. 그리고 테마 내에서 주도주가 나타나면 ETF를 매도하고 주도주로 갈아타는 전략도 좋다.
③ 개인이 파생상품에 투자하는 것은 쉽지 않다. 레버리지 ETF나 인버스 ETF를 통해 파생상품에 투자하는 것과 같은 성과를 거둘 수 있다.

7장

소프트파워가
시장을 이끈다

무겁고, 두껍고, 길고, 큰 vs. 가볍고, 얇고, 짧고, 작은

1970년대와 1980년대는 일본 기업들의 전성시대였다. 일본은 2차 대전 패전 이후 폐허 속에서 한국전쟁과 도쿄올림픽 등을 거치면서 경제를 살려냈다. 그리고 글로벌 경쟁력을 기반으로 초일류 기업으로 발돋움했다. 일본의 대표 기업 소니, 파나소닉, 토요타, 캐논, 혼다, 닌텐도 등이 추구했던 산업의 콘셉트는 "경박단소輕薄短小"였다. "축소 지향의 일본인"이란 말이 있을 정도로 일본은 가볍고, 얇고, 짧고, 작은 것을 고집했다. 반면 세계 제일의 경제력을 자랑했던 미국 산업의 콘셉트는 "중후장대重厚長大"였다. 무겁고, 두껍고, 길고,

큰 것. 이 차이를 극명하게 드러낸 제품이 바로 소니의 '워크맨'이었다. 미국의 어마어마하게 큰 야외전축이나 오디오 플레이어와 거의 같은 성능인데 허리춤에 차고 다닐 수 있을 정도의 작은 기계는 나오자마자 인기 폭발이었다. 이런 일본 기업들의 성공으로 일본식 경영 제도가 경영학계를 휩쓸었던 때도 있었다. 일본의 종신 고용 문화, 분임조의 업무 개선 효과, 간판 시스템을 이용한 생산 관리 등이 'Z이론'이라는 이름으로 경영학 교과서에 실렸다.

물론 경박단소가 모두 성공했던 것은 아니었다. 대표적인 분야가 자동차 산업이다. 미국에서는 일본 자동차가 통하지 않았다고 한다. 미국의 중후장대 모토가 가장 극명하게 드러나는 분야가 바로 자동차인데, 미국 자동차는 배기량이 어마어마하다. 대체로 5,000~6,000cc 정도가 되니 타의 추종을 불허할 정도다. 중후한 배기량과 장대한 사이즈의 차만 봐온 미국인들에게 경박한 배기량과 단소한 사이즈의 일본 자동차는 장난감처럼 보였을 것이다. 그래서 토요타 자동차를 "토이카toy-car"로 불렀다. 일본인들은 미국인들의 놀림에 절치부심했고, 마침내 만들어낸 것이 '렉서스'였다. (렉서스는 럭셔리 카luxury-car에서 나온 브랜드명이라고 한다.)

자동차에서는 이런 굴욕을 당했지만, 다른 부분에서 일본 기업들의 부상은 세계를 놀라게 했다. 손이 굵고 큰 미국인들은 손이 매끄럽고 작은 일본인들의 세밀한 기술력을 따라잡는다는 것이 도저히 불가능해 보였다. 그런데 이런 생각을 완전히 바꾸면서 일본 기업들을 단숨에 물리친 기술이 실리콘밸리에서 나타났다. 바로

CAD/CAM이다. 컴퓨터를 이용해 디자인하고 컴퓨터를 이용해 생산을 하는 것. 사람 손은 굵고 클지 모르지만 기술을 이용하고 보니 일본인만 생산할 수 있을 것 같았던 세밀한 제품들이 미국에서도 평평 생산되었다. 비로소 기술력이 제조 능력을 앞서는 일이 나타났다.

기술을 가진 자 vs. 제조 설비를 가진 자

컴퓨터나 로봇을 이용한 제조가 가능해지면서 경제계는 기술을 가진 자와 그들의 하청을 받아서 제품을 만들어주는 기업으로 나뉘고 있다. 이런 상황은 우리가 잘 알고 있는 반도체와 바이오 분야에서 극명하게 나타나고 있다. 우선 반도체 제조 분야를 보면 팹리스Fabless와 파운드리Foundry 회사로 갈라진다.

먼저 팹리스는 반도체 설계를 전문적으로 하는 기업을 말한다. 설계를 제외한 웨이퍼 생산, 패키징, 테스트 등은 모두 외주로 진행되며, 외주를 통해 생산이 완료된 칩의 소유권이나 영업권은 팹리스에 있어 자사 브랜드로 판매한다. 팹리스는 대규모 자본이 드는 공장을 갖추지 않고 설계에 주력할 수 있는 비즈니스 모델이다. 반도체를 만드는 생산 시설 없이 뛰어난 아이디어와 우수한 칩 설계 기술을 바탕으로 반도체 칩 개발에 집중한다. 이러한 팹리스 기업은 고부가가치 사업을 영위하고 있고 대부분 북미권에 포진되어 있다. 그리고 팹리스는 파운드리업체에게 절대적인 갑의 위치에 서게 된다.

대표적인 팹리스업체로는 통신 기기 반도체의 퀄컴, 최근 가장 각광을 있는 그래픽 처리 장치GPU 분야에서 독점적 지위를 누리고 있는 엔비디아, 네트워크 칩, 광대역 통신 칩, 스토리지 칩 등을 생산하는 브로드컴 그리고 컴퓨터와 노트북용 CPU와 GPU를 설계하는 AMD 등이 있다.

파운드리는 반도체 설계를 전문으로 하는 팹리스 기업으로부터 제조를 위탁받아 반도체 제품을 생산하며, 칩은 설계하지 않는다. 주로 대규모 자본이 드는 생산 시설을 갖추고 있으며, 뛰어난 생산 기술을 활용해 반도체를 제조한다. 그러나 이렇게 생산된 반도체는 생산을 의뢰한 고객사의 이름으로 판매된다. 파운드리업체 중 가장 유명한 곳이 바로 한국의 삼성전자와 대만의 TSMC 등이다.

바이오·제약업계도 오리지널 제품을 보유하고 있는 글로벌 제약사들과 그 제품을 위탁 생산하는 CMOContract Manufacturing Organizations로 나뉜다. 자체 R&D 역량이 부족한 제약사의 경우 화이자나 노바티스 같은 글로벌 제약 회사의 위탁을 받아 약의 원료 물질이나 약품을 납품하기도 한다. 이 경우 약품을 제조하기 때문에 일반적인 제품을 위탁 생산하는 업체와는 달리 요구 조건이 매우 까다로운 것이 특징이다. 우리나라의 셀트리온, 삼성바이오로직, 에스티팜, 바이넥스 등이 대표적이다.

과거에는 생산 설비를 가진 업체들이 좋은 기업으로 평가를 받았지만, 이제는 공장이 없어도 기술력을 가진 기업들이 더 큰 부가가치를 얻는 시대가 되었다. 지적재산권을 가지고 있느냐 그렇지 않으면 그들의 공장 역할을 하느냐에 따라 각 업체들이 거둬들이는 수익의 규모는 천지 차이가 날 정도다.

그런데 최근에서는 여기서 그치지 않고 문화가 세상을 주도하는 모습을 보이고 있다. 소위 말하는 "소프트파워"가 더욱 강해지는 모습이다.

하드파워 vs. 소프트파워

소프트파워라는 단어가 세상에 등장한 것은 1990년이다. 하버드대학의 조지프 나이에 의해 고안된 개념인데, 군사력이나 경제력 등 힘을 이용해서 다른 나라를 굴복시키는 하드파워에 대응하는 개념이다. 소프트파워는 문화, 가치관, 예술, 교육, 외교 등의 요소를 통해 다른 국가를 설득하거나 동의를 유도한다. 즉, 강압보다는 자발적인 참여를 유도해 영향력을 행사하는 것이다.

소프트파워의 가장 좋은 예로 K-컬처를 들 수 있다. 쉽게 말해서 우리나라의 문화라고 보면 된다. 한국은 영화와 시리즈, 음악 부문에서 수년간 정상의 위치에 있다. 문학과 현대예술 부문에서도 국제적인 영향력을 갖기 시작한 한국 콘텐츠에 세계인이 주목하고 있다. 영화 부문에서 〈기생충〉은 외국어 영화 최초로 아카데미 최고상인 작품상을 받았고, 〈오징어 게임〉은 넷플릭스 역대 가장 많이 시청된 시리즈로 기록되었다. 〈기생충〉 열풍으로 '짜빠구리' 열풍이 일

위기와 기회의 사이클

었고, 〈오징어 게임〉을 통해서는 K-놀이문화가 각광을 받았다.

이후 각 분야에서 한국의 문화는 세계로 뻗어나가고 있다. BTS는 전 세계의 팬클럽 '아미'에게 큰 영향을 미치고 있고, 세븐틴, 몬스타엑스, 샤이니, 엑소 등의 보이그룹과 블랙핑크, 레드벨벳, 에스파, 있지, 트와이스 등의 걸그룹들이 활발히 활동 중이다. 이들의 활발한 활동에 힘입어 한국을 방문하는 관광객이 증가하고, K-푸드 체험을 유튜브에 올리는 등 소프트파워가 미치는 영향력이 더 커지고 있다. 소프트파워와 문화 경쟁력을 완전히 등치시킬 수는 없지만, 한 나라의 문화가 다른 나라에 전해지면 그 파급 효과가 다양하게 나타난다는 점에서 공통점을 찾을 수 있다.

이렇게 축적된 소프트파워는 마침내 한국 작가의 노벨문학상이라는 결과로 이어졌다. 물론 한강 작가의 문학적 위대함이 수상의 가장 큰 원동력이지만, 그동안 음악, 영화, OTT 콘텐츠 등을 통해 한류가 전 세계로 퍼지면서 대한민국에 대한 인식이 높아진 것도 한 축을 담당했을 것이다. 또한 소프트파워의 확대로 인해 무형의 상품을 판매하는 엔터테인먼트 기업들이 본격적으로 성장하는 국면을 맞이했다. 엔터테인먼트 기업들의 시가총액의 크기도 심상치 않은데, JYP 2.5조 원, SM 1.9조 원, YG는 0.8조 원에 달하며, 이들이 창조해내는 수익력도 괄목할만하다.

문제는 소프트파워는 민주적인 분위기에서 더 커지고 폭발한다는 점이다. "지원은 하되 간섭하지 않는다"는 원칙을 지키는 분위기에서 문화인들은 역량을 스스로 극대화한다. 그러나 간섭이라는 이

물질이 개입되면 소프트파워는 금방 시들어버리고 활기를 잃어가게 된다. 그런 점에서 최근 각국 정부의 집권 세력이 극우화되어가는 상황을 보면 소프트파워를 키워낼 수 있는 곳과 소프트파워를 고사시키는 곳으로 양극화될 가능성도 배제할 수 없다. 하지만 소프트파워는 긴 생명력을 가지고 스스로 민주적인 상황을 창조해낼 것이다. 2024년 12월 비상계엄 이후 시민들이 보여준 행동과 그 결과는 "과거가 현재를 도울 수 있다"는 한강 작가의 문장과 절묘하게 부합한다. 이것이 바로 소프트파워가 가진 진정한 가치다.

결국 앞으로 주식시장에서는 무형의 기술을 가진 기업, 특허권 등 배타적인 권리를 가진 기업, 그리고 남들이 모방하지 못할 문화적 다양성과 힘을 보유한 콘텐츠를 생산할 능력이 있는 기업들이 지금까지 보지 못한 부가가치를 만들어낼 것이다. 따라서 투자자들은 보다 다양한 분야에 관심을 가지고 변화 속에서 종목을 찾아낼 수 있어야 한다. 이를 위해서는 끊임없이 독서하고 또 사색하면서 투자에 임해야 할 것이다.

유형의 자산을 보유한 기업은 쉽게 접근할 수 있다. 그러나 앞으로는 눈에 보이는 자산보다는 눈에 보이지 않는 지적재산권, 기술, 특허권 그리고 추상적인 문화의 힘 등이 압도적인 부가가치를 생산하게 될 것이다. 이런 상황에서 투자자들은 다음을 주의 깊게 살펴야 한다.

① 전통적인 산업 마인드에서 벗어나야 한다. 공장을 가진 자보다 공장에 일감을 줄 수 있는 기술을 가진 기업에 우선해서 투자해야 한다.

② 반도체 산업에서 보듯이 기술 노하우를 가진 기업은 다른 기업의 생산 및 판매에 제재를 가할 수 있다. 지적재산권을 가지고 있는 기업을 찾아야 한다. 파운드리업체보다 팹리스업체에 투자해야 하는 이유다.

③ 이제 국가는 문화의 힘을 기를 수 있는 국가와 이를 고사시키는 국가로 구분된다. 그리고 문화를 주도하는 기업이 만들 수 있는 부가가치는 상상을 초월할 정도가 된다. 다만 인기는 언제든 사라질 수 있기에 항상 주의를 기울여야 한다.

8장

RE100은
강력한 무역 장벽이 된다

가치외교와 조세 장벽

분단의 상징이었던 베를린 장벽이 무너지고 또 옛 소련이 붕괴한 이후 글로벌 정치외교는 각자의 실리를 추구하는 방향으로 흘러갔다. 미국과 중국이 손을 잡고, 미국과 러시아가 협력을 했다. 자유진영과 공산진영 할 것 없이 서로에게 이익이 되는 방향으로 정책이 만들어지고 경제인들이 교류를 했다. 바야흐로 번영의 시대가 온 것이다. 정치와 무역의 장벽이 허물어져 자유롭게 사람과 물자의 교역이 이루어졌다. 이 시기는 글로벌 파이가 커지는 때였다. 파이가 커지면 서로의 영역에서 배불리 먹을 수 있기 때문에 갈등이 생기지는 않는다. 서로 갈등할 사이에 한 입이라도 더 먹는 게 중요하기 때문이다. 그러나 파이가 더 이상 커지지 않게 되면 문제가 발생하게 된다.

글로벌 경제 성장이 둔화되기 시작하면서 강대국들은 서로의 영역을 지키기 위해 선을 긋고 나섰다. 특히 2등의 추격을 용납하지 않는 미국은 1990년대 일본을 굴복시켰던 것처럼 2010년대 후반부터 본격적으로 중국을 견제하기 시작했다.

1980년대 일본의 성장은 거침없었다. 조만간 미국의 경제력을 추월할 것이라는 말들이 나오기 시작했다. 그러나 미국은 한숨에 일본을 제압했다. 항간에는 미국이 국제결제은행BIS을 통해 금융기관의 자본 건전성을 높이는 방향으로 정책을 펴면서 부실한 일본 은행들이 파산했고, 살아남은 은행들은 무자비한 대출 회수로 부동산 가격이 급락하는 과정에서 버블 붕괴가 나타나 다시는 재기하지 못할 정도로 경제를 꺾어놓았다는 이야기가 돌 정도였다.

2000년대 들어 중국의 경제가 커오는 과정에서 미국은 2007년 금융위기를 해결하느라 중국의 성장을 제대로 견제하지 못했다. 어느덧 중국은 미국 바로 목전까지 따라왔고, 이때부터 미국은 중국을 견제하기 시작했다. 미국 정부는 반도체를 비롯한 첨단 산업 분야에서 중국에 대한 견제를 강화했다. 인플레이션감축법IRA과 반도체지원법(칩스법)을 통해 첨단 기술의 중국 유출을 막음과 동시에 재정적 지원도 막는 행정조치를 발효했다.

미중 간 주요 산업 분야를 둘러싼 견제 정책은 더욱 가열되고 있다. 견제를 넘어 사실상 교역 '결별' 수순에 들어선 것 아니냐는 관측이 나올 정도다. 미국 정부는 인공지능·양자컴퓨터·반도체 등 3개 분야에 대한 사모펀드와 벤처캐피털 등 미국계 투자 자본의 중국 투자를 제한하는 행정명령을 발표한 바 있다. 이에 따라 중국의 군사력 증강을 비롯해 기술적 수준을 끌어올릴 수 있는 관련 산업에 미국의 자본 투자가 금지되었다.

미국은 동맹국들끼리 외교를 하는 가치외교를 들고 나왔다. 민주주의 가치를 공유하는 나라들을 규합해 중국과의 교역을 통제함으로써 중국에 대한 경제 제재의 수위를 높이고 있다. 미국이 들고 나온 가치외교에서 가치란 삶의 양식, 도덕적 규범, 공동체의 정체성을 내포한다. 흔히 사회 내부에서 합의된 이데올로기만 '가치'가 아니다. 법에 기반한 국제질서, 주권 평등주의가 적용되는 국제 체제가 우리 국민 개개인의 삶에 영향을 준다. 그러나 각 국가마다 처해진 정치외교 그리고 경제 상황이 모두 다름에도 불구하고 미국은 민주주의 동맹을 따를 것을 강권하고 있다. 가치외교가 체제를 위협으로부터 수호하는 방법이라는 것이다.

경제 번영을 위한 핵심 조건은 장벽 없는 교역이다. 그러나 눈에 보이는 관세 장벽과 눈에 보이지 않는 관세 장벽이 존재하면 자유로운 교역이 불가능해지고 그러는 사이에 글로벌 경제의 파이는 점차 줄어들게 된다. 그러면 서로가 남의 것을 빼앗는 일이 벌어지게 된다. 바야흐로 "약육강식" 정글의 법칙이 적용되는 상황이다. 잡아먹지 않으면 잡혀먹는 세상.

이미 미국은 중국의 공산품 등에 대해 관세를 높이는 조세 장벽을 만들어놓았다. 그리고 가치외교를 통해 눈에 보이지 않는 무역 장벽을 하나 더 만들었다. 이런 환경에서 살아남는 기업과 도태되는 기업이 극명하게 갈라진다. 부가가치가 높은 산업에 있는 기업들은 계속해서 살아남겠지만 부가가치가 낮은 산업에 있는 기업들은 지금보다 더 빠르게 도태되는 모습을 보이게 될 것이다.

새로운 무역 장벽의 탄생

선진국이 이머징 국가들을 견제할 수 있는 무기는 많다. 산업 구조상 제조업 비중이 높은 이머징 국가들은 화석연료를 이용해서 산업을 유지하는 경우가 대부분이다. 즉, 탄소 배출을 많이 하게 된다. 이런 산업 구조 여건을 이용해서 무역 장벽으로 만들고자 하는 것이 바로 RE100이다.

RE100Renewable Electricity 100%은 기업이 사용하는 전력을 2050년까지 태양광, 풍력 등 재생 에너지로만 충당하겠다는 국제 캠페인이다. 우리가 알고 있는 에너지원 중 원자력 에너지는 재생 에너지로 인정하지 않고 있다. RE100은 2014년 영국의 비영리 단체인 기후그룹The Climate Group과 탄소공개프로젝트Carbon Disclosure Project에서 발족했다. RE100은 정부가 강제하는 것이 아니라 글로벌 기업의 자발적 참여로 진행되는 캠페인이라는 점에서 높은 평가를 받는다. RE100을 달성하기 위해서는 태양광발전 시설 등 설비를 직접 만들거나 재생 에너지 발전소에서 전기를 사 쓰는 방식이 있다. 가입하기 위해 신청서를 제출하면 본부인 기후그룹의 검토를 거친 후 가입이 최종 확정된다. 가입 후 1년 안에 이행 계획을 제출하고 매년 성과를 점검(재생 에너지 비중을 2030년 60%, 2040년 90%로 올려야 자격이 유지된다)받는다. 2023년 12월 말 기준으로 RE100에 가입한 전 세계 기업은 구글, 애플, GM, 이케아 등 426개 기업으로, 한국 기업은 36곳이다.

한국 기업들의 RE100 가입이 더딘 이유는 국내 재생 에너지 발전 여건이 열악하기 때문이다. 에너지경제연구원에 따르면 2023년 상반기 우리나라 에너지원별 발전량 중 재생 에너지 비중은 9.7%에 불과하다. RE100이 무서운 이유는 구글, 애플, GM 등 이미 RE100을 달성한 기업들이 이제부터는 그들에게 납품을 하는 기업들도 100% 신재생 에너지를 사용해서 제품을 생산할 것, 즉 완전한 RE100을 요구하는 데 있다.

만약 국내에서 RE100을 맞추지 못하는 기업들은 글로벌 기업에 납품하지 못하게 된다. 그러면 이들 기업들은 RE100을 달성할 수 있는 곳으로 공장을 옮겨서 제품을 생산해야 하는 일이 벌어지게 된다. 이렇게 되면 국내에서 공장을 짓지 못하니 국내 고용이 줄어들게 되고, 이는 곧 우리나라 내수경제의 위축으로 이어질 수밖에 없다. 결국 해외로 공장을 옮겨 RE100을 달성할 수 있게 투자할 수 있는 기업은 살아남게 되지만 해외로 공장을 옮기지 못하는 기업 그리고 내수에 기반을 둔 기업들은 살아남기 어려운 환경에 놓이게 될 것이다. 즉, 글로벌 경쟁력을 갖춘 기업들만 살아남게 되는 결과가 나타날 수 있다.

이런 환경은 비단 우리나라에만 적용되는 것은 아니다. 아마도 이머징 국가들 대부분이 이런 상황을 경험하게 될 것이다. 이런 점들까지 고려한다면 RE100 달성이 가능한 국가들은 다른 국가의 공장들이 몰려와 경제는 호황을 맞이하게 될 것이다. 신재생 에너지 경쟁력이 누가 더 강하냐에 따라 국가의 경쟁력도 달라지고 또 개별 기업의 경쟁력도 달라진다. 이 모든 것이 보이지 않는 새로운 장벽으로 작용하게 되고, 이런 현상은 더욱 가속화될 것이다.

미국이 꺼내든 인플레이션감축법안

인플레이션감축법안IRA은 바이든 대통령 취임 후 1년 넘게 추진되어온 2조 달러 규모의 '더 나은 재건BBB: Build Back Better' 법안을 수정·축소한 법안이다. BBB법이 과다한 예산 규모 등의 이유로 미국 의회의 반대에 부딪히자 미 행정부는 최근 전 세계적 현안인 인플레이션 대응을 명분으로 내세워 에너지 안보 및 기후위기, 헬스케어 등의 부문으로 지출 범위와 예산 규모를 축소한 IRA를 미국 의회에 새롭게 제출한 후 통과되어 발효되었다.

IRA의 핵심을 요약하면 전기차 세액 공제 혜택을 적용받기 위해서는 ① 최종 조립 조건, ② 배터리 핵심 광물 조건, ③ 배터리 부품 조건 등의 IRA상 규정된 조건들을 충족해야 한다는 것이다.

'최종 조립 조건'은 최종 조립Final Assembly이 북미North America에서 이루어진 전기차만 세액 공제 혜택을 받을 수 있음을 의미한다. 즉, 2022년 8월 16일 이후 미국에서 판매되는 전기차 중에서 북미에서 제조된 전기차만 세액 공제 혜택을 받을 수 있다. '배터리 핵심 광물 조건'은 전기차 배터리에 내재된 핵심 광물Critical Minerals이 일정 비율 이상 미국 또는 미국의 FTA 체결국에서 추출Extracted 또는 처리 Processed되거나 북미에서 재활용된Recycled 광물인 경우에 한해서만 3,750달러 상당의 전기차 세제 혜택을 받을 수 있음을 의미한다. 핵심 광물 비율은 2023년 40%를 시작으로 매년 증가해 2027년 이후부터는 80%로 고정되는 구조다. '배터리 부품 조건'은 전기차 배터리 부품 중 일정 비율 이상이 북미에서 제조Manufactured 또는 조립된 Assembled 경우에 한해 3,750달러 규모의 세금 혜택을 받을 수 있음을 의미한다. 배터리 부품 조건 역시 2023년 50%에서 매년 증가하는 구조이며, 2029년 이후부터는 전량 북미에서 제조 또는 조립이 이루어져야 한다. 이 말은 미국에서 미국 부품으로 생산된 제품에 대해서만 보조금을 주겠다는 것이다. 만약 보조금을 받지 못하게 되면 그만큼 판매 가격이 높아지게 되니 이 또한 변형된 형태의 조세 장벽이 되는 것이다.

여기에 트럼프2.0 시대에는 세제 혜택이나 보조금 지급 등 공장 유치에 제공된 인센티브가 없어질 가능성이 크기 때문에 보상 없는 의무 이행만 남겨질 가능성이 커졌다. 이는 우리 기업들을 포함해 미국과 교역을 하려는 나라의 기업들의 수익성은 떨어지고 상대적으로 미국 기업들의 수익성은 감세 혜택을 통해 더 높아질 가능성이 크다는 의미다.

미국은 소비왕국이다. 미국에 물건을 팔기 위해서는 미국에서 생산된 부품을 이용해 미국에서 만들어 팔아야 한다. 미국에서 가격 경쟁력을 갖기 위해 어쩔 수 없는 선택을 강요당하는 셈이다. 이 모든 것이 글로벌 자유무역 환경이 붕괴되고 각자도생의 사회가 됨으로써 나타나는 현상이고, 그 가운데 우리는 주식투자를 해야 하는 운명에 놓이게 되었다.

돈은 물처럼 흘러 다녀야 제 기능을 발휘할 수 있다. 인력과 물자도 마찬가지다. 장벽 없이 돌아다녀야 효율이 높아지는데, 이들이 눈에 보이는 장벽과 눈에 보이지 않는 장벽들에 가로막혀 경제가 위축되는 상황이 벌어질 것이다. 투자자들의 고민이 깊어질 수밖에 없다.

① 국가 간, 산업 간, 기업 간 양극화가 필연적이란 점을 인식해야 한다. 가치로 묶인 국가 진영과 그 반대 국가, 부가가치가 높은 산업과 그렇지 못한 산업, 살아남는 기업과 도태되는 기업을 구분할 수 있어야 한다.

② RE100은 생존을 위한 환경이다. RE100 달성이 가능한 국가로는 자원이 몰리고 그렇지 못한 국가는 자원 유출이 심해질 것이다. 기업도 RE100 달성이 가능한 기업이 살아남고 그렇지 못한 기업은 점점 위축될 것이다. 여기에 원자력이 설 자리는 점점 줄어들 것이다.

③ 강대국들은 스스로 장벽을 만들 것이다. 미국이 시행하는 인플레이션감축법안이 대표적이다. 미국에서 생산할 수 있는 기업과 그렇지 못한 기업의 운명이 달라질 것이다.

9장

초국적 기업의
움직임에 주목하라

자국우선주의의 결정체: 반도체지원법

자국우선주의는 미국의 국제 외교 전략이다. 특히 '미국' 우선주의를 외교 정책에 가장 잘 녹여낸 사람은 트럼프 대통령이었다. 트럼프 1기 외교 정책은 그의 대선 정치 슬로건인 '미국을 다시 위대하게 MAGA: Make America Great Again'에 잘 드러나 있듯 '미국' 우선주의였다. 트럼프 대통령은 거래적 국제관계관을 갖고 명분보다는 실리 확보에 집중했다. 이를 통해 '강한 미국'을 세우고자 했고, 재집권이 확정된 지금 그런 경향은 더욱 분명해질 것이다. 트럼프 대통령이 "미국이 세계의 경찰 노릇을 계속할 수는 없다"며 북대서양조약기구NATO 회원국들에 방위비 부담을 강조한 것이 대표적이다. 그는 NATO 회원국들에게 방위비를 더 부담하거나 러시아가 NATO 동맹을 공격해도 자국 안보를 스스로 책임져야 한다고 주장했다.

그동안 미국은 세계 경찰 역할에 적극적이었다. 그래서 각종 분쟁 지역이나 전쟁에 참전하면서 세계질서를 미국에게 유리한 방향으로 이끌어갔다. 그런 미국의 전략에 제동이 걸린 것은 '비용' 때문이었다. 돈이 너무 많이 들어간다는 것. 전쟁만 하더라도 미군이 직접 참전해 많은 희생을 치르면서 국내에서 비판의 목소리가 높아지자 군을 투입하기보다는 뒤에서 무기를 지원하는 것으로 전환했고, 전 세계 여러 곳에서 전선을 유지하는 데 필요한 비용이 부담이 되자 각 지역별로 질서를 유지할 국가를 선정해 비용을 분담시키기에 이르렀다. 실제로 NATO에게는 분담금 인상을 요구했고, 동아시아에서는 일본에게 질서 유지를 맡기는 등 자신들은 한발 빠지는 행보를 보였다.

자국우선주의 정책은 경제에서도 나타났는데, 그 결정체가 반도체지원법Chip's Act이다. 반도체지원법은 바이든 행정부에 의해 진행되었는데, 중국의 기술 발전을 막으려는 미국의 전략이다. 최근 기술 발전은 첨단 반도체를 바탕으로 한다. 그리고 최근 5년 사이에 중국 업체들이 무서운 속도로 성장하면서 세계 반도체 시장의 10%가량을 점유하고 있다. 미국 주도의 세계질서 확립에 방해가 될 수 있는 중국의 성장을 제한하기 위해 미국은 반도체지원법을 제정하고 시행한 것이다. 반도체지원법은 반도체업체들이 미국 내에 공장을 건설하거나 관련 설비를 구입할 때 보조금과 세금 공제 혜택을 부여하는 것을 골자로 한다. 이 법에 따라 반도체 관련 기업에 총 520억 달러 보조금을 집행하게 된다.

미국은 전통적으로 안보보다는 글로벌 밸류체인 관점에서 반도체 산업을 인지해왔다. 이 때문에 막대한 비용 투자를 통한 규모의 경제 형성이 중요한 메모리 반도체와 파운드리는 한국과 대만에 맡기고 반도체 설계(팹리스)에 집중해왔다. 그러나 코로나 팬데믹 기간을 거치면서 반도체 품귀로 GM과 테슬라 등 주요 자동차업체들의 공정이 제대로 가동되지 못하는 일이 발생하며 반도체 제조 기반의 중요성이 대두되고 있다. 따라서 세계 패권을 두고 중국과 경쟁하는 미국으로서는 반도체 생산을 동아시아에 의존하는 것이 국가 안보 차원에서 위협 요인이 된다. 미래 기술 패권 경쟁의 핵심인 자율주행차, 인공지능, 클라우드컴퓨팅 등 혁신의 기반이 모두 반도체에 달려 있기 때문이다.

미국은 반도체를 주된 전략물자로 생각하는 것과 아울러 중국에 대한 견제 장치도 강화했다. 미국의 대중국 반도체 규제는 중국 화웨이에 대한 칩 수출 제한으로 시작해 네덜란드 ASML의 최첨단 장비 수출 통제, 중국 내 해외 반도체 기업의 반도체 장비 반입 규제 등으로 이어졌다. 기술 전쟁에서 중국의 숨통을 완전히 조여놓겠다고 생각한 것이다.

중국의 반격

작용은 반작용을 낳는다. 특히 작용이 강해질수록 반작용의 힘도 커지게 된다. G2 국가인 중국 입장에서도 미국의 일방적인 견제를 당하고 있을 수만은 없는 일이었다.

미국이 중국에 대한 반도체 수출 등에 제재를 강화하자 중국 당국은 세계 3위이자 미국 최대 메모리 반도체 기업인 마이크론 제품에서 '상대적으로 심각한' 사이버 보안 위험이 발견됐다며 중국의 주요 인프라 운영자들이 이 제품을 구매하는 것을 금지했다. 중국 정부가 미국 반도체 기업을 표적 삼아 제재를 가하기 시작한 것이다. 마이크론 입장에서 중국은 미국, 대만에 이어 셋째로 큰 시장이라 타격이 불가피하다. 마이크론은 2022년 중국에서 4조 원이 넘는 매출을 올렸다. 이는 회사 전체 매출의 11%에 해당하는 수준이다. 마이크론은 중국에 제품을 판매할 수 없게 될 경우 막대한 피해를 입게 될 것이다.

또한 중국이 사실상 독점하고 있는 희토류 가공 기술에 대해서도 수출 금지 조처를 내렸다. 이에 따라 "첨단 산업의 비타민"으로 불리는 희토류 추출과 분리에 쓰이는 기술이 해외로 이전되는 것이 원천봉쇄했다. 국제에너지기구IEA에 따르면 중국은 세계 희토류 생산의 약 60%를 점유하고 있고 가공 및 정제 산업의 세계 시장 점유율은 90%에 육박한다. 중국 상무부는 가공 기술을 수출 금지 및 제한 기술 목록에 포함했는데, 목록상 수출 금지 이유는 국가 안보와

위기와 기회의 사이클

공공 이익 보호다. 하지만 모두가 생각하는 바와 같이, 그 속내는 미국 바이든 행정부의 대중 무역 제한 조치 확대에 맞서 세계 청정 에너지 시장 공급망에 대한 지배력을 강화하기 위한 것이라고 전문가들은 보고 있다. 중국은 이미 반도체 소재인 게르마늄과 갈륨 수출을 통제했고, 배터리의 핵심 소재인 흑연 수출 제한에 들어갔다.

미국과 중국이 서로 견제하는 상황에서 주변국들의 고민은 깊어지고 있다. 세계에서 가장 큰 두 시장을 놓고 어느 한쪽을 택하면 다른 한쪽은 포기해야 하는 일이 생기기 때문이다. 이럴 때일수록 균형 잡힌 외교와 자국의 실리를 챙기는 외교를 해야 하는데, 이를 막기 위한 외부 압박도 강하다. 그런 과정에서 각 진영은 끼리끼리 뭉치는 현상이 나타나고 있다.

끼리끼리 뭉친다

미국 등 선진국들은 더 값싼 노동력을 찾아 자신들의 공장을 해외에 건설하기 시작했다. 이런 작업을 "오프쇼어링Off-shoring"이라 한다. 초기에는 중국이 값싼 노동력을 가장 풍부하게 제공하는 나라였다. 그래서 미국, 일본, 유럽 등 주요 국가의 기업들은 중국에 앞다퉈 공장을 건설하기 시작했다. 그 과정에서 중국은 세계의 공장 역할을 하게 되었고, 중국으로부터 쏟아져 들어오는 값싼 공산품은 선진국들에게 인플레이션 없는 경제 성장을 가능하게 해주었다. 바야흐로 골디락스 경제가 나타난 것이다. 이후 중국의 인건비가 서서히 올라가면서 각국의 공장들은 베트남을 비롯한 아세안으로 갔고,

지금은 인도로 옮겨가고 있다.

　이런 움직임에 제동이 걸린 것은 코로나 팬데믹 시기였다. 소위 공급망 붕괴가 나타났다. 제조업을 값싼 노동력이 있는 이머징 국가로 모두 옮겨놓고 보니 제대로 된 제조업이 본국에 남아 있지 않았다. 이머징 국가에서 공산품을 비롯해 생활필수품의 수입이 중단되면서 생활에 큰 불편을 겪게 되었고 또 미국은 중국을 견제하면서 자국 기업들의 공장을 다시 본국으로 불러들이는 정책을 펴게 되었다. 이른바 "리쇼어링Re-shoring"이 나타난 것이다. 문제는 리쇼어링을 하려고 해도 인건비 등 비용이 너무 커서 제대로 물건을 만들어내지 못하는 일이 벌어진 것이다. 제조원가 상승은 물건값 상승을 불러오고, 이는 곧 국내 물가를 올려 경제 운용을 힘들게 하기 때문이다. 그래서 리쇼어링이 어려워진 국가는 자국 근처에 비교적 값싼 노동력이 있는 곳으로 공장을 옮기게 되었다. 이를 "니어쇼어링Near-shoring"이라 한다. 미국의 경우 중국에서 공장을 빼서 북중미 국가들로 옮겼는데, 특히 멕시코가 최우선 고려 대상이었다.

　그런 과정에서 자국우선주의와 가치외교가 불거지기 시작했다. 이제 미국은 미국의 동맹국들 그리고 중국은 중국의 동맹국들에 생산거점을 마련하는 전쟁을 벌이고 있다. 이를 "프렌드쇼어링Friend-shoring"이라 한다. 즉, 끼리끼리 뭉쳐서 생산하고 소비하는 상황이 나타났다.

　오프쇼어링을 제외하면 나머지 현상은 세계 경제의 파이를 줄이는 일이다. 지속적으로 지적하지만, 이제 극적인 번영의 시기는 지나갔다. 그 가운데서 적응해 나가는 기업은 살아남지만 그렇지 못한 기업은 성장에 한계를 느끼게 될 것이다.

초국적 기업의 세상

"장사꾼은 단돈 10원을 벌기 위해 십리 길을 달려간다." 이 말처럼, 기업은 언제 어떤 상황에서도 수익을 얻기 위한 방안을 만들어낸다. 미국과 중국 등 글로벌 G2의 상호견제로 제대로 된 사업을 하는 데 장애를 느낀 기업들은 재빠르게 기업의 체제를 변화시켜 나가고 있다. 바로 '초국적 기업으로의 전환'이다.

글로벌 경영이 세계적 화두로 떠오르게 되면서 본사와 해외 지사 사이의 경계가 점점 무너지고 있다. 이에 따라 해외 지사에 본사의 핵심 기능까지 위임하는 트랜스내셔널 기업Trans-national corporation 이 속속 등장하고 있다. 여기서 트랜스내셔널이란 국가를 뛰어넘는다는 뜻으로, 우리말로 표현하게 되면 "초국적"이라 할 수 있다. "다국적" 기업이란 말은 많이 들었을 텐데, 다국적 기업과 초국적 기업의 차이는 다음과 같다. 대다수 다국적 기업은 전 세계를 상대로 경영하지만, 목적은 저렴한 자원 활용과 제품 판매 극대화에 국한되어 있다. 그래서 본부, 연구개발, 핵심 부품 생산 기능은 본국의 본사에 남겨두는 것이 특징이다. 반면 초국적 기업은 생산과 연구개발 등 핵심 사업뿐만 아니라 아예 본사의 핵심 기능까지도 해외 지사 등에서 전부 담당하게 된다. 초국적 기업의 경우 일반적으로 진출한 국가의 기업에 비해 자금력이나 기술적 측면이 뛰어난 경우가 많다. 이에 따라 초국적 기업은 자금과 기술적 우위를 토대로 해외시장에서 임금 절감과 시장 확대 등 경쟁력을 높일 수 있다는 장점이 있다. 현재 초국적 기업의 비중은 농산품의 80% 이상, 상품과 서비스 수출의 60% 이상을 차지하고 있다.

초국적 기업의 대표적인 사례는 역시 구글을 비롯해 메타, 네슬레 등 글로벌 기업들을 들 수 있다. 이들은 자신들이 원하는 나라에 사업의 근거를 두고 언제든 본사를 옮기든지 현지화하면서 사업을 하고 있다. 이들 기업은 자국 정부의 외교 내지는 경제 정책에 구애를 받지 않는다. 예를 들어, 중국 수출을 통제하라는 미국 정부의 말을 듣지 않고 자기 회사의 이익을 위해 무슨 일이든 다 한다. 결국 양극단으로 치닫는 세계질서에서 초국적 기업은 모든 기업들이 나아가야 할 방향을 알려주는 기업 형태가 된다. 그렇다면 이런 기업을 발굴하고 투자하는 것이 필요한 시기가 된 것이다.

궁하면 통한다. 그동안 초국적 기업은 가난한 나라에서 가난한 사람들을 착취하면서 돈을 번다는 비난을 받아온 것이 사실이다. 그러나 당시는 글로벌 자유무역이 일반적이었을 때다. 지금처럼 블록화된 경제 상황에서 초국적 기업은 그동안의 착취 구조 이외에 새로운 수익 모델을 찾아갈 것이다.

자국우선주의는 자신의 이익을 보호하려는 움직임이다. 이 또한 글로벌 자유무역을 어렵게 한다. 자신의 이익만 보호하면 되는데, 그와 동시에 상대방을 견제하는 장치를 동시에 갖기 때문이다. 그러는 사이에 눈여겨보게 되는 것이 바로 초국적 기업의 존재다.

① 선진국의 자국우선주의가 진행되면 무엇보다 실리를 중요시하는 외교 정책이 필요하다. 그렇지 않으면 시장의 반쪽을 잃는다. 잃는 쪽에 있는지 얻는 쪽에 있는지를 알아야 한다.

② 골디락스 경제는 쉽게 다시 오지 못할 것이다. 그렇다면 인플레이션 발생 시 수익을 확보할 수 있는 기업, 필수적인 기술을 보유한 기업을 찾아야 한다.

③ 국가 간, 동맹 간 블록화가 진행되면 이를 뛰어넘어 사업을 할 수 있는 경제 주체는 바로 초국적 기업이다. 초국적 기업에 대한 투자를 적극적으로 고려해야 한다.

10장

미중 패권 전쟁의
예정된 미래

기축통화의 화폐주조이익

기축통화Key Currency는 국제간의 결제나 금융 거래의 기본이 되는 통화를 말한다. 국제적으로 상품이나 서비스를 거래할 때 결제의 기본이 되는 달러화가 가장 좋은 예시가 될 것이다. 기축통화라는 말은 1960년대 미국의 트리핀 교수가 주장했던 용어다. 최근 들어 기축통화에 대한 논쟁이 활발한 것은 세계경제의 넘버2, 즉 G2로 올라선 중국의 위안화가 과연 기축통화의 반열에 오를 것인가에 관심이 높기 때문이다.

많은 나라가 자신들의 통화가 기축통화가 되기를 희망하고 있다.

그러나 누구나 기축통화의 지위에 오를 수는 없다. 기축통화가 되면 가장 큰 이점은 화폐주조이익이라고 하는 세뇨리지 효과Seigniorage effect를 누릴 수 있다. 세뇨리지 효과란 봉건시대 영주들이 자신들의 영지 안에서 통용되는 화폐를 자신들이 만들었던 것에 기인한다. 그들은 돈이 필요하면 돈을 더 찍어서 사용했는데, 그것을 화폐주조이익이라 한다. 이를 쉽게 설명하면 다음과 같다. 우리나라와 같이 기축통화국이 아닌 경우 외채를 갚을 일이 생기면 그 외채를 갚기 위해서는 수출을 통해 돈을 벌어 갚는다든지 그렇지 않으면 국민들로부터 세금을 걷어서 갚아야 한다. (IMF 당시 펼쳐진 금모으기운동 같은 방법도 가능은 하다. 하지만 그게 가능한 나라는 이제 없다고 봐도 무방하다.) 그러나 기축통화국은 그렇게 하지 않아도 된다. 기축통화국은 외채를 갚을 때 그냥 돈을 찍어서 갚으면 그만이다. 외채를 갚을 때뿐만 아니라 국민들이 소비를 해야 하는데 돈이 없어도 그냥 찍어내면 되고, 경제를 살려야 하는데 돈이 없으면 또 찍어내면 된다. 이게 바로 기축통화국이 누리는 화폐주조이익이다.

이런 생각을 하는 사람들도 있을 것이다. '우리도 그냥 돈을 찍어서 외채를 갚으면 안 되나?' 우리는 불행하게도 그렇게 할 수 없다. 만약 우리가 돈을 마구 찍어내게 되면 외환위기가 올 수 있다. 통화량의 증가는 그 나라 통화가치를 떨어뜨리게 되고, 통화가치의 하락은 외국인들의 자본 유출을 불러와 필연적으로 외환위기가 발생한다. 참고로 기축통화국은 외환위기에도 빠지지 않는다.

이런 상황이다 보니 많은 나라들이 자국의 통화를 기축통화 반열에 올리려고 무진 애를 쓴다. 지금 부동의 1위 통화는 미국의 달러화다. 일본의 엔화, 유로존의 유로화, 그리고 영국의 파운드화 정도가 준기축통화의 역할을 하고 있지만, 결정적인 순간에는 달러화와 같은 위력을 발휘할 수 없다. 미국이 그런 좋은 자리를 나누지 않으려고 하기 때문이다.

기축통화의 조건

기축통화가 되기 위해서는 여러 가지 조건이 필요하다. 첫째, 강력한 군사력이 뒷받침되어야 한다. 남들을 제압할 수 있는 능력이 필요한 것도 사실이지만 전쟁으로 인해 국가의 존립에 문제가 없어야 한다는 것이 핵심이다. 과거 영국이 전 세계에서 가장 강력한 군사대국이었을 때, 영국의 통화인 파운드화가 기축통화였다. 그러나 1차 대전과 2차 대전을 거치면서 영국의 국력이 약해지고 상대적으로 미국의 국력이 강해지면서 파운드화의 시대가 저물고 달러화의 시대가 열렸다. 강력한 군사력을 바탕으로 한 국력이 기축통화를 뒷받침하는 좋은 예다.

둘째, 통화가치가 안정적이고 고도로 발달한 외환 시장과 금융 시장을 갖추고 있어야 한다. 그러면서 기축통화를 이용한 대외 거래에 대한 규제도 없어야 한다. 이렇게 강력한 금융 시스템이 있어야 원활하게 통화를 공급할 수 있게 된다. 누가 뭐라 해도 달러화는 미국의 화폐다. 그러나 전 세계 대부분의 사람들이 달러화를 가질 수 있다는 것은 그만큼 달러화의 공급이 원활하다는 것이다. 고도로 발달된 금융 시스템이 있지 않고서는 불가능한 일이다.

셋째, 막대한 적자를 감당할 수 있는 능력이 있어야 한다. 이 문제는 곧바로 기축통화국의 단점으로 이어질 수 있다. 기축통화국이 모든 면에서 좋은 점만 있는 것은 아니다. 기축통화가 유지되기 위해서는 계속해서 유동성을 불어 넣어줘야 한다. 즉, 지속적으로 달러를 공급해줘야 하는 것이다. 그러다 보니 무역을 통해 적자를 보게 되고, 또 자본 거래와 재정 정책을 통해 적자를 볼 수밖에 없는 구조가 된다. 무역 적자와 재정 적자를 동시에 지게 되는, 쌍둥이 적자를 감당해야 하는 부담을 갖게 되는 것이다. 미국이 직면한 막대한 무역 적자와 한도까지 차오른 재정 적자가 바로 기축통화의 어두운 면이다.

무역 흑자 또는 재정 흑자를 유지하게 되면 달러화 공급이 부족해져 기축통화의 지위가 흔들리게 되고, 기축통화국을 유지하기 위해 적자를 보게 되면 달러가치가 하락해 달러화에 대한 신뢰도가 흔들리게 된다. 이를 '트리핀의 딜레마' 또는 '트리핀의 역설'이라고 부른다. 화폐주조이익을 누리지만 쌍둥이 적자에 노출될 수밖에 없는 상황을 이해하면 앞으로의 전망도 가능하다.

중국은 당분간 기축통화에 오르기 힘들다

미국과 중국은 지금 패권 전쟁을 하고 있다. 패권 다툼이 끝나고 나면 승자가 가려지고, 그 나라의 통화가 기축통화 지위에 오르게 될 것이다.

정치적인 요인을 제외하고 단순히 기축통화의 관점에서 두 나라의 미래를 전망하면 당분간 중국의 위안화는 기축통화 지위에 오르기 힘들다고 본다. 첫 번째 이유는 중국은 수출을 통해 흑자를 유지해야 하는 경제 구조를 갖고 있기 때문이다. 중국이 내수 비중을 늘리고 있기는 하지만, 구조적으로 수출을 늘리고 무역 흑자를 유지할 수밖에 없다.

두 번째 이유는 중국의 금융 시스템이 위안화가 기축통화가 될 수 있을 만큼 고도화되어 있지 않다는 것이다. 금융의 완전한 자유화가 진행되어야 하는데, 다른 산업에 비해 특히 중국의 금융 산업은 공산당의 통제 아래 있기 때문에 관치에 가까운 상황이다. 위안화의 세계화를 위한 시스템은 되지 못하는 것이다.

무엇보다 중요한 세 번째 이유는 바로 군사력이 아직은 미국에 못 미친다는 것이다. 미국의 군사력 평가기관인 글로벌파이어파워 GFP에 따르면 중국의 군사력 순위는 미국과 러시아에 이어 세계 3위권이다.

금융 시스템 미비 등을 종합적으로 고려하면 위안화는 러시아와의 교역, 중동에서 원유 결제의 일부분 그리고 아프리카 일부 지역

위기와 기회의 사이클

에서라면 몰라도 글로벌 결제 통화가 되는 것은 어려워 보인다. 개인적으로는 당분간 기축통화의 변화가 없었으면 한다. 미국을 선호하고 중국을 경원시하는 것이 아니다. 기축통화의 변화는 역사적으로 보면 전쟁을 수반하는 경우가 많았다. 따라서 전쟁 위험 측면에서 보더라도 기축통화의 변화는 없었으면 한다.

현재의 금융질서가 유지된다면?

미국은 중국을 전방위적으로 압박하고 있는데, 특히 기술 분야에서 그 강력함이 도드라진다. 반도체, 인공지능 등 첨단 산업 분야의 특허 대부분을 포함한 노하우는 미국 소유다. 반도체법의 핵심도 첨단 산업을 발전시킬 수 있는 기반이 되는 첨단 반도체가 중국으로 들어가지 못하도록 하는 것이다. 만약 중국이 자체적으로 기술을 발전시킨다고 하더라도 많은 시간이 필요한 상황이라는 점에서 당분간 지금의 기술 격차를 줄이기는 힘들다.

기술 전쟁이 진행되고 난 다음은? 미국은 자본을 이용한 공격을 할 가능성이 크다. 자본 투자의 기술이 고도로 발전된 미국은 지금까지 다른 나라들을 공격한 경험이 누적되어 있다. 남미 국가들을 자본으로 흔들고 결국은 동유럽을 자본으로 공격해 소련의 붕괴를 유도하기도 했다.

아직 벌어지지 않은 일이고 또 그 결과를 예단하는 것도 조심스

럽다. 하지만 지금까지 축적된 사례들을 통해 본다면 미국이 중국이나 여타 국가들에 비해 우위에 있는 것은 사실이다. 그렇다면 앞으로 글로벌 투자의 가장 유망한 시장은 여전히 미국이 될 것이다. 지금은 자본과 기술이 지배하는 시대이기 때문이다. 글로벌 포트폴리오는 미국을 중심으로 하고 상대적으로 중국의 비중은 줄어들게 될 것이다.

앞으로 10년, 글로벌 질서는 현재 상황이 유지될 것이다. 하지만 예전에 경험했던 '모두가 행복한 시절'은 오지 않는다. 누군가의 승리는 다른 나라의 패배로 이어지는 제로섬 게임이 일반화되면 잘되는 집안과 망해가는 집안으로 극명하게 나눠질 것이다. 이런 문제들을 해결할 글로벌 리더십을 가진 리더도 당분간 나타나지 않을 듯하다.

주가는 단지 경제적인 상황만을 반영하지 않는다. 주가는 경제는 물론이고 정치, 사회, 문화, 예술 등 다양한 변수들이 반영된다는 점을 본다면 지금보다 더 큰 변동성, 지금보다 더 양극화된 시장을 경험하게 될 것이다.

기축통화는 세계 최강대국의 강력한 무기가 된다. 따라서 많은 나라가 기축통화 지위를 갖기 위해 노력한다. 현재 기축통화인 달러화를 보유한 미국에 가장 강력하게 도전하는 나라는 바로 중국이다. 그러나 군사적 측면과 금융시장의 발전 정도를 보면 당분간 미국 중심의 기축통화 질서가 이어질 것이다. 이런 상황에서 투자자들은 다음을 기억해야 한다.

① 글로벌 포트폴리오를 구성한다면 최우선 고려 지역은 미국이다. 미국은 자본과 기술적 측면에서 당분간 최강대국 자리를 유지할 것이기 때문이다.

② 중국은 미국의 압박으로 인해 당분간 부진한 모습을 보일 것이다. 중국 주식시장의 하락 폭이 커진다 해도 단기적으로 진입해서는 안 된다. 보다 긴 안목의 투자가 필요하다.

③ 앞으로 국가 간, 지역 간 그리고 주식시장 간에 양극화가 더 심해질 것이다. 따라서 선택과 집중 전략은 여전히 유효하다.

모든 투자는 경제 공부다

1. 반복되는 역사

주식시장에서 위기와 기회는 반복되는 모습을 보인다. 그 이유는 예전이나 지금이나 돈을 벌고자 하는 인간의 본성이 바뀌지 않았기 때문이다. 마찬가지로, 앞으로 계속해서 위기와 기회가 반복되겠지만, 얼굴만 바뀔 뿐 본질에는 큰 차이가 없다. 따라서 많은 사례분석을 통해 반복되는 위기와 기회에서 투자자들이 어떤 생각을 가지고 투자에 나섰는지를 돌아볼 필요가 있다.

2. 시장 내부의 변화

앞으로 벌어질 일들을 준비하기 위해서는 시장 내부에서 벌어지고 있는 변화들을 감지할 수 있어야 한다. 계속 늘어나는 유동성의 영향, 시가총액 순위를 통해 알아볼 수 있는 산업의 변화, 시장의 중심 상품으로 자리 잡은 ETF가 가져올 시장의 변화, 상장기업이 보유하고 있는 막대한 현금이 가져올 변화, 미래 투자를 결정할 ESG 경영, 지구온난화와 기후위기에 대응하기 위한 신재생 에너지 열풍, 최고경영자들의 욕망이 투영된 자사주 매입 열풍, 대중자본주의가 진행되면서 외면받고 있는 주주총회와 경영진의 독주, 이를 견제하기 위해 나타난 주주행동주의와 스튜어드십코드의 강화, 그리고 4차 산업혁명의 진행은 앞으로 10년 주식시장의 진행 방향을 알 수 있는 나침반 역할을 하게 될 것이다.

이런 점들을 종합적으로 판단해보면 본질을 살피기 힘들 정도로 혼탁해지는 정보와 엄청나게 풀린 유동성, 그리고 새로운 형태의 조세 장벽과 자국우선주의 등의 주식시장 환경은 골디락스 경제의 종말을 가져오게 될 것이며, 시장 간, 종목 간 양극화가 극에 달할 것이다. 특히 주식시장 내부적으로 보면 패시브 전략과 ETF 시장의 확대로 인해 시가총액이 큰 종목들로 수급이 쏠릴 가능성이 큰데, 이런 일이 벌어지게 되면 대형주들은 실적에 비해 주가가 과대평가되는 상황이 이어지고 중소형주의 경우 수급이 부진해져 실적에 비해 저평가되는 상황이 이어질 것이다.

3. 투자 전략

역사적으로 주식시장이 각각의 상황에 따라 서로 다른 모습을 보이기는 하지만, 만고불변의 진리는 "주가는 기업가치에 수렴한다"는 것이다. 앞으로 주가는 펀더멘탈과 괴리된 상태가 장기화될 가능성이 크다. 하지만 (조금은 더디고 더 늦어질 가능성도 있지만) 주가가 펀더멘탈에 수렴한다는 믿음을 버려서는 안 된다. 단기적인 매매는 대형주에서 이루어져야 하겠지만, 보다 장기적으로 본다면 저평가 현상이 일상화된 중소형주에 더 많은 기회가 있을 수 있다. 따라서 애널리스트들이 보고서를 쓰지 않더라도 투자자들이 저평가된 종목을 찾아서 투자한다면 여전히 성공 투자의 기회는 상당하다고 본다.

반복되는 위기와 기회의 사이클을 이용해 모두가 성공 투자에 이르길 진심으로 기원한다.